삼국유사

우리 역사로 되살아난 신화와 전설

청소년 철학창고 35

삼국유사 우리 역사로 되살아난 신화와 전설

초판 1쇄 발행 2016년 6월 15일 | 초판 2쇄 발행 2020년 4월 10일

풀어쓴이 고은수
펴낸이 홍석 | 기획 채희석
인문편집부장 김재실 | 책임편집 여성희 | 표지 디자인 황종환 | 본문 디자인 서은경
마케팅 홍성우·이가은·이송희 | 관리 김정선·정원경·최우리
펴낸곳 도서출판 풀빛 | 등록 1979년 3월 6일 제8-24호
주소 03762 서울시 서대문구 북아현로 11가길 12 3층
전화 02-363-5995(영업), 02-362-8900(편집) | 팩스 02-393-3858
홈페이지 www.pulbit.co.kr | 전자우편 inmun@pulbit.co.kr

ⓒ 고은수, 2016

ISBN 978-89-7474-786-2 44150
ISBN 978-89-7474-526-4 (세트)

이 도서의 국립중앙도서관 출판예정도서목록(CIP)은 서지정보유통지원시스템 홈페이지(http://seoji.nl.go.kr)와
국가자료공동목록시스템(http://www.nl.go.kr/kolisnet)에서 이용하실 수 있습니다. (CIP제어번호: CIP2016011771)

삼국유사

우리 역사로 되살아난 신화와 전설

일연 지음 | 고은수 풀어씀

'청소년 철학창고'를 펴내며

우리 청소년이 읽을 만한 좋은 책은 없을까? 많은 분들이 이런 고민을 하셨을 겁니다. 그러면서 흔히들 고전을 읽어야 한다고 합니다. 하지만 서점에 가서 책을 골라 보신 분들은 느꼈을 겁니다. '청소년의 지적 수준에 맞춰서 읽힐 만한 고전이 이렇게도 없는가.'라고.

고전 선택의 또 다른 어려움은 고전의 범위가 매우 넓다는 것입니다. 청소년 시기에는 시간과 능력의 한계 때문에 그 많은 고전들을 모두 읽을 수 없습니다. 그렇다면 어떤 책을 읽어야 할까요?

이런 여러 현실적인 어려움을 고려해 기획한 것이 풀빛 '청소년 철학창고' 입니다. '청소년 철학창고'는 고전의 핵심이라 할 수 있는 '철학'에 더 많은 무게를 실었습니다. 그 이유는 무엇일까요?

사람들은 일반적으로 철학을 현실과 동떨어진 공리공담이나 펼치는 학문이라고 생각합니다. 하지만 철학적 사고의 핵심은 사물과 현상을 다양하게 분석하고 종합해서 그 원칙이나 원리를 찾아내는 것입니다. 그래서 철학은 인간과 세상에 대해 깊이 있게 생각하고, 논리적으로 종합하는 능력을 키워 줍니다. 그런 만큼 세상과 인간에 대해 눈떠 가는 청소년 시기에 성말로 필요한 공부입니다.

하지만 모든 고전이 그렇듯이 철학 고전 또한 읽기가 쉽지 않습니다. 그래서 '청소년 철학창고'는 청소년의 눈높이에 맞추기 위해 선정에서부터 원문 구성에 이르기까지 많은 노력을 기울였습니다.

첫째, 책을 선정하는 과정에서부터 엄격함을 유지했습니다. 동양·서양·한국 철학 전공자들이 많은 회의 과정을 거쳐, 각 시대마다 동서양과 한국을 대표하는 철학 고전들을 엄선했습니다. 특히 우리 선조들의 사상과 동시대 동서양의 사상들을 주체적인 입장에서 비교하고 검토할 수 있도록 했습니다.

둘째, 고전 읽기의 참다운 맛을 살리기 위해 최대한 원문을 중심으로 구성했습니다. 물론 원문 읽기의 어려움을 해결하기 위해 새롭게 번역하고 재정리했습니다. 그리고 청소년이라면 누구나 어렵지 않게 읽으면서 고전이 주는 의미와 내용을 이해할 수 있도록 설명을 덧붙였고, 전체 해설을 통해 저자의 사상과 전체 내용을 다시 한 번 정리해 주었습니다.

마지막으로 쉬운 것부터 읽기 시작해 점차 사고의 폭을 넓혀 가도록 난이도에 따라 세 단계로 구분했습니다. 물론 단계와 상관없이 읽고 싶은 순서대로 읽어도 됩니다.

우리 선정위원들은 고전 읽기의 진정한 의미가 '옛것을 되살려 오늘을 새롭게 한다(溫故知新).'는 데 있다고 생각합니다. '청소년 철학창고'를 통해 자라나는 청소년들이 인간과 사물에 대한 깊은 통찰력을 키워, 밝은 미래를 열어 나갈 수 있기를 진정으로 바랍니다.

2005년 2월

선정위원 허우성(경희대 교수, 동양 철학)   윤찬원(인천대 교수, 동양 철학)
정영근(서울산업대 교수, 한국 철학)   허남진(서울대 교수, 한국 철학)
이남인(서울대 교수, 서양 철학)   한자경(이화여대 교수, 서양 철학)

들어가는 말

《삼국유사(三國遺事)》는 《삼국사기(三國史記)》와 더불어 한국의 고대를 밝혀 주는 역사서의 쌍벽으로 널리 알려져 있다. 《삼국유사》의 '유사(遺事)'는 '남아 있는 일'이라는 뜻이다. 즉 《삼국유사》는 《삼국사기》가 말하지 않은, 그래서 삼국 시대의 사실들 중 더 써야 할 필요가 있는 일들을 쓰려고 했다는 의미를 담고 있다. 따라서 《삼국유사》는 《삼국사기》와 비교될 때 그 모습이 더욱 뚜렷해진다.

비유컨대 형식과 절차에 따라 정중하게 진행되는 혼례식을 《삼국사기》라 한다면, 《삼국유사》는 의식을 마친 후에 먹고 마시며 담소하는 뒤풀이 모습 이라고 할까? 또 어쩌면 《삼국사기》가 교실에서의 수업이라면, 《삼국유사》는 할머니가 어린 손자에게 들려주는 옛이야기라 할 만하다. 이처럼 두 책의 분위기는 사뭇 다르다. 왜냐하면 《삼국사기》를 쓴 김부식(1075~1151)과 《삼국유사》를 쓴 일연(1206~1289), 그 두 사람은 사상이 달랐고 또 그들이 살았던 시대 상황도 달랐기 때문이다.

《삼국사기》는 문벌 귀족들이 정치를 주도하던 고려 전기에 정권의 실세였던 유학자 김부식의 주도로 저술되었다(1145년). 이 시대의 학자들은 유교 정치 이념과 중국 중심의 세계관을 존중했는데, 《삼국사기》는 곧 이러한 정신에 충실한 책이었다.

그러나 무신정변을 겪은 후의 고려 후기 사회는 크게 달라졌다. 안으로는 무신들이 권력을 잡았고, 밖으로는 세계 제국을 건설한 몽골의 침입을 받았다. 그리고 몽골에 저항하던 무신 정권이 붕괴되고, 이어 고려는 100년에 걸친 원의 간섭을 받게 된다. 일연은 이러한 혼란기를 겪은 스님이었다. 그 래서 그는 민족의 자주의식을 추구했으며, 아울러 불교의 가르침이 널리 펼 쳐지기를 간절히 염원했다. 《삼국유사》는 바로 그러한 일연의 역사의식을 바탕으로 저술되었다(1280년대 초).

일연은 경주 장산군(지금의 경북 경산)에서 1206년에 태어나 14세의 어린 나 이에 승려의 삶을 시작했다. 그리고 22세에 승과에 합격한 이후 1289년에 입적할 때까지 오랜 기간을 고향 근처인 포산(지금의 비슬산) 일대에서 살았다. 그는 학식과 수행이 뛰어난 이름 높은 승려여서 만년에는 '국사(國師)'로 임명 되는 등 명예를 누렸지만, 정작 그의 관심은 중앙 정치권과의 교분이 아니라 저술 활동이었던 것으로 보인다. 그 결과 생의 마지막을 보낸 인각사(경북 군 위군에 있는 절)에서 《삼국유사》를 완성하기에 이른다.

이처럼 일연이 승려라는 점과 또 그가 살던 시대가 민족 시련기였다는 사 실은 《삼국유사》를 이해하는 중요한 요소가 된다. 《삼국유사》의 첫머리에는 한국 민족의 시조 단군이 놓여 있다. 그리고 일연은 그동안 전해 내려오던 많은 설화들을 버리지 않았다. 특히 보석 같은 향가들을 잘 담아 놓았다. 그 덕택에 우리는 《삼국사기》만으로는 볼 수 없는 한국 고대의 여러 모습들을 더 생생하게 엿볼 수 있게 된다. 이것만으로도 《삼국유사》는 한국 민족에게 는 영원한 고전이 되기에 충분한 가치를 갖는다.

《삼국유사》의 번역본과 해설서가 많은데도 필자가 굳이 새로운 책으로 펴 내고 싶었던 까닭은 역사를 가르치며 살아온 한 노교사의 노파심 때문임을 이해하여 주시기 바란다.

2016년 5월
고은수

1부 _ 신비로운 역사 이야기

2부 _ 신령스런 불교 이야기

1장 학식과 수행이 뛰어난 스님들

1부

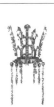

신비로운 역사 이야기

《삼국유사》의 원문은 5권 9편으로 구성되어 있다. 그 가운데 전반부의 1~2권(1~2편)은 역사와 관련된 내용이고, 후반부의 3~5권(3~9편)은 불교와 관련된 내용이다. 1, 2편의 제목은 각각 〈왕력〉과 〈기이〉라고 되어 있다.

〈왕력〉은 '왕들의 연대기'라는 뜻으로, 삼국의 역대 왕들을 다룬 일종의 연대표다. 그리고 〈기이〉는 '왕들의 신이(신비롭고 특이한 일)한 일에 대해 기록한 것'으로, 고조선의 단군 신화부터 부여·고구려의 건국 신화, 그다음에 신라의 왕들과 그 주변 인물들의 이야기, 백제와 가야의 왕들에 대한 신화 등으로 채워져 있다. 그러므로 이 책의 1부는 〈기이〉 편의 이야기를 중심으로 《삼국사기》 등 다른 기록들과 비교하면서 다룬다.

이 가운데서 특히 주목할 내용은 건국 신화다. 역사가 오랜 민족은 으레 건국 신화를 가지고 있는데, 우리 민족 최초의 건국 신화는 고조선을 세운 '단군 신화'다. 물론 고조선에 이어 성립된 부여와 삼국(고구려·백제·신라), 그리고 가야도 각각 건국 신화를 갖고 있었다. 그런데 고구려·백제·신라가 서로 대립·항쟁하던 삼국 시대에는 단군 신화보다 각국의 건국 시조가 더 중시되었다. 그러다가 고려 시대에 이르러 민족이 재통일되고 거란이나 몽골과 같은 외적의 침입을 받게 되면서 이제는 삼국의 특정 시조가 아니라 우리 민족 모두를 아우르는 시조가 부각되었다. 그 대표적인 것이 바로 단군 신화였다. 그중 《삼국유사》가 전하는 단군 신화는 다른 책 속의 단군 신화보다 더 신화답고 완벽한 구조를 보여 주고 있다.

일반적으로 건국 신화에는 크게 두 유형이 있다. 하나는 천신(하느님) 또는

범어사 성보박물관이 소장한 《삼국유사》 원본

천손(하늘의 자손)이 내려와 나라를 세웠다고 하는 '천강(하늘에서 내려옴) 신화'
이고, 다른 하나는 건국 시조가 알에서 탄생하는 '난생(알에서 태어남) 신화'다.
보통 천강 신화는 북방 민족, 그리고 난생 신화는 주로 남방 민족에게서 많
이 나타난다. 그런 측면에서 부여·고구려의 건국 신화는 북방 계열의 천
강 신화에, 그리고 신라·가야의 건국 신화는 남방 계열의 난생 신화에 해당
된다고 볼 수 있는데, 이는 곧 우리 민족의 이동 경로를 나타내는 것이라고
해석하기도 한다.

　하지만 부여와 고구려 건국 신화에도 난생 신화의 요소가 있으며, 마찬가
지로 신라와 가야의 건국 신화에도 천강 신화의 요소가 결합되어 있다. 그러
므로 천강 신화와 난생 신화는 북방이냐, 남방이냐의 지역적 특징이 아니라

천강 신화가 먼저 만들어진 후 난생 신화가 덧붙여진, 즉 시간적 차이를 두고 결합해서 나타난 것으로 보기도 한다.

어쨌든 다양한 건국 신화가 수록된 점이 《삼국유사》의 특징이고, 건국 신화에 이어지는 내용도 대부분 설화 같은 이야기로 되어 있다. 그래서 《삼국유사》에서는 《삼국사기》와는 달리 역사적 사실들이 설화적 이야기로 탈바꿈되고, 여기에 문학적 상상력이 덧붙여지게 되는 것이다. 물론 이처럼 상상력이 가미된 이야기들은 일연 스스로 창작한 것이 아니다. 일연은 거의 모든 이야기들의 출처를 밝히고 있는데, 이로 미루어 볼 때 여러 책과 자료에서 얻은 내용이나 이야기들을 그대로 정리했을 것으로 판단된다. 다만, 김부식은 이런 설화들을 허황되고 비속한 것이라 보고 무시했지만 일연은 그런 신화적 이야기들의 가치를 높이 평가했고, 그것이 곧 《삼국유사》를 쓴 의도이기도 했다.

이제 우리는 왜 일연이 그토록 많은 설화들을 정리하여 수록했는지, 또 그 설화들이 갖는 역사적 의미는 무엇인지 더 진지하게 생각해 봐야 할 것이다.

1장

건국 영웅과 시조들의 탄생

1장은 단군 신화를 비롯하여 부여, 고구려·백제·신라 및 가야의 건국 신화와 더불어
신라의 석씨와 김씨 왕족의 시조 설화를 주로 다룬다.

1 머리말에 담긴 의미

《삼국유사》에 담긴 일연의 역사의식은 우리 민족의 자존과 긍지를 드높이고 또 자주성을 내세우는 것이었다. 그것이 곧 《삼국유사》를 쓴 취지라 할 수 있다. 즉 일연은 우리 민족의 역사가 오래되었으며 우리 민족의 시조가 신비한 인물이었음을 강조했는데, 그의 이러한 생각을 그대로 담은 글이 다음의 '머리말'이다.

대체로 옛날의 성인은 나라를 일으키고 백성을 가르치면서 괴력난신 (괴이한 힘이나 마음을 홀리는 귀신 이야기)을 말하지 않았다. 그러나 위대한 제왕(帝王)이 일어나려 할 때에는 하늘로부터 특별한 징조나 징표를 받는 등 반드시 남들과 다른 점이 있었다. 그런 후에야 큰 변화를 일으켜서 높은 제왕의 지위를 얻고 큰일을 이룰 수가 있었던 것이다.

그런 까닭으로 중국에서는 삼황(중국 고대 전설에 나오는 세 명의 임금)의 첫째인 복희씨가 등장할 때 황하에서 신비한 그림을 가진 용마가 나타났으며, 오제(중국 고대 전설상의 다섯 성군)의 한 사람인 우왕이 나올 때는 낙수(황하의 지류)에서 등에 글자가 새겨진 신령스런 거북이 나온 것이다. 복희씨의 어머니 신모는 무지개에 둘러싸여 복희씨를 낳았고, 또 신농씨(삼황 중 한 명) 어머니 여등은 용의 머리를 보고 임신했으며,

(중략) 설(중국 고대 상 왕조의 시조)의 어머니 간적은 제비가 떨어뜨린 알을 삼키고 설을 낳았다. (중략)

이런 일들을 어찌 다 기록할 수 있겠는가! 그렇다면 우리나라 삼국의 시조들이 모두 신비롭게 탄생한 것이 무엇이 괴이한가? 그리하여 나는 이 신비로운 이야기들을 이 책의 첫머리에 쓰는 것이다.

"백성을 가르치면서 괴력난신을 말하지 않는다."라는 말은 《논어》에 나오는 공자의 말이다. 즉 인간의 일이나 역사는 초인간적인 힘에 의해 이루어지는 것이 아니고, 인간의 도덕적 힘에 의해 좌우된다는 의미다. 그러나 일연은 공자가 말한 것처럼 합리적 사고만으로 역사가 이루어진다고 보지 않았다. 그는 국가의 흥망과 같은 중요한 일에는 초인간적이고 신비로운 힘이 작용한다고 보았다.

이런 생각은 일연보다 앞서 살았던 이규보(1168~1241)도 이미 말한 바 있었다. 이규보는 고구려의 건국 시조 동명왕에 대한 서사시 〈동명왕편〉에서 이렇게 썼다.

공자께서 괴력난신은 말씀하지 않는다고 하므로 동명왕(주몽)의 일은 실로 황당하고 기괴하여 얘기할 바가 못 된다고 한다. 처음엔 나도 믿지 못하고 귀신이나 환상으로만 생각했는데, 세 번을 반복하여 읽으며 점점 그 근원에 들어가니 그것은 환상이 아니고 성스러움이었으며, 귀

신이 아니라 신(神)이었다. (중략)

김부식이 《삼국사기》를 쓸 때 자못 그 일을 생략했으니, 김부식은 이상한 일들은 후세에 보일 것이 아니라고 생각하여 생략하지 않았겠는가. (중략) 동명왕의 자취는 신비함으로 사람들의 눈을 현혹한 것이 아니고 실로 나라를 창시한 신기한 일이니, 이를 기술하지 않는다면 후세 사람들이 장차 어떻게 이 일을 알게 될 것인가? 그러므로 나는 이 일을 시로 기록하여 우리나라가 본래 성인의 나라라는 것을 천하에 알리려 한다.

즉 이규보도 알에서 태어났다는 동명왕의 이야기를 처음 들을 때는 귀신이나 환상으로만 생각했지만, 세 번을 읽어 보니 그것은 환상이 아니고 성스러움이며, 귀신이 아니라 신이었다고 말한다. 또 그는 이러한 내용을 다루지 않은 김부식의 《삼국사기》에 불만을 제기하고 있다.

일연도 이규보의 말에 공감했다. 그리고 일연은 한발 더 나아가서 중국의 건국 시조들을 말할 때는 그들의 신이함을 말하면서 왜 우리나라의 건국 시조들에게 나타났던 신이함은 말할 수 없는 것인지 반문하고 있다. 이는 일연이 우리 역사도 중국 못지않다는 긍지와 자부심을 가졌음을 보여 주고 있다. 《삼국유사》는 바로 이러한 역사의식을 바탕으로 저술되었다.

2 단군 신화와 고조선

일반적으로 우리나라 최초의 국가는 '고조선'이라고 한다. 허나 이는 정확한 표현이 아니다. 단군이 세운 나라의 정식 명칭은 '조선'이다. 그런데 《삼국유사》에서도 '고조선'이라고 표현한 까닭은 뒤에 위만이 왕이 된 이후의 조선을 '위만조선'이라 불렀기 때문에, '위만조선'과 구분하기 위해서 편의상 단군이 세운 왕조를 '고조선'이라 불렀던 것이다(오늘날은 단군조선과 위만조선 모두를 이성계가 세운 조선 왕조와 구분하기 위해 '고조선'이라 부름).

알다시피 한민족 최초의 국가인 고조선의 건국 신화는 단군 신화이고, 단군은 우리 민족의 시조로 불린다. 그런데 문헌상에는 단군 신화에 대한 기록이 고려 후기에 이르러서야 비로소 등장하고 있다. 그중에서도 《삼국유사》에 나오는 단군 신화가 다른 단군 신화들보다 완결성 면에서 가장 낫다고 할 수 있다.

① 《위서》의 기록

《위서》(위나라의 역사서)에는, "지금부터 2천 년 전에 단군왕검이 아사달에 도읍을 정하고 새로 나라를 세워 조선이라 했는데, 요임금과 같은 시기였다."라고 되어 있다.

② 《고기》의 기록

《고기》(옛 기록)에는 이런 기록이 있다.

옛날 환인[제석](환인, 제석 모두 불교에서 말하는 하느님이라는 의미)의 서자(맏아들이 아닌 그 밑의 아들) 환웅이 늘 천하에 관심을 갖고 인간 세상을 구해 보려 했다. 아버지가 아들의 뜻을 알고 삼위태백(세 봉우리로 된 태백산)의 땅을 내려다보니 인간을 널리 이롭게 할 만했다. 이에 천부인(방울·칼·거울로 추정되는 신통력 있는 물건) 세 개를 주면서 내려가 세상을 다스리게 했다.

환웅이 무리 3천 명을 이끌고 태백산[묘향산](일연은 묘향산이라 말하나, 보통은 백두산으로 추정) 꼭대기 신단수(하느님을 받드는 곳에 있는 신성한 나무를 말하니, 곧 하늘과 땅을 잇는 나무) 밑에 내려와 이곳을 신시(신성한 도시)라 했는데, 이분이 곧 환웅천왕이시다. 그는 풍백·우사·운사(바람·비·구름을 주관하는 세 명의 신)를 거느리고, 곡식·수명·질병·형벌·선악 등 무릇 인간의 360여 가지가 되는 일들을 주관하여 인간 세계를 다스리며 교화시켰다.

그때 곰 한 마리와 호랑이 한 마리가 같은 굴에 살았는데, 늘 환웅에게 사람이 되게 해달라고 빌었다. 이에 환웅은 신령한 쑥 한 심지와 마늘 스무 쪽을 주면서 말했다. "너희들이 이걸 먹고 100일 동안 햇빛을 보지 않는다면 사람의 모습을 갖출 수 있을 것이다."

곰과 호랑이는 이것을 받아먹고 금기(몸가짐을 조심하고 다른 음식을 먹지 않는 일을 말함)했는데, 곰은 21일(삼칠일) 만에 여자가 되었으나, 호랑이는 지키지 못했으므로 사람이 되지 못했다. 웅녀는 혼인할 상대가 없자 늘 신단수 밑에서 아이 갖기를 빌었다. 환웅이 이에 잠시 사람으로 변하여 결혼했는데, 이에 웅녀는 임신해 아들을 낳았으니 이름을 '단군왕검'이라 한다.

왕검은 중국 요임금이 즉위한 지 50년인 경인년(기원전 2333년)에 평양성[서경]에 도읍하고, 이때부터 조선이라 불렀다[요임금이 즉위한 해는 무진년이므로 즉위한 지 50년은 경인년이 아니라 정사년이다. 아마 틀린 듯하다.]. 또 도읍을 백악산 아사달로 옮겼는데, 그곳을 궁홀산 또는 금미달이라고도 한다. 그는 1천 5백 년 동안 여기서 나라를 다스렸다. 주나라 무왕이 왕위에 오른 기묘년에 기자(箕子)를 조선에 임명하자, 단군은 장당경(황해도 구월산 아래의 지명)으로 옮겨 갔다가 후에 아사달에 돌아와 숨어서 산신이 되었는데, 나이가 1천 908세였다고 한다.

①은 《위서》를 인용해 고조선의 건국을 역사적 사실로 간결하게 표현하고 있다. 이어서 ②는 《고기》를 인용해 단군 신화를 비교적 자세하게 소개하고 있다. 《위서》나 《고기》 등의 역사서는 지금은 전해지지 않는 책들이다. 그렇기 때문에 단군 신화가 언제부터 기록되고 전승되었는지에 대해선 안타깝게도 그 연원을 알 수가 없다. 현재 남아 있는 역사서들 중 단군 신화가 기록된 최초의 책은 《삼국유사》다.

《삼국유사》이후의 역사서들 중에도 단군 신화가 기록된 책이 몇 있다. 그런데 그 내용이 조금씩 다르다. 다만, 지금까지 전해지는 단군 신화 가운데 가장 대표적인 것으로 꼽히는 것은 앞에 나오는《삼국유사》의 글이고, 이와 비교되는 또 다른 것은 이승휴(1224~1300)가 쓴《제왕운기》의 글이다.《제왕운기》에 나오는 단군 신화의 내용은 대략 이렇다.

《본기》에 이렇게 되어 있다. 상제(하느님) 환인에게 서자가 있는데 환웅이라 한다. 환인이 웅에게 이르기를, "네가 내려가 삼위태백에 가서 널리 사람들을 이롭게 하라."고 하며 천부인 세 개를 주었다. 웅이 하늘사람 3천 명을 이끌고 태백산 신단수 아래에 내려오니, 이가 바로 단웅천왕이시다. 손녀에게 약을 먹게 하여 사람이 되게 한 후 단수신(단웅천왕)과 혼인하여 단군을 낳았다. 단군은 조선 땅에 자리 잡아 왕이 되었다. 시라(신라), 고례(고구려), 남북옥저, 동북부여, 예와 맥이 모두 단군의 후예다. 단군은 1천 38년 동안 다스리다가 아사달산에 들어가서 신이 되어 죽지 않았다.

《제왕운기》는《삼국유사》와 거의 같은 시기에 저술되었으며, 또 이승휴는 일연과 서로 교분이 있던 유학자였다. 그런데도 두 책에 있는 단군 신화의 내용은 이처럼 서로 다르다.《삼국유사》는 곰이 환웅에게 빌어서 여자(웅녀)가 된 후 환웅과 결혼해 단군을 낳았다고 했는데, 《제왕운기》에서는 환웅(단웅)이 손녀에게 약을 먹여 사람으로 만든 후 그녀와 결혼해 단군을 낳았다고 했다.

이러한 내용상의 차이는 조선 초기의 역사서에도 그대로 이어 졌다. 그래서 어떤 책은 《삼국유사》의 내용을, 또 어떤 책은 《제왕운 기》의 내용을 따랐다. 그러다가 나중에는 "사람이 되길 비는 곰에게 약을 먹여 여자로 변하게 한 후 그녀와 결혼해 단군을 낳았다."라고 하면서 두 책의 내용을 절충하기도 했다.

아무튼 일연과 이승휴는 서로 친밀하게 어울렸던 사이였는데도, 왜 단군 신화의 내용은 이렇게 다를까? 일연은 《고기》를, 이승휴는 《본기》를 인용하고 있다. 이처럼 서로 인용한 책이 달랐기 때문일까? 아니면 일연은 승려이고, 이승휴는 유학자라는 차이에서 나온 것일 까? 하지만 환웅이 손녀에게 약을 먹여 여자로 변하게 해서 결혼했다 는 내용은 어쩐지 어색하게 꾸며진 이야기처럼 느껴진다. 그보다는 곰과 호랑이가 등장하는 이야기가 훨씬 더 신화답다.

《삼국유사》는 '고조선'에 이어 《한서》(중국 후한 때 반고가 쓴 역사서, 1세 기에 저술됨)를 인용해 '위만조선'을 소개한다. 즉 고조선에 대해서 앞 부분은 신화에, 뒷부분은 역사적 사실에 기반을 두고 소개하고 있는 것이다. 이처럼 일연은 《삼국사기》가 외면했던 우리나라 최초의 국가 인 고조선의 실체를 또렷이 부각시켰다. 다음은 '고조선'에 이어 나오는 '위만조선'의 내용을 요약한 것이다.

기원전 3세기 중국은 춘추 전국 시대를 통일한 진나라가 멸망하고 한 나라가 중국을 재통일했다. 한나라 고조 유방은 고조선과 인접한 연나 라 왕으로 자신의 친구 노관을 임명했는데, 이곳에는 많은 고조선 계통 사람들이 살고 있었다. 노관은 유방과 사이가 나빠지자 흉노로 망명했 는데, 이로 인해 전쟁이 일어날 기운이 보이자 이들 고조선 계열 사람 들은 고조선으로 망명해 온다. 천여 명의 무리를 이끌고 들어온 위만도 그러한 세력 중 하나였다. 그런데 위만은 이주민 세력이 점점 커지자 고조선 왕을 속여 군대를 이끌고 수도로 들어가 스스로 고조선의 왕이 되었다(기원전 194년). 그리고 손자인 우거왕 때까지 왕위가 이어졌는데, 이 나라가 바로 위만조선이다.

위만조선은 점차 주변의 여러 소국들을 정복해 나갔으며, 또한 강력한 세력을 바탕으로 한강 이남의 진국이 중국 한나라와 직접 교역하는 것 을 막고 중계 무역의 이득을 얻었다. 그런데 한나라는 위만조선이 이처 럼 동방의 강국으로 성장하는 것을 경계했다. 처음 한나라는 외교적으 로 조선을 회유하려 했으나 서로 불신하면서 조선과 갈등하게 되자 결 국 육군과 해군을 동원해서 조선을 침략했다. 당시 한나라는 무제가 통 치하던 전성기였다. 고조선은 1년여에 걸쳐 끈질기게 저항하면서 버텼 지만, 결국 내분이 일어나 멸망하고 말았다(기원전 108년).

3 하늘에서 내려온 해모수

부여는 고조선에 이어 우리나라 역사상 두 번째로 등장하는 국가다. 부여는 북부여, 동부여, 졸본부여 등 여러 명칭으로 등장하는데, 북부여에서 동부여와 졸본부여가 갈라진다. 특히 졸본부여는 고구려와 같은 국가 혹은 그 모태라 할 수 있다. 다음은 부여의 건국 신화다.

① 북부여 건국 신화

《고기》에 이런 내용이 있다.

한나라 선제(기원전 91~49년) 때 천제(하느님)가 다섯 마리 용이 끄는 수레를 타고 흘승골성[요나라 의주 지역에 있다.](지금의 중국 요녕성 환인현에 위치한 오녀산성으로, 홀본성 또는 졸본성이라고도 불림)에 내려와 이곳에 도읍을 정하여 왕이라 하고, 나라 이름을 북부여라 했으며, 스스로 이름을 해모수라 불렀다(기원전 59년). 그리고 아들을 낳아 이름을 '부루'라 했고, 성씨를 '해'로 삼았다. 해부루왕은 뒤에 상제의 명에 따라 도읍을 동부여로 옮겼다.

동명제는 북부여를 이어 일어나 졸본주에 도읍을 정하고 졸본부여라 했으니, 여기서 고구려가 시작되었다.

② 동부여 건국 신화

해부루는 북부여의 왕이다. 하루는 해부루의 재상 아란불의 꿈에 천제가 내려와서 말했다. "장차 나의 자손으로 하여금 이곳에 나라를 세우려 하니 너는 이곳을 떠나라[이는 동명왕이 장차 일어날 조짐을 말한 것이다.]. 동해 바닷가에 가섭원이라는 곳이 있는데, 기름진 땅이어서 도읍을 세울 만하다."

아란불이 왕에게 권하여 도읍을 그곳으로 옮기도록 하고, 나라 이름을 동부여라 했다.

부루가 늙도록 아들이 없어서 하루는 산천에 제사를 올려 아들을 달라고 빌었다. 부루가 탄 말이 곤연이란 큰 연못에 이르렀을 때 큰 돌을 보고 눈물을 흘렸다. 왕이 이상히 여겨 사람을 시켜 그 돌을 굴리니 금와(금빛 개구리) 모양의 아이가 있었다. 왕이 기뻐하며 말했다. "이는 하늘이 내게 아들을 주심이로다!"

이에 이 아이를 데려와 기르고 이름을 '금와'라고 지었다. 부루가 죽자, 금와가 뒤를 이어서 왕이 되었다. 다음 왕위를 태자 대소에게 전했다. 고구려의 무휼왕(고구려 3대 왕인 대무신왕)이 동부여를 치고 대소왕을 죽이니, 나라가 없어졌다(22년).

①에서 부여는 기원전 59년에 건국되었다고 말하고 있으나, 사실은 이보다 훨씬 더 오래전에 세워졌다. 왜냐하면 사마천의 《사기》(기원전

90년경에 저술)에 '부여'라는 나라 이름이 등장하기 때문이다. 그래서 역사학자들은 부여가 늦어도 기원전 2세기 무렵에는 이미 성립되었다고 본다. 또 ②에서는 부여가 22년에 망했다고 되어 있으나, 《삼국사기》에 동부여는 410년에 광개토대왕에 의해 멸망하고 북부여는 494년에 고구려에 항복했다는 기록이 나온다. 그렇다면 부여는 최소 600여 년 가까이 존속된 나라라고 보아야 한다.

한편, 고구려 건국 세력은 (동)부여 출신이며, 주몽은 졸본부여 왕의 사위라는 또 다른 주장도 《삼국사기》에 등장한다. 이로 미루어 볼 때 고구려는 부여계 나라로, 졸본부여가 그 모태였을 것이다. 또 백제는 성왕 때 국호를 '남부여'로 고칠 만큼 부여 계승 의식이 강했다. 이로 미루어 볼 때 백제의 건국 시조인 비류와 온조가 주몽의 아들이 아니라 졸본부여의 왕 구태의 아들이라는 《삼국사기》의 내용과 어딘가 연결되는 측면이 있다. 이처럼 한국의 고대사를 꼼꼼히 살펴보면 고조선에 이어 건국된 또 다른 왕국 부여가 갖는 의미가 매우 크다는 사실을 알 수 있다.

앞의 ①은 해모수에 의한 북부여의 건국 신화이고, ②는 그 후에 북부여의 해부루가 동쪽 바닷가에 가서 동부여를 세웠다는 내용이다. 여기서 동부여를 세우게 된 까닭은 머지않아 고구려의 동명왕이 등장할 것이니 이를 피해 물러난 것이라고 설명한다. 둘 모두 부여의 건국 설화인데도 마치 고구려(주몽)가 그 주인공인 것처럼 묘사되고 있다.

더구나 해부루의 이야기는 《삼국사기》에도 등장하는데, 그 내용은 《삼국유사》와 비슷하면서도 조금 다르다. 《삼국사기》에는 이렇게 나와 있다.

부여 왕 해부루가 늙도록 아들이 없자 산천에 제사를 지낸 후 아들을 구했다. 하루는 그가 탄 말이 곤연에 이르러 큰 돌을 보고 마주하며 눈물을 흘렸다. 왕이 이상하게 생각하고 사람을 시켜 그 돌을 굴려 보니, 웬 어린아이가 금빛 개구리 모양을 하고 있었다. 왕이 기뻐하며 말하기를, "이는 하늘이 내게 주신 아들이다!" 하고서 곧 데려다 기르고 이름을 금와라 했다. 그가 자라자 태자로 삼았다.

그 뒤에 재상 아란불이 "얼마 전 천제께서 제게 내려와 이르시기를 '장차 나의 자손으로 하여금 여기에 나라를 세우고자 하니 너희는 이곳을 피해 가라. 동쪽 바닷가에 가섭원이라고 하는 곳이 있는데 토양이 기름져서 오곡을 기르기에 적당하니 도읍할 만한 곳이다.'라고 말했습니다." 그리고는 왕에게 권하여 그곳으로 도읍을 옮기고, 국호를 동부여라고 했다.

(한편) 북부여의 옛 도읍지에는 어디에서 왔는지 알 수 없는 사람이 자칭 천제의 아들 해모수라고 하면서 그곳에 와서 도읍했다.

이를 보면 해부루가 동해 바닷가로 피해 가서 동부여를 세운 것은

《삼국사기》와 《삼국유사》의 내용이 같다. 그런데 두 부분이 서로 다르다. 하나는 해부루가 금와를 언제 얻었느냐 하는 것이고, 다른 하나는 해모수가 누구이며 언제 나타났느냐 하는 것이다.

《삼국사기》에는 해부루가 북부여의 왕으로 있을 때 금와를 얻은 것으로 나온다. 하지만 《삼국유사》에는 해부루가 동부여로 옮긴 후에 금와를 얻었다고 나온다. 또 해모수에 대해서도 《삼국사기》는 해모수와 해부루는 서로 아무 관계도 없으며, 해부루가 동쪽으로 떠난 뒤에 해모수라는 낯선 사람이 나타나 (북)부여의 새로운 왕이 된 것으로 말한다. 허나 《삼국유사》는 해모수가 북부여의 건국 시조이며, 왕이 되어 해부루를 낳았다고 말한다. 즉 해모수는 해부루의 아버지인 셈이다. 또 《삼국사기》는 해모수가 천제의 아들이라고 하나, 《삼국유사》는 그가 곧 오룡거(다섯 마리의 용이 이끄는 마차)를 타고 온 천제(하느님)라고 말한다.

이렇게 꼼꼼히 분석해 보면 신화에 나오는 사람들 사이의 관계나 국가의 성립 순서, 인물의 생존 연대 등이 뒤죽박죽임을 알 수 있다. 이는 아마도 신화가 전승되는 과정에서 내용이 조금씩 변질되거나 각색되어서 그런 것으로 보인다. 하지만 부여 시대와는 아주 먼 후대에 쓰인 《삼국사기》와 《삼국유사》의 내용이 서로 다른 것은 김부식과 일연이 본 문헌의 차이인지, 아니면 신화에 무언가 합리적인 내용을 부여하기 위해 각색한 것인지 아직은 알 수 없는 노릇이다.

4 활을 잘 쏘았던 주몽

《삼국사기》와 《삼국유사》 모두 고구려가 기원전 37년에 건국된 것으로 나와 있지만, 유물이나 부여의 건국 시기 등을 고려할 때 실제로는 이보다 빠른 기원전 2세기 이전에 부족 국가로 성립되었다고 추정된다. 여기서 일연은 《삼국사기》를 거의 그대로 인용했으며, 또 이와 별도로 《단군기》와 《주림전》(중국 당나라의 승려 도세가 지은 《법원주림》이라는 불교 서적)의 내용도 같이 소개하고 있다.

① 《삼국사기》의 기록

고구려는 곧 졸본부여다. 졸본은 요동 지역에 있다.

《국사》(삼국사기) 〈고구려 본기〉에 이런 기록이 있다.

시조 동명성제의 성은 고(高)씨요, 이름은 주몽이다. 앞서 북부여 왕 해부루가 동부여로 자리를 피해 간 후 죽게 되자 금와가 왕위를 이었다. 이때 금와가 태백산 남쪽 우발수에서 한 여자를 만나 이곳에 있는 사연을 물었더니, 그녀는 이렇게 말했다.

"저는 하백(강물의 신)의 딸이고, 이름은 유화라고 합니다. 동생들과 함께 나와 놀고 있던 중 한 남자를 만났습니다. 그는 천제의 아들 해모수라고 하면서 저를 꾀어서 웅신산[백두산] 아래 압록강변의 한 집으로 데리고 갔습니다. 거기서 몰래 정을 통해 놓고는 가서 돌아오지 않았습니다. 부모님은 제가 중매도 없이 다른 남자와 혼인했다고 꾸짖으시며 이곳으로 귀양을 보냈습니다."

금와가 그녀를 이상히 여겨 방에 가두었더니 햇빛이 그녀를 비추었다. 그녀는 몸을 움직여 이를 피했으나 햇빛이 또 따라가 비췄다. 그로 인해 임신하고 알 하나를 낳으니 크기가 다섯 되 정도였다. 왕이 알을 버려 개와 돼지에게 던져 주었으나 모두 먹지 않았다. 또 길에 버렸더니 소와 말이 피해 가고, 들판에 버렸더니 새와 짐승이 덮어 주었다. 왕은 알을 쪼개려 했으나 쪼갤 수가 없어 그만 그 어머니에게 돌려주었다.

그 어머니는 알을 싸서 따뜻한 곳에 두었는데, 한 아이가 껍질을 깨고 나왔다. 이 아이는 골격과 외모가 특이했다. 나이 겨우 일곱 살에 기골이 뛰어나 보통 사람들과는 달랐다. 스스로 활과 화살을 만들어 백 번 쏘면 백 번 다 맞혔다. 이 나라 풍속에 활 잘 쏘는 자를 주몽이라 했으므로, 이름을 주몽이라 지었다.

금와에게는 아들 일곱이 있었다. 그들은 늘 주몽과 같이 놀았지만 기예와 재능이 그를 따를 수가 없었다. 이에 큰아들 대소가 아버지에게 말했다.

"주몽은 사람이 낳은 자식이 아니니 빨리 처치하지 않으면 후환이 있을 것입니다."

그러나 왕은 이 말을 듣지 않고 주몽에게 말을 기르게 했다. 주몽은 좋은 말을 알아보고 먹이를 덜 주어 여위게 만들고, 나쁜 말은 잘 먹여서 살찌게 했다. 왕은 살찐 말을 자신이 타고 여윈 말을 주몽에게 주었다.

여러 왕자들과 신하들이 주몽을 죽이고자 했다. 주몽의 어머니가 이를 알아채고 말했다.

"이 나라의 사람들이 장차 너를 죽이려 한다. 네 재능과 지략을 가지고 어디 간들 살지 못하겠느냐? 빨리 대책을 세우는 게 좋겠다."

이에 주몽은 오이 등 세 사람을 동지로 삼아 엄수에 이르렀는데, 물을 보고 외쳤다.

"나는 천제의 아들이고 하백의 손자다. 오늘 도망가는 길인데 뒤쫓는 자가 거의 다 쫓아왔으니 어찌해야 하겠느냐?"

이에 물고기와 자라들이 나와 다리를 만들어 그를 건너게 하고 나서는 곧 흩어지니, 추격하던 기병들은 물을 건널 수 없었다. 주몽은 드디어 졸본에 이르러 이곳을 도읍으로 삼았다. 미처 궁실은 짓지 못해서 다만 비류수 근처에 갈대로 엮은 집을 짓고 살면서 나라 이름을 고구려라 하고, '고(高)'씨로 성씨를 삼았다[본래 성은 '해'씨였으나 자신이 천제의 아들로 햇빛을 받고 나왔다고 해서 스스로 '고'씨로 성을 삼았다.]. 이때 나이는 열두 살이고, 왕으로 즉위했다(기원전 37년). 고구려의 전성 시기에는 가구 수가 21만 508가구나 되었다.

② 《단군기》의 기록

《단군기》에서는 "단군이 서하 하백의 딸과 정을 통해 아들을 낳고 부루라 했다."라고 했는데, 지금 이 기록을 살펴보면 해모수가 하백의 딸과 정을 통한 뒤에 주몽을 낳은 것이다. 《단군기》에서는 "아들을 낳아 부루라 했다."라고 하니, 부루와 주몽은 어머니가 다른 형제일 것이다.

③ 《주림전》의 기록

《주림전》 21권에 이런 기록이 있다.

옛날 영품리왕의 계집종이 임신했는데, 관상 보는 이가 점을 쳐 보더니 왕에게 말했다.

"귀하게 되어 왕이 될 상입니다."

"내 아들이 아니니 마땅히 죽여야 되겠다."

이때 계집종이 아뢰었다.

"기운이 하늘로부터 내려와서 그 때문에 제가 임신한 것입니다."

그 후 아이를 낳았으나 상서롭지 못하다 하여 돼지우리에 버렸더니 돼지가 입김을 불어 주고, 마구간에 버렸더니 말이 젖을 먹여서 죽지 않았다. 그리고 마침내 부여의 왕이 되었다[이는 동명제가 부여의 왕이 된 것을 말한다. 졸본부여는 또한 북부여의 다른 도읍인 까닭으로 부여 왕이라 말한 것이다. 영품리왕은 부루왕의 다른 이름이다.].

알다시피 고구려를 세운 이는 주몽이다(광개토대왕비에는 '추모'라고 되어 있으며, 다른 기록에서는 '중모', '상해'라고도 나온다).

①은 가장 널리 알려진 고구려의 건국 신화다. 즉 주몽의 아버지는 천제의 아들 해모수이고, 어머니는 하백의 딸 유화다. 그러면 해모수와 유화의 만남은 어떻게 이루어졌으며, 또 왜 해모수는 가서 돌아오지 않았던 것일까? 그 사연은 이규보가 쓴 〈동명왕편〉에 상세히 소개되어 있는데, 그 내용을 요약하면 다음과 같다.

한나라 선제 때(기원전 59년) 천제의 아들 해모수가 부여의 옛 도읍에 내려와 왕이 되었다. 그는 오룡거를 탔으며, 그를 따르는 100여 명은 흰 고니를 탔다. 그가 지나가면 형형색색의 구름이 떠 있었고 구름 속에서 음악 소리가 들렸다. 그는 웅심산에 머무르다가 10여 일이 지나서 내려왔는데, 보통은 아침에 정치 일을 보다가 날이 저물면 곧 하늘로 올라갔다. 왕성의 북쪽에 압록강이 있는데, 하백의 예쁜 딸 셋이 압록강 물결을 헤치고 나와 웅심 물가에서 놀았다. 부드럽고 가냘픈 그 모습이 아름다웠다. 해모수왕은 측근들에게 저 여인들을 얻어서 왕비로 삼아 자식을 갖고 싶다고 말했다. 그래서 왕이 말채찍으로 땅에 금을 긋자 곧 크고 화려한 구리 궁전이 만들어졌다. 그러고는 방 안에 술상을 차려 여인들에게 마시게 했는데, 그녀들이 크게 취했다.

해모수는 그들이 취하기를 기다렸다가 얼른 방을 막았는데, 여자들이 놀라 달아나다 맏언니인 유화가 붙들리고 말았다. 이 소식을 들은 유화의 아버지 하백이 크게 노하여 사자를 보내어 말하기를, "너는 어떤 자이기에 감히 내 딸을 잡아두는가?"라고 했다. 왕이 답하기를, "나는 천제의 아들인데 지금 그대에게 구혼하고자 한다."라고 했다.

이에 하백이 또 사자를 보내 말하기를, "그대가 천제의 아들이고 나에게 구혼할 생각이 있으면 마땅히 중매를 시켜 말할 것이지, 지금 내 딸을 잡아 두니 어찌 그리 실례가 심한가?"라고 했다. 왕(해모수)이 부끄러워하며 하백을 뵈려 했으나 궁실에 들어갈 수 없었다.

그래서 유화를 놓아 보내고자 하니 그 여자가 이미 왕과 정이 들어서 떠나려 하지 않으면서 왕에게 권하기를, "만일 용거(용이 끄는 수레)가 있으면 하백의 나라에 갈 수 있다."라고 알려 주었다. 이에 왕이 하늘을 보면서 아뢰니, 조금 뒤에 오룡거가 공중에서 내려왔다. 왕이 여자와 함께 수레를 타자 홀연히 풍운이 일어나며 하백의 궁에 이르렀다.

이렇게 하백의 궁궐에 들어간 해모수는 하백을 만나 청혼을 했다. 그러자 하백은, "그대가 천제의 아들이라면 신통한 재주가 있을 텐데 그것이 뭔가?"라고 물었다. 이에 왕이 "무엇이든 시험해 보시라."라고 했다. 곧 하백과 해모수는 신통력 대결을 시작했다.

먼저 뜰 앞의 물에서 하백이 잉어로 변하자 해모수왕은 수달이 되어 그를 잡았고, 또 하백이 사슴으로 변하자 왕은 승냥이로 변하여 쫓았으며, 하백이 꿩으로 변하자 왕은 매로 변했다. 이에 하백은 해모수가 진정한 천제의 아들이라 생각하게 되었고, 이제는 오히려 왕이 딸을 데려갈 마음이 없을까 두려워 풍악을 베풀고 술을 내었다.

하백은 왕이 크게 취하자 딸과 함께 작은 가죽 수레에 넣어 용거에 실었는데, 이는 하늘나라에 올라가게 할 의도였다. 그런데 수레가 미처 강물에서 나오기도 전에 왕이 술에서 깨어 여자의 황금 비녀로 가죽 수레를 뚫고 구멍으로 홀로 나와 하늘로 올라가 버리고 말았다.

이에 하백이 그 딸에게 크게 화를 내며, "네가 내 훈계를 따르지 않아서 마침내 우리 가문을 욕되게 했다."라고 하고는 신하들을 시켜 딸의 입을 잡아당기어 옭아매고 입술 길이가 석 자나 되게 한 다음 노비 두 사람만을 주어 우발수 가운데로 추방했다.

그때 그곳에 있던 한 어부가 물속에 있는 여자를 발견했고, 마침 이곳에 온 금와왕도 알게 된 것이다. 금와왕이 어부에게 쇠그물로 여자를 끄집어내게 했는데, 물에서 나온 여자가 입술이 길어 말을 하지 못하므로 그 입술을 세 번 잘라내게 한 뒤에야 말을 하게 되었다.

이런 사연으로 금와왕이 유화를 궁으로 데리고 온 것이고, 이후의 이야기는 《삼국사기》에도 그대로 나온다. 즉 유화가 햇빛을 받아 임신하고 알을 낳았는데, 금와왕은 상서롭지 못하다 하여 알을 버렸다. 그러나 모든 짐승들이 알을 보호해 주어서 어미에게 도로 갖다 주었고, 마침내 알에서 한 사내아이가 나온 것이다.

다음은 그 소년이 특출한 재능을 가지고 있다는 이야기다. 《삼국사기》에서는 어려서부터 활을 잘 쏘아 주몽이라는 이름을 갖게 되었다고 한다. 또 〈동명왕편〉에서는 주몽이 태어나면서부터 얼마나 활을 잘 쏘았는지, 그 전설적인 활솜씨를 다음과 같이 말하고 있다.

알에서 태어난 소년은 한 달이 지나지 않아 언어가 모두 정확했다. 그때 그는 어머니에게, "파리들이 눈을 빨아서 잘 수가 없으니 어머니는 나를 위해 활과 화살을 만들어 주오."라고 말했다. 어머니가 댓가지로 활과 화살을 만들어 주니 스스로 물레 위의 파리를 쏘는데, 쏘는 족족 맞혔다. 이래서 소년은 '주몽'이라는 이름을 갖게 된 것이다.

그다음의 이야기는 또 《삼국사기》와 비슷하다. 금와의 맏아들 대소가 아버지에게 주몽을 죽일 것을 권했으나 금와왕은 듣지 않고 주몽에게 말을 기르게 한다. 주몽은 장래를 위해 준마를 골라 그 말을 굶겼는데, 〈동명왕편〉에서는 준마의 혀에 바늘을 꽂아 먹지 못하게 함으로써 그 말을 야위게 만들었다고 한다. 그 후 주몽은 오이 등 세 명의 동지들과 함께 부여를 탈출한다. 부여의 병사들에게 쫓기던 그들 앞에 강이 나타나자, 물고기와 자라들이 나와 다리를 놓아 준다. 그런데 〈동명왕편〉에는 디옴과 같은 이야기가 하나 더 나온다.

주몽이 부여에서 어머니를 두고 떠나지 못하고 있자 어머니가 말하길, "너는 어미 걱정하지 말고 떠나라."라고 하면서 오곡 종자를 싸 주어 보냈다. 그런데 주몽이 이별하는 마음이 애절하다 보니 그만 보리 종자를 잊어버리고 왔다. 가다가 주몽이 큰 나무 밑에서 쉬는데, 비둘기 한 쌍이 날아왔다.

주몽이, "아마도 신모(신령한 어머니, 즉 유화 부인)께서 보리 종자를 보내신 것이리라." 하고는 활을 쏘아 한 화살에 모두 떨어뜨린 후 목구멍을 벌려 보리 종자를 얻고 나서는 물을 뿜으니 비둘기가 다시 소생하여 날아갔다. 그 후 주몽은 나라를 세워 왕이 되었다.

①의 내용을 보면 주몽이 왕이 된 것이 열두 살 때라고 했는데,《삼국사기》에는 스물두 살이라 되어 있다. ①은《삼국사기》를 인용한 것이므로, 스물두 살을 열두 살로 잘못 썼을 것이다.

그런데 ②에서는《단군기》를 인용하면서 주몽과 부루의 관계를 소개하고 있다. 즉 하백의 딸이 단군과 정을 통해 아들 부루를 낳았고, 또 해모수와 정을 통해 주몽을 낳았다고 했다. 즉 하백의 딸은 부루도 낳고 주몽도 낳았으며, 그들의 아버지는 각각 단군과 해모수였다. 그렇다면 부루와 주몽은 어머니가 같고 아버지가 다른 형제(동복형제)가 되어야 하는데, 일연은 아버지가 같고 어머니가 다른 형제(이복형제)라고 써 놓았다. 아마 일연의 착각이 아니었을까?

또 갑자기 여기서 단군이 등장하는 것도 다소 생뚱맞아 보인다. 그러나 신화에서는 족보나 시간이 이처럼 뒤죽박죽 엉킬 때가 많으므로 너무 사실 관계에 민감할 필요는 없다.

③의 내용은 또 다른 부여의 건국 설화라고 할 수 있다. 영품리왕, 즉 부루왕의 계집종이 낳은 알에서 나온 소년이 부여 왕이 되었다는 말인데, 이는 고구려의 주몽 설화와 그 구조가 아주 유사하다. 이로 미루어 본다면 고구려 건국 설화는 부여의 건국 설화를 변용하여 만들어졌을 가능성이 매우 크다고도 하겠다. 그렇기 때문에 일연도 ③을 부여의 건국 설화에 놓지 않고 굳이 고구려의 건국 설화에 놓지 않았을까 생각된다.

어쨌든 고구려의 건국 과정을 이해하는 핵심은 족보가 아니다. 중요한 것은 고구려 건국 과정의 큰 줄거리다. 고구려의 건국 신화는 전형적인 영웅 신화의 틀을 갖추고 있다. 일반적으로 영웅 신화에서 영웅은 첫째, 고귀한 혈통을 지닌다. 둘째, 보통 사람들과는 다른 비정상적 방법으로 태어나며 비범한 자질을 지닌다. 셋째, 크나큰 고난과 시련을 겪는다. 넷째, 위기를 극복해 마침내 승리자가 된다.

고구려 건국 신화도 이러한 모습을 그대로 보여 주고 있다. 즉 첫째, 주몽은 부계 혈통으로는 천신(태양신)의 자손이며 모계 쪽으로는 지신(수신)의 자손이니, 고귀한 혈통이다. 둘째, 그는 보통 사람과 달리 비정상적으로, 즉 햇빛을 받아 알에서 태어났다. 또 활을 아주 잘 쏘는 등 비범한 인물이다. 셋째, 그는 큰 시련을 겪는다. 알로 태어나 개나 돼지 먹이로 던져지기도 하고, 길이나 들에 버려지기도 한다. 커서는 대소 형제들로부터 살해 위협을 받는다. 넷째, 그러나 그는 물고기와 자라의 도움으로 강을 건너 무사히 피하고, 마침내 나라를 세우는 데 성공한다.

고구려인들에게 건국 영웅인 주몽은 신화로 각색할 만큼 크나큰 자부심의 대상이었다. 이런 자부심은 5세기 장수왕 때 세워진 광개토대왕비에도 그대로 이어진다.

옛날에 시조 추모왕이 나라를 세웠다. 왕은 북부여에서 나왔다. 추모왕은 천제의 아들이고, 그의 어머니는 하백의 따님인데 알을 깨고 세상에 나왔다. 왕은 태어나면서부터 성스러웠다. 길을 떠나 남쪽으로 내려가다가 부여의 엄리대수를 지나게 되었다. 왕이 나룻가에서 "나는 하늘의 아들이며 하백의 따님을 어머니로 둔 추모왕이다. 나를 위해 갈대를 연결하고 거북이 무리를 떠오르게 하라."라고 말했다. 말이 끝나자 곧 갈대가 연결되고 거북 떼가 물 위로 떠올랐다. 그리하여 강물을 건너가서 비류곡 홀본 서쪽 산 위에 성을 쌓고 도읍을 세웠다[광개토대왕 비문].

5 남쪽으로 간 비류와 온조

　백제를 세운 이는 고구려 주몽의 아들 온조로 알려져 있다. 《삼국유사》도 《삼국사기》를 인용해서 그렇게 소개하고 있다. 그런데 《삼국사기》는 백제 건국과 관련해 다른 이야기도 소개한 반면, 《삼국유사》는 이런 내용을 빼고 백제의 건국과 변천 과정을 아주 짧게 요약하고 있다.

① 《삼국사기》의 기록

《삼국사기》 〈백제 본기〉에 이렇게 기록되어 있다.

백제 시조는 온조다. 그의 아버지는 추모왕 또는 주몽이라고 한다. 주몽은 북부여에서 피난하여 졸본부여에 왔다. 졸본부여의 왕은 아들이 없고 딸만 셋 있었는데, 주몽이 보통 사람이 아니라는 걸 알고 그의 둘째 딸을 아내로 삼게 했다. 얼마 후 졸본부여의 왕이 돌아가니 주몽이 왕위를 계승했다.

주몽이 두 아들을 낳으니 맏이가 비류(불류)요, 둘째가 온조다. 그들은 후에 태자(북부여에 있을 때 낳은 아들 유리)에게 용납되지 못할까 두려워 드디어 오간, 마려 등 열 명의 신하들과 함께 남쪽으로 떠나가니 백성들 중에도 그들을 따르는 사람들이 많았다.

그들은 드디어 한산(지금의 경기도 광주)에 다다르자 부아악에 올라가서 살 만한 곳이 있는지 살펴보았다. 비류가 바닷가로 가서 살고자 하니 열 명의 신하들이 말렸다.

"이 하남 땅은 북쪽으론 한수(한강)를 띠고, 동쪽으론 높은 산에 의지하며, 남쪽으론 기름진 늪지대를 바라보고, 서쪽으론 큰 바다로 막혀 있어 천연적인 요새이자 지리적 이점이 있으니 이런 지형은 얻기 어려운 곳입니다. 이곳에 도읍하는 것이 좋지 않겠습니까?"

그러나 비류는 듣지 않고 온조와 백성들을 나누어 미추홀(지금의 인천)로 가서 살았다. 온조는 하남 위례성에 도읍을 정하고 열 명의 신하를 보필로 삼아 나라 이름을 '십제'라고 했다(기원전 18년).

비류는 미추홀의 땅이 습하고 물이 짜서 편히 살 수 없어서 위례성에 와 보니 그곳에선 새로 세운 도읍에서 백성들이 태평하게 사는 것을 보았다. 마침내 부끄럽게 여기며 뉘우쳐 죽었으니, 그의 신하와 백성들은 모두 위례성으로 돌아왔다. 훗날에 올 때 백성들이 기뻐했다 하여 나라 이름을 '백제'로 고쳤다. 그의 집안 계보는 고구려와 함께 부여에서 나왔으므로 성을 '해'로 했다. 후에 성왕 때에 이르러 서울을 사비로 옮겼으니, 지금의 부여군이다.

② 《고전기》의 기록

《고전기》에는 이런 기록이 있다.

동명왕의 셋째 아들 온조는 졸본부여로부터 위례성에 이르러 도읍을 세우고 왕이라고 했다(기원전 18년). 그 후 도읍을 한산[광주]으로 옮겨 (기원전 5년) 이곳에서 389년을 지냈다. 그리고 13대 근초고왕 때에는 고구려의 남평양을 얻었고(371년), 도읍을 북한성[양주]으로 옮겨 105년을 지냈다.

22대 문주왕이 즉위하여 도읍을 웅천[공주]으로 옮겨(475년), 이곳에서 63년을 지냈으며, 26대 성왕 때에 이르러 도읍을 소부리(부여)로 옮기고(538년) 국호를 남부여라 했으며, 31대 의자왕에 이르기까지 120년을 이곳에서 지냈는데, 의자왕 20년(660년) 신라의 김유신이 당의 소정방과 함께 백제를 토벌하여 평정했다.

또 호암사에는 정사암이라는 바위가 있다. 국가에서 장차 재상을 뽑으려 할 때 당선될 사람 서너 명의 이름을 써서 상자에 넣고 봉하여 바위 위에 놓아두고, 얼마 후에 이름 위에 도장이 찍힌 자를 재상으로 삼았기 때문에 그렇게 이름 붙인 것이다.

또 사비하의 강변에 바위 하나가 있다. 소정방이 일찍이 그 위에 앉아서 고기와 용을 낚았는데, 바위 위에 용이 꿇어앉은 자국이 있기 때문에 용암이라 불렀다.

또 부여에는 세 개의 산이 있는데 일산, 오산, 부산이 그것이다. 국가가 번영했을 때는 각각 신인(신과 같이 신령하고 숭고한 사람)이 그 위에 살면서, 날아서 왕래함이 아침저녁으로 끊이지 않았다.

또 사비하의 절벽에 돌 하나가 있어 10여 명이 앉을 만하다. 백제왕이 왕흥사에 가서 예불하려고 할 때는 먼저 이 돌에서 부처님을 바라보고 절을 했는데, 그 돌이 저절로 따뜻해졌으므로 돌석이라 불렀다.

또 사비하의 양 절벽이 마치 그림병풍과 같아서 백제 왕이 매번 놀면서 잔치하고 노래하고 춤을 추었으므로 지금도 대왕포라고 부른다.

《삼국사기》를 인용한 ①의 내용은 많이들 알고 있을 것이다. 그런데 《삼국사기》는 백제의 건국과 관련해 또 다른 이야기들을 소개하고 있다. 다음 글은 《삼국유사》에는 없고, 《삼국사기》에만 있는 백제의 건국 이야기들이다.

㉠ 《삼국사기》의 기록 1

이런 주장도 있다.

"백제의 시조는 비류왕이다. 그의 아버지 우태는 북부여 왕 해부루의 서손(서자의 아들)이다. 어머니 소서노는 졸본 사람 연타발의 딸로 처음 우태에게로 시집 와서 아들 둘을 낳았는데, 맏이가 비류이고 그다음이 온조였다. 그녀는 우태가 죽자 졸본에서 홀로 살았다. 뒤에 주몽이 부여에서 용납되지 못해 기원전 37년 봄 2월에 남쪽으로 탈출해 졸본에 이르러 도읍을 세우고 국호를 고구려라 했으며, 소서노를 맞이해 왕비로 삼았다. 나라의 기틀을 열어 왕조를 창건하는 데 내조가 컸으므로 주몽이 그녀를 매우 총애했고, 비류 등을 대하는 것도 자기 아들인 양 했다. 그런데 주몽이 부여에 있을 때 낳은 예씨의 아들 유류(유리)가 찾아오자 그를 태자로 세우더니, 유류가 왕위를 잇게 되었다.

이에 비류는 아우 온조에게, '처음에 대왕께서 부여에서 환란을 피해 도망하여 이곳까지 왔을 때는 우리 어머니가 집안의 재물을 쏟아 부어 나라의 창업을 도와 이루었으니, 어머니의 노고와 공로가 많았다. 그런데 대왕께서 세상을 뜨시자 국가가 유류에게 돌아가니, 우리가 공연히 여기 있으면서 군더더기 혹처럼 암울하고 답답하게 지내느니보다는 차라리 어머니를 모시고 남쪽으로 옮겨가 땅을 점쳐 따로 나라의 도읍을 세우는 것이 좋으리라.'라고 말했다. 마침내 아우와 함께 그의 무리들을 거느리고 패수와 대수를 건너 미추홀에서 살았다."

ⓛ 《삼국사기》의 기록 2

그런데 《북사》(중국 북조의 역사를 기록한 책)와 《수서》(중국 수나라의 역사를 기록한 책)에는 모두 이렇게 되어 있다.

"동명의 후손에 구태라는 이가 있었는데 매우 어질고 신실했으며, 처음으로 대방의 옛 땅에 나라를 세웠다. 한의 요동 태수 공손도가 자기 딸을 그의 처로 삼아 주었다. 그 뒤 마침내 동이 가운데 강국이 되었다."

어느 것이 옳은지 알 수가 없다.

앞의 ①과 ㉠, ㉡ 이 세 글을 종합해 보면 백제의 시조로 꼽힌 사람은 세 명이다. 즉 온조와 비류, 그리고 구태(우태)가 그들이다. 여기서 《삼국사기》는 주몽의 아들 온조 건국설을 가장 신뢰하고 있으며, 《삼국유사》도 이에 따랐다.

반면 백제사를 자세히 보면 비류계와 온조계의 왕위 계승 다툼이 이어졌고, 뒤에 성왕은 스스로 부여씨를 자처하는 등 고구려보다는 부여의 갈래로 주장하고 있다는 점을 근거로 온조 건국설보다는 구태의 자식인 비류와 온조 형제의 공동 건국설을 주장하는 학자들도 일부 있다.

다음으로 ②의 《고전기》라는 책은 현재 전해지지 않아서 불분명하지만, 700년 백제 역사를 간략하게 요약하면서 뒷부분에는 백제의 여러 곳에 얽혀 있는 전설들도 소개하고 있다.

이 가운데 주목할 만한 내용은 '정사암'이라는 바위에 얽힌 전설이다. 재상 후보자들의 이름이 적힌 종이를 상자 속에 넣은 뒤 이 상자를 바위 위에 두었다. 얼마 뒤 상자를 열어 보고 이름 위에 도장이 찍힌 사람을 재상으로 삼았다. 이 이야기로 추측컨대, 백제는 민심이나 여론을 반영해 재상을 뽑았던 것으로 보인다.

소정방이 낚시로 용을 잡았다는 전설이 어려 있는 용암 이야기는 조선 시대에 편찬된 《신증동국여지승람》에도 소개되어 있다.

소정방이 백제를 공격할 때였다. 그가 강을 건너려고 하는데 홀연 비바람이 크게 일어나 흰말로 미끼를 만들어 용 한 마리를 낚으니, 곧 날이 개어 마침내 군사들이 강을 건너 공격했다. 그래서 그 강을 '백마강'이라 하고, 소정방이 낚시했다는 바위를 '조룡대(용을 낚은 곳)'라 했다.

정복자의 용맹을 칭송하는 전설이니, 문득 패자의 설움이 느껴진다. 끝으로, 대왕포에 얽힌 이야기는 《삼국사기》에도 나오는데 내용은 이렇다.

백제 무왕이 신하들을 거느리고 사비하(백마강) 북쪽 나루에서 잔치를 벌였다. 양쪽 강기슭에는 기암괴석이 섞여 있고 간간이 기이한 꽃과 풀들이 끼여 있어서 마치 그림과 같았다. 왕은 술을 마시고 즐거움이 극도에 이르러 북과 거문고를 타며 스스로 노래를 불렀고, 시중드는 이들도 여러 차례 춤을 추었다. 그때 사람들이 그곳을 '대왕포'라 불렀다.

6 알에서 태어난 혁거세

《삼국유사》도 《삼국사기》처럼 삼국의 건국 순서를 신라(기원전 57년) → 고구려(기원전 37년) → 백제(기원전 18년) 순으로 본다. 두 책 모두 삼국의 역사를 신라 중심으로 본 것이다. 그런데 《삼국유사》는 《삼국사기》보다도 더 심하게 신라 중심으로 설화나 이야기를 다루고 있다. 물론 그 원인이 사료의 문제인지, 아니면 일연의 지역 연고 때문인지는 명확하지 않다. 어쨌든 이런 편향 때문인지 《삼국유사》는 신라 건국에 대해서도 또 다른 이야기를 싣고 있다.

① 우물가에서 나온 혁거세와 알영

옛날 진한 지역에는 6촌(뒤에는 '6부'라 함)이 있었다. (중략) 하루는 이 6부의 조상들이 각기 자제들을 데리고 알천 언덕에 모여 의논했다(기원전 69년).

"우리들 위에 왕이 없다 보니 백성들이 모두 방자하여 제멋대로인 것 같소. 그러니 덕이 있는 사람을 찾아 그를 임금으로 삼아 나라를 세우고 도읍을 정해야 하지 않겠소?"

이에 모두가 높은 곳에 올라가 남쪽을 바라보니, 양산 아래 나정 우물가에 이상한 기운이 번개처럼 땅에 드리우더니 흰말 한 마리가 무릎을 꿇어 절하는 모양을 하고 있었다. 그곳을 찾아가 잘 살펴보니 붉은 알 한 개가 있었다[또는 푸른색 큰 알이라고도 한다.]. 말은 사람을 보자 길게 울음소리를 내다가 하늘로 올라가 버렸다.

그 알을 깨니 사내아이가 나왔는데, 모습이 단정하고 아름다웠다. 이를 경이롭게 여겨 아이를 동천에서 목욕시켰는데, 아이의 몸에서는 광채가 나고 새와 짐승들이 따라 춤을 추며 천지가 진동하고 해와 달이 맑고 밝아졌다. 이로 인해 이름을 '혁거세왕'이라고 했다[혁거세를 '불구내왕'이라고도 하는데, 이는 밝게 세상을 다스린다는 뜻이다.].

왕의 호칭은 '거슬한'이라 했다[혹은 '거서간'이라고 했는데, 이는 그가 처음 입을 열었을 때 자신을 '알지거서간!'이라 하면서 한 번에 일어났기 때문에 그렇게 불렀다. 이 말이 이때부터 왕의 존칭이 되었다.]. 사람들이 서로 앞다투어 축하했다.

"이제 천자가 하늘에서 내려왔으니 마땅히 덕 있는 왕후를 찾아서 배필을 삼아야 할 것이오."

이날 사량리 알영정[혹은 아리영정]이라는 우물에 계룡이 나타나 왼쪽 갈비뼈에서 계집아이를 낳으니[혹은 용이 나타나서 죽었는데, 그 배를 가르니 계집아이가 나왔다고도 한다.] 몸매와 얼굴이 뛰어나게 예뻤으나 입술이 닭의 부리와 같았다. 월성 북천 냇가에서 목욕을 시켰더니 그 부리가 튕겨서 떨어졌다. 그래서 그 내를 '발천(부리를 튕겨 내버린 개울)'이라 부른다.

혁거세왕의 왕비가 된 알영이 태어난 우물 '알영정'의 모습(왼쪽), 오릉 또는 사릉이라 불리는 혁거세왕의 무덤(오른쪽)

남산 서쪽 기슭에 궁실을 짓고 신성한 두 아이를 모셔 길렀다. 사내아이는 알에서 나왔고, 그 알은 바가지(박)같이 생겼다. 사람들이 바가지를 '박'이라 해서 성을 박(朴)으로 했다. 여자아이는 그가 나온 우물 이름을 따서 '알영'이라 이름을 지었다. 두 성인의 나이가 열세 살이 되자 남자는 왕이 되고, 여자를 왕후로 삼았다(기원전 57년). 나라 이름을 '서라벌' 또는 '서벌'이라 했다. 혹은 '사라' 또는 '사로'라고도 한다. 처음에 왕이 계정(알이 처음 발견된 나정)에서 출생한 까닭에 '계림국'이라고도 하니 계룡이 나타나는 걸 상서롭게 여겼던 까닭이다. 일설에는 탈해왕 때 김알지를 얻으면서 숲 속에서 닭이 울었으므로 나라 이름을 '계림'으로 고쳤다고도 한다. 후세에 와서 '신라'라고 했다.

나라를 다스린 지 61년 만에 왕은 하늘로 올라갔는데, 7일 후에 그 몸 뚱이가 땅에 흩어져 떨어졌고 왕후도 따라 돌아가셨다고 한다. 나라 사람들이 합장하고자 하니 큰 뱀이 쫓아와 방해했다. 이에 몸뚱이를 다섯으로 나누어 각각 묻어 오릉(다섯 무덤)을 만들었고, 사릉(뱀 무덤)이라 불렀다. 담엄사 북쪽 능이 이것이다. 태자 남해가 왕위를 계승했다.

② 서술(선도) 성모가 낳은 혁거세와 알영

해설하는 사람이 말하기를, "박혁거세는 서술 성모가 낳은 것이다. 선도 성모를 찬양하는 중국 사람들이 '어진 이를 낳아 나라를 열었네.'라고 하는 말은 바로 이것을 두고 한 말이다."라고 했다. 계룡이 상서로움을 드러내 알영을 낳았다는 이야기도 서술 성모가 자신을 드러낸 것을 말함이 아닐까?

③ 서술(선도) 성모 전설

신모는 본래 중국 황실의 딸이고, 이름은 사소다. 어려서 신선의 술법을 배워 동쪽 나라에 와서 살면서, 오래도록 돌아가지 않았다. 그래서 아버지 황제는 솔개의 발에 편지를 매어 부쳤는데, 이런 내용이었다. "솔개가 머무는 곳을 따라 집을 지어라."

사소는 편지를 보고 솔개를 놓아주자 이 산에 날아와 멈추었다. 그대로 따라와 이곳에 집을 짓고, 이 땅의 신선이 되었다. 그래서 산 이름을 '서연산'이라고 했다. 신모가 이곳에 머물면서 나라를 도와주니 신령스럽고 기이한 일이 많았다. (중략) 신모가 처음 진한에 와서 성자를 낳아 동쪽 나라의 첫 임금이 되게 했으니, 혁거세와 알영 두 성인이 그렇게 나왔다. (후략)

또 《삼국사기》에는, 김부식이 일찍이 송나라에 사신으로 갔다가 우신관에 들렸는데 선녀의 상이 세워져 있었다. 접대관 왕보가 말하기를, "옛날에 중국 황실의 딸이 바다를 건너 진한에 이르러 아들을 낳아 신라의 첫 임금이 되었고, 그 여인은 그 땅의 신선이 되어 오랫동안 선도산에 있으니, 이것이 그 모습입니다."라고 했다.

①은 익히 잘 알려진 신라의 건국 신화다. 난생 설화의 형식을 빌린, 비교적 단순한 내용이다. 즉 진한 땅에서 6촌장들이 왕을 세우자는 논의를 하다가 알에서 나온 박혁거세를 왕으로 추대했다는 것이다. 일연은 ①에서 어떤 책을 인용했는지 밝히지 않았지만, 분명 《삼국사기》를 바탕으로 했을 것이다. 그 내용이 대체로 《삼국사기》와 비슷하기 때문이다. 그러나 다른 내용도 일부 있다. 다음은 《삼국사기》의 기록이다.

고허촌장이 양산의 기슭을 바라보니 나정 옆 숲 사이에 웬 말이 꿇어

앉아 울고 있는 것이었다. 다가가서 보자 홀연히 사라져 보이지 않고 큰 알만 하나 있었다. 알을 가르자 그 속에서 한 어린아이가 나오므로 거두어 길렀다. 나이 10여 세가 되자 뛰어나게 성숙했다. 6부의 사람들은 그의 출생이 신비하고 기이하다 하여 받들어 높이더니, 이때 와서 그를 옹립해 임금으로 삼았다(기원전 57년).

《삼국사기》에는 고허촌의 촌장 혼자서 알을 보았고, 또 그가 알을 깨어서 나오는 혁거세를 맞았으며, 그의 집에서 10여 년간 혁거세를 키운 후에 왕으로 추대한 것으로 나온다. 하지만 《삼국유사》에는 6부 촌장들이 회의하던 중 함께 알을 보았고, 거기서 나온 혁거세를 맞았다고 되어 있다.

또 《삼국유사》는 왕비가 될 알영을 바로 같은 날 만난 것으로 설명하지만, 《삼국사기》는 혁거세가 왕이 된 지 5년 후의 일이라 말한다.

혁거세 거서간 5년 봄 정월에 용이 알영의 우물에 나타나 오른쪽 옆구리에서 여자아이를 낳았다. 한 노파가 이걸 보고 기이하게 여겨 데려다 기르고, 우물 이름을 따서 그 아이의 이름을 알영이라 지었다. 자라면서 덕이 있는 용모가 있으므로, 혁거세가 이를 듣고 맞아들여 왕비로 삼았다. 어진 덕행이 있어 내조를 잘하니, 당시 사람들이 두 성인이라 일컬었다.

이처럼 《삼국사기》와 《삼국유사》는 약간씩 다르게 표현한 부분이 있지만, 혁거세와 알영에 대한 설화나 신라의 건국에 대해서는 내용이 거의 유사하다.

그런데 《삼국유사》는 혁거세의 탄생과 관련하여 선도 성모 설화를 별도로 소개하고 있다. ②와 ③의 내용이 곧 그것이다. 즉 선도산에 사는 성모(신모, 신령스런 어머니)가 혁거세와 알영을 낳았으며, 그 성모는 본래 중국 황실의 딸이라는 것이다. 선도산은 서술산(서연산)과 같은 산이므로 선도산의 성모는 '선도 성모(선도 신모)' 또는 '서술 성모'라고도 한다는 것이다. 이 내용과 관련해서 《삼국사기》는 김부식이 중국에 갔을 때 중국인으로부터 그 이야기를 들었다고 소개하고 있다.

중국 접대관이 한 사당에 걸려 있는 선녀 그림을 가리키며 나(김부식)에게, "이 그림은 당신 나라의 신인데 알고 계시는지요?" 하며 그 선녀에 대해 이렇게 설명했다.

옛날 어느 황제의 딸이 남편 없이 임신해서 사람들의 의심을 받게 되자, 곧 바다 건너 진한에 도착해서 아들을 낳았는데 그가 바로 해동의 첫 임금이 되었고, 그녀는 신선이 되어 오랫동안 선도산에서 살았다는 것이다. 이 그림이 곧 그녀의 그림이라 했다.

선도 성모 설화를 들은 김부식은 《삼국사기》에 그 내용을 쓰긴 했지만, 본인 스스로는 믿기 어려운 이야기라고 말한다. 그러나 일연은 선도 성모 설화를 끌어들여 혁거세 부부와 연관 지으려는 듯한 의도를 보인다. 마치 주몽이 알에서 나왔지만 그 알을 낳은 어머니는 유화 부인이었듯이, 일연은 혁거세가 나온 알을 낳은 어머니가 선도 성모일 것이라고 생각한 것 같다.

그러면 선도 성모 이야기는 무엇을 뜻하는 것일까? 이와 매우 비슷한 대표적인 설화가 있다. 지리산의 성모 천왕 신화가 바로 그것인데, 이는 무속적인 전통 신앙과 밀접히 관련되어 있다. 성모 천왕 신화의 줄거리를 소개하면 이렇다.

지리산 천왕봉에는 '마고'라는 성모 천왕이 살고 있었다. 하루는 성모 천왕이 산을 내려다보는데 '법우'라는 스님이 도를 닦고 있었다. 성모 천왕은 "내가 저 사람과 부부의 연을 맺어 하늘의 뜻을 펼치리라." 하는 마음을 먹고 산꼭대기에서 오줌을 누었다.

법우 스님이 보니 산골짜기에 비가 내리지도 않았는데, 갑자기 물이 불어 큰 시냇물이 흘러내려 오는 것이었다. 어디서 이런 큰 물줄기가 생긴 것일까 궁금해 하며 천왕봉 꼭대기로 올라간 법우 스님은 키 크고 힘센 여인을 발견하고는 놀랐다. 이에 성모 천왕은, "내가 인간 세계에 귀양을 내려와 있었는데, 그대와 인연을 맺고 싶어 술법을 이용했다." 라고 말한다.

둘은 드디어 부부가 되어 딸 여덟을 낳았고, 이들에게 무당 일을 가르쳐서 조선 팔도에 보냈다. 지금 팔도 무당들은 이들의 후손이다. 지금도 지리산 천왕 성모는 '산신 할머니', '천왕 할매' 등으로 불리며 숭배의 대상이 되고 있다[《한국민속문학사전》 인용].

이 지리산 성모 천왕 신화는 무당이 처음 어떻게 생겨났는가를 밝히는 이야기로, 이를 무조(무당의 시조) 신화라고도 한다. 그런데 여기에 인용한 선도 성모 신화도 이와 비슷한 구조를 지니고 있다. 다만, 지리산 천왕 성모는 여덟 명의 딸을 낳아 무당을 만들었는데, 선도 성모는 혁거세와 그의 짝 알영을 낳았다는 점이 다를 뿐이다.

이러한 성모 신앙은 고구려와 백제의 건국 신화에는 보이지 않는데, 유독 신라의 건국 신화에만 나타난다. 그런데 이차돈 설화에도 나오듯이 신라 왕실이나 귀족들은 무속 신앙과 깊은 관련이 있었다. 아마도 부족 국가 시절에 무당과 군장을 겸하던 관습에서 그렇게 된 것으로 보인다. 이런 내용을 종합하여 유추해 보면, 혁거세왕은 고조선의 단군처럼 6촌으로 이루어진 부족 국가 진한의 제사장 출신 권력자가 아니었을까 가정할 수도 있다.

7 가야 왕 김수로와 왕비 허황옥

가야에 대한 역사 기록은 '가락국기'라는 제목으로 《삼국유사》에만 있다. 비록 그 내용이 많지는 않지만 《삼국유사》가 아니었으면 500년 가야의 역사에 대한 기록은 어둠 속에 묻혀 버릴 뻔했다. 일연은 고려 문종 때 가야 지역의 관리였던 학자가 쓴 《가락국기》라는 책을 요약해 실었다고 말한다.

① 수로왕의 탄생

천지가 개벽한 후에 이 지방에는 아직 나라도 없고 왕과 신하의 칭호도 없었다. 다만 아도간, 여도간, 피도간, 오도간, 유수간, 유천간, 신천간, 오천간, 신귀간 등 구간(아홉 명의 추장)이라는 우두머리가 있었는데, 이들이 백성들을 통솔했다. 가구 수는 대개 1만 가구에 인구는 7만 5천 명이었다. 모두가 산과 들에 모여 살면서 우물을 파서 마시고 밭을 갈아 먹었다.

어느 날 그들이 사는 북쪽 구지봉[거북이 엎드린 형상과 같다고 해서 구지라 했다.]에서 수상한 소리가 들렸다(42년). 마을 사람 2~3백 명이 거기에 모였는데, 사람 소리 같은 것이 나는데 그 모습은 안 보이고 소리만 났다.

"여기에 누가 있느냐?"

구간들이 대답했다.

"우리들이 여기 있습니다."

또 소리가 났다.

"내가 있는 곳이 어디냐?"

"구지입니다."

"하늘이 나에게 명령하신 것은 이곳에 와서 나라를 세워 임금이 되라는 것이니라. 그래서 내려온 것이다. 너희들은 이 산꼭대기를 파고 흙을 집으면서 노래하기를, '거북아, 거북아! 머리를 내밀어라. 만약 아니 내밀면 구워 먹겠다.'라고 하면서 뛰고 춤을 추어라. 그러면 곧 대왕을 맞이하여 매우 기뻐서 뛰놀게 될 것이다."

구간들은 그 말을 따라 마을 사람들과 함께 모두 기뻐하면서 노래하고 춤추었다. 얼마 후 하늘을 우러러보니, 자주색 줄이 하늘로부터 드리워져 땅에 닿는 것이었다. 줄 끝을 찾아보니 붉은 보자기로 싼 금빛 상자가 있었다. 상자를 열어 보니 황금색 알이 여섯 개가 있는데 해처럼 둥글었다. 여러 사람들이 모두 놀랍고 기뻐서 몸을 펴 수없이 절을 했다. 조금 있다가 다시 싸서 아도간의 집으로 돌아와 탁자 위에 두고는 각각 흩어졌다.

그 후 12일이 지난 다음 날 동이 틀 무렵 무리들이 다시 모여 상자를 여니 알 여섯 개가 사내아이로 변해 있었는데 용모가 튼실하게 컸다.

이윽고 평상 위에 앉히고 무리들이 삼가 절을 올리며 극진히 공경했다. 아이들은 나날이 장성하여 10여 일이 지나자 키는 9척에, 용 같은 얼굴, 여덟 가지 색의 눈썹에 눈동자는 겹으로 되어 늠름하고 아름답기 그지없었다. 그 달 보름에 왕위에 올랐는데 세상에 처음 나타났다고 해서 이름을 '수로' 혹은 '수릉'이라고 했다. 나라 이름은 '대가락' 또는 '가야국'이라고도 했으니, 6가야의 하나다. 다른 다섯 사람도 각각 돌아가서 임금이 되었다.

여섯 가야국의 경계는 동쪽이 황산강, 서남쪽은 창해, 서북쪽은 지리산, 동북쪽은 가야산, 남쪽은 나라 끝이 되었다. 왕이 임시 궁궐을 짓게 하고 거처했으나 질박하고 검소하여 짚의 이엉도 자르지 않았고, 흙 계단은 겨우 3척이었다.

즉위 2년(43년) 봄 정월에 왕이 말했다.

"짐이 도읍을 정하고자 한다."

그리고는 임시 궁궐의 남쪽 신답평[이는 예전부터 묵은 밭인데 새로 갈아엎어서 신답평이라 한 것이다.]에 가서 산악을 두루 바라보고 가까이 모시는 신하들을 돌아보며 말했다.

"이 땅이 여뀌 잎사귀처럼 협소하기는 하나 산천이 기이하게 빼어나니 16나한(학문과 덕행이 뛰어난 열여섯 명의 석가모니 제자들)이 머물 만한 곳이다. 강토를 개척한다면 장차 좋은 곳이 되겠다!"

이에 1천 5백 걸음 둘레의 외성에 궁궐과 전당 및 여러 관청의 청사와 무기고며 곡식 창고를 지을 장소를 정한 뒤에 궁궐로 돌아왔다.

널리 나라 안의 장정과 인부, 장인들을 불러 모아 그 달 20일에 성곽 일을 시작하니, 3월 10일에 이르러 공사를 마쳤다. 궁궐과 건물들은 농한기를 이용해 지었으므로, 그 해 10월에 시작해서 이듬해 2월에 완공했다. 왕은 좋은 날을 받아 새 궁궐에 들어가 온갖 정치를 보살폈고 나라 일을 보는 데에도 부지런했다.

② 탈해와의 대결

이 무렵 완하국의 함달왕 부인이 임신하여 알을 낳았는데, 알이 변하여 사람이 되었으므로 이름을 탈해라고 불렀다. 탈해가 바다를 건너왔는데, 키가 3척이었고 머리둘레가 1척이나 되었다. 거침없이 궁궐에 들어와 왕에게 말했다.

"나는 왕의 자리를 빼앗으러 왔다."

수로왕이 대답했다.

"하늘이 나에게 명하여, 왕위에 올라 나라를 안정시키고 백성들을 편안하게 하라고 했다. 감히 천명을 어겨 왕위를 남에게 줄 수 없는 일이며, 또 나라와 백성들을 너에게 맡기는 것도 있을 수 없다."

"그렇다면 술법으로 승부를 결정하자."

"좋다!"

잠깐 사이에 탈해가 매로 변하자, 왕은 독수리가 되었다. 다시 탈해가 참새로 변하니 왕은 새매로 변했다. 그 시간이 눈 깜짝할 사이였다. 탈해가 본래 모습으로 돌아오니 왕도 그렇게 했다. 탈해가 그제야 항복했다.

"지금 술법 싸움판에서 독수리 앞의 매, 새매 앞의 참새가 되었으나 제가 죽임을 면한 것은 대개 죽이기를 싫어하는 성인의 어진 덕 덕택입니다. 제가 왕을 상대로 왕위를 다투는 것은 진실로 어려운 일이라 여겨집니다."

탈해는 곧 작별하고는 교외에 있는 나루터에 이르러, 중국 배가 와서 드나드는 뱃길을 따라 떠났다. 왕은 탈해가 슬그머니 이곳에 머물면서 반란을 꾸밀까 염려하여, 급히 수군을 실은 배 5백 척을 보내 그를 쫓았다. 탈해가 계림(신라의 다른 이름)의 땅 경계로 도망하니 수군은 모두 돌아왔다. 여기에 실린 기사는 신라의 것과는 많이 다르다.

③ 허황옥과의 만남

수로왕이 즉위한 지 6년째 되던 해(48년) 7월 27일에 구간들이 조회 때 임금께 말씀드렸다.

"대왕께서 하늘에서 내려오신 이래로 아직 좋은 배필을 얻지 못하셨습니다. 저희 딸들 중에서 가장 좋은 아이를 뽑아 왕비로 삼으십시오."
왕이 말했다.

"내가 이곳에 내려온 건 하늘의 명령이다. 나의 짝이 될 사람도 역시 하늘이 맺어 주실 것이니, 그대들은 염려하지 말라!"

드디어 왕은 유천간에게 가벼운 배와 빠른 말을 주며 망산도로 가서 기다리게 했고, 또 신귀간은 승점에 가게 했다. 그때였다. 갑자기 서남쪽에서 붉은 돛을 단 한 척의 배가 붉은 기를 휘날리며 북쪽을 향해 오고 있었다. 유천간이 먼저 망산도 위에서 횃불을 올리니 배 안의 사람들이 앞 다투어 육지로 내려 뛰어왔다. 승점에 있던 신귀간이 이를 보고 대궐로 달려와 그 사실을 아뢰니 왕이 듣고 기뻐했다. 곧 구간을 보내 화려한 배로 이들을 영접하여 대궐로 모시고 들어가려 했다.

그때 그 배에 탔던 여인이 말했다.

"나와 너희들은 본래 전혀 모르는 사이인데, 어찌 경솔하게 따라가겠느냐?"

유천간이 돌아와 여인의 말을 전하니, 왕이 그 말이 옳다고 여겨 관리들을 거느려 대궐로부터 서남쪽 60걸음가량 되는 산 가장자리에 장막을 치고 여인을 기다렸다. 여인도 별포 나루터에 배를 매고, 육지로 올라와 높은 언덕에서 쉬었다. 그리고 입고 있던 비단 바지를 벗어 그 것을 폐백으로 삼아 산신령에게 바쳤다.

여인을 따라온 신하가 두 명이었는데, 이름은 신보와 조광이라고 하고 그들 두 사람의 아내 이름은 모정과 모량이며, 노비까지 합해서 20여 명이었다. 가져온 각종 비단과 의복, 피륙과 금, 은, 주옥과 각종 구슬이며 장신구들은 이루 다 기록할 수 없이 많았다.

여인이 점차 왕이 있는 처소에 다가오자 왕이 직접 나가 그녀를 맞아 함께 장막으로 들어오니, 여인의 시종 신하 이하 여러 사람들이 섬돌 아래에서 뵙고 곧 물러갔다. 왕이 관리들을 시켜 여인의 신하 부부들을 데려가도록 하며 말했다.

"신하들은 각각 한 방에 쉬게 하고, 그 이하로 노비들은 한 방에 대여섯 사람씩 들게 하라."

왕은 그들에게 난초로 만든 음료와 혜초로 만든 술을 주었다. 무늬와 색깔 있는 이부자리에 재웠으며, 의복과 비단과 보화도 주었다. 또한 많은 군인들을 내어 그들을 호위하게 했다.

그리고 마침내 왕이 여인과 함께 침실에 들었는데, 이때 여인이 조용히 왕에게 말했다.

"저는 아유타국의 공주입니다. 이름은 허황옥이며, 나이는 열여섯입니다. 본국에 있던 금년 5월에 부왕과 어머니께서 저에게 이렇게 말씀하셨습니다.

'우리가 어젯밤 꿈에 함께 하늘의 상제를 뵈었는데, 상제께서 가락국 왕 수로는 하늘이 내려보내 왕위에 오르게 했으니 신성한 분이다. 그런데 그가 새로 나라를 다스리면서 아직 배필을 정하지 못했으니 그대들은 공주를 보내어 그의 배필을 삼게 하라는 말을 하시고는 하늘로 올라가셨다. 꿈이 깬 지금도 상제 말씀이 귀에 쟁쟁하구나. 너는 곧 우리를 떠나 그곳 가락을 향해 떠나라.'

그래서 저는 바다로 가서 신비의 열매를 찾고, 하늘로 가서 신선의 복숭아를 찾듯이 돌아다니다가, 지금 이 보잘것없는 모습으로 외람되게 임금님을 뵈옵게 되었습니다.”

왕이 말했다.

“나는 나면서부터 자못 신성하여 공주가 멀리서부터 올 것을 미리 알았으므로 신하들로부터 왕비를 맞이하자는 청이 있었으나 듣지 않았소. 이제 어질고 정숙한 당신이 멀리서 나를 찾아와 주었으니 정말 기쁘오.”

그리하여 혼인하고 이틀 밤과 하루 낮을 지냈다. 그리고 공주가 타고 왔던 배는 돌려보냈는데, 뱃사공은 열다섯 명이었다. 각각 쌀 열 섬과 베 삼십 필을 주어 본국으로 돌아가게 했다.

8월 1일에 왕이 왕후와 수레를 함께 타고 돌아오는데, 왕후가 데리고 온 시중드는 신하 부부들도 나란히 수레를 탔다. 중국의 각종 물품도 모두 실어 천천히 대궐로 들어오니 물시계가 정오를 가리키려고 했다. 왕후는 중궁에 거처하게 하고 왕후의 시중 신하 부부와 그들의 노비들에게는 비어 있는 두 집을 주어 나누어 들게 했다. 그 밖에 남은 수행원들은 손님 치르는 집 한 채를 주어 사람 수를 보아 적당히 나누어 있게 하고, 매일 풍족할 만큼 물품을 주었다. 그리고 그들이 싣고 온 진귀한 보물은 대궐 창고에 간직해 두어 왕후의 비용으로 쓰게 했다.

어느 날 왕이 신하에게 말했다.

"구간들은 모두 으뜸가는 관리들이지만, 그 직위와 명칭이 모두 미천한 촌사람들의 호칭이지 결코 존귀한 칭호라고 할 수 없으니, 만일 외국에 알려지면 웃음거리가 될 것이오."

그리하여 구간의 명칭을 각기 알맞게 바꾸었다. 그리고 신라의 관직 제도를 따라 각간·아질간·급간의 등급을 두었고, 그 아래 관료들은 주나라와 한나라 제도로써 나누어 정했다. 이것은 옛것을 고치고 새것을 취하여 관직을 설치하는 방도였다.

이로부터 나라와 집안을 잘 다스리고 인민을 자식처럼 사랑하니, 그 교화는 다그치지 않아도 위엄이 서고, 정치는 엄하지 않아도 다스려졌다. 더욱이 왕후와 함께 살게 되었으니 마치 하늘이 땅을, 해가 달을, 양이 음을 가진 것과 같았다. 그 해에 왕후는 용맹한 아들이 나올 길조의 꿈을 꾸고 태자 거등공을 낳았다.

④ 왕과 왕후의 죽음과 그 이후

왕후는 157세에 세상을 떴다(189년). 나라 사람들은 마치 땅이 무너진 것처럼 슬퍼하며 구지 동북쪽 언덕에 장사를 지냈다. 그녀가 백성들을 자식처럼 사랑한 은혜를 잊지 않기 위해 왕후가 처음 도착하여 닻을 내린 나루터 마을을 '주포촌'이라 하고, 비단 바지를 벗었던 높은 산등성이 언덕을 '능현(비단 고개)'이라 했으며, 붉은 기를 달고 들어온 바닷가를 '기출변'이라고 했다.

김해 수로왕릉. 금관가야의 시조인 김수로의 무덤이다.

왕후의 수행 신하 신보와 조광 등은 가락국에 온 지 30년 만에 딸 둘씩을 낳았으며, 부부가 1~2년 후에 다 세상을 떠났다. 그리고 노비들은 온 지 7~8년이 되도록 이곳에서 자식을 낳지 못하고, 다만 고향을 그리는 시름만 품고 지내다가 모두들 고향 쪽으로 머리를 두고 죽었다. 그래서 그들이 살던, 손님 치르던 집은 텅 비었다.

왕후가 세상을 뜨자 왕은 늘 외로운 베개에 의지하여 비탄에 잠겨 있다가, 10년 후에 세상을 뜨니 나이가 158세였다. 나라 사람들이 부모를 잃은 듯했고, 슬픔이 왕후가 돌아가셨을 때보다 더 컸다. 대궐 동북쪽 평지에 높이 한 길, 둘레가 3백 걸음 되는 무덤을 만들고 이곳에 장사해 '수릉왕묘'라고 불렀다.

왕의 맏아들인 거등왕으로부터 9대손 구형왕까지 왕묘에 향을 피워 매년 성대하고도 깨끗한 제사가 계속되었다.

①은 수로왕의 탄생과 가락국의 건국에 관한 내용이다. 하늘로부터 내려온 여섯 개의 알에서 여섯 소년이 나오고, 그들이 왕으로 추대되는 모습은 혁거세 신화와 유사하다. 남방계 건국 신화의 특징인 난생 설화가 중심을 이룬다.

다만, 이색적인 내용은 노래를 부른다는 점이다. 구지봉에서 불렀다는 이 노래를 〈구지가〉라고 한다. 이 〈구지가〉는 신맞이 의식에서 불렀던 무가(무속 노래)라 여겨지는데, 한편 흙을 파면서 발을 구르며 불렀다는 걸 보면 노동요로 볼 수도 있다. 혹은 자식 잘 낳고 농사 잘되길 기원하며 불렀던 노래로 보기도 하며, 또는 거북이 머리를 남성의 성기로 보고 이 노래가 남녀의 성 관계를 묘사했다고 보는 견해도 있다. 성은 인간의 본능적인 욕망이기에 쉽게 전파되고 오랫동안 즐겁게 불릴 수 있었다는 것이다.

②에서는 수로왕이 탈해와 대결하는 내용이 나온다. 탈해는 완하국 함달왕 부인이 낳은 알에서 나온 아이였다. 훗날 탈해는 신라의 왕이 되는데, 그가 수로와 대결하는 시점이 신라 왕이 되기 전인지 후인지는 분명치 않다. 하지만 "계림 땅으로 도망갔다."라고 한 내용으로 볼 때 그가 신라에 살고 있을 때 가야에 온 것은 맞는 것 같다.

아무튼 탈해가 수로에게 왕위를 빼앗으려 왔다고 하자 수로는 이를 거절했고, 마침내 둘은 술법 겨루기를 했는데 탈해가 패해 결국 배를 몰아 달아났다는 내용이다.

여기서는 수로가 주인공이다. 따라서 탈해는 용렬한 패배자로 나온다. 그러나 탈해가 주인공으로 나오는 기사에서는 완전히 다른 모습으로 나온다(1부 1장 '8. 계략이 뛰어난 석탈해' 참조). 거기에서 그는 영리하면서도 뛰어난 능력을 가진 인물로 나오기 때문이다. 그래서 일연도 "여기 실린 기사는 신라의 것과는 많이 다르다."라고 덧붙인 것이다.

그다음 장면은 수로왕과 허황옥이 결혼하는 모습인데, 어쩌면 〈가락국기〉에서 가장 흥미로운 내용이라고 할 수도 있다. 수로왕이 즉위한 지 6년째 되던 해, 신하들은 임금에게 왕비를 맞이하길 간청했으나, 왕은 자신의 배필은 이미 하늘이 점지해 놓았다고 거절한다. 그러던 어느 날 왕은 미리 신하들을 보내 멀리서 오는 여인을 마중하게 한다. 놀랍게도 왕이 예언한 대로 배가 왔고, 그 배에서는 여러 시종들을 거느린 화사한 여인이 등장한다. 마치 한 폭의 그림과도 같은 장면이다.

여인은 아유타국의 공주였다. 아유타국은 인도 중부 지방에 있는 나라였다. 기록된 내용으로만 보면 수로왕과 허황옥의 결혼은 한국 역사상 최초의 국제결혼이라 해도 될 만하다. 그런데 과연 이것이 역

수로왕릉 안의 납릉심문에 새겨진 쌍어문(물고기 두 마리가 새겨진 무늬)

사적 사실이었을까? 당시의 항해술 수준도 그렇고, 또 국제 무역도 크게 발달하지 않았던 시절인데, 불쑥 인도에서 공주가 오는 것이 가능한 일일까? 사실로 보기에는 무리한 점이 있다.

  그런데 수로왕릉 앞에 있는 문에 그려진 물고기 두 마리 그림(쌍어문)이 공교롭게 아유타국이 있었던 인도 중부 지방의 물고기 무늬와 똑같다는 주장이 1970년대에 한 학자에 의해 제기되었다. 이 주장이 사실이라면 허황옥이 정말 인도 출신일 수도 있다는 말이었다. 쌍어문은 매우 독특한 무늬인데, 인도와 페르시아 등지에서는 사람을 보호하는 수호신의 상징으로 아주 많이 사용되었다. 그래서 수로왕릉의 쌍어문은 우리나라 사람들이 독자적으로 그린 것이 아니라 인도 계통 사람들이 와서 전파해 준 것이며, 따라서 허황옥이 인도에서 온 여인임을 입증하는 유물이라는 것이다.

그러나 다수의 학자들은 쌍어문만으로 허황옥을 인도 출신으로 보는 것은 무리라고 주장한다. 더구나 쌍어문이 그려진 수로왕릉 정문은 18세기 말 조선 시대에 세워진 것인데, 이를 근거로 1세기에 가야와 인도의 교류가 있었다고 주장하는 것은 적절치 않다는 것이다.

또 다른 학자는 허황옥이 인도 출신인 것은 맞으나, 중국 남부 지방에서 살다가 넘어왔다고 주장한다. 이 역시도 몇 가지 증거를 가지고 하는 주장이다. 하지만 누구도 그 진실을 명확히 밝히기에는 증거가 부족한 측면이 있었다. 어쨌든 허황옥을 둘러싼 여러 가설들은 그 사실을 입증할 객관적인 기록이 없는 실정이기에 500년 가야 역사는 여전히 신비에 가려져 있다.

8 계략이 뛰어난 석탈해

석탈해는 신라의 네 번째 왕으로, 앞의 〈가락국기〉에도 등장하는 인물이다. 그 역시 알에서 태어나 먼 곳에서 배를 타고 온 인물로 그려져 있는데, 가야의 허황옥 세력과 마찬가지로 신라에 자리 잡은 해양 세력이 아니었을까 추정되는 인물이다.

신라 남해왕(2대 임금) 때였다. 가락국 앞바다에 배 한 척이 들어오고 있었다. 수로왕이 백성들과 함께 북을 치며 맞으려 했으나, 배는 잽싸게 달아나 계림 동쪽 하서지촌 아진포(울산)에 이르렀다. 그때 아진포 갯가에는 한 할머니가 있었는데 이름은 아진의선이고, 혁거세왕에게 고기를 잡아 바치는 배꾼의 어머니였다. 할머니는 배를 보며 말했다.

"이 바다 가운데에는 바위도 없는데 웬일로 까치들이 모여들어 우는 것일까?"

그리고 그녀는 배를 끌어당겨 살펴보았다. 까치들이 배 위에 모여들고 배 안에는 궤짝이 하나 있었다. 길이가 20자이고, 폭은 13자였다. 그녀는 먼저 배를 끌어 나무 숲 밑에 두고 흉한 일인지, 좋은 일인지를 몰라서 하늘에 이뢰었다. 그리고 조금 뒤 궤짝을 열어 보니 거기에는 단정하게 생긴 사내아이와 일곱 가지 보물과 노비들이 가득 있었다.

그녀가 7일 동안 뒷바라지와 대접을 했더니 그제야 사내아이가 말했다.

"나는 용성국(왜나라에서 동북쪽으로 천 리쯤 되는 곳에 있는 나라)에서 왔소. 우리나라에는 예부터 28용왕이 있는데, 이들은 사람의 탯줄 속에서 나와 다섯 살, 여섯 살 때부터 왕위를 계승하고 만백성을 가르쳐 하늘이 내린 명을 바르게 했소. 나의 아버지이신 함달파왕은 적녀국의 왕녀를 맞아 왕비로 삼았는데, 오래도록 아들이 없어서 아들 낳기를 기도했더니, 7년 후에 큰 알 한 개를 낳았소. 그러자 왕은 신하에게 '사람이 알을 낳다니 이건 좋은 징조가 아닐 것이다.' 하시고는, 곧 궤짝을 만들어 나를 그 속에 넣고 일곱 가지 보물과 노비들도 함께 실어 바다에 띄우면서, 인연 있는 땅에서 나라를 세우고 가문을 이루라 축원하셨소. 그때 마침 붉은 용이 나타나 배를 호위하면서 이곳까지 데리고 왔소이다."

말을 끝낸 아이는 지팡이를 끌고 두 하인을 데리고 토함산 위에 올라가서 돌무덤을 만들었다. 그는 그곳에 7일을 머물면서 성 안에 살 만한 땅이 있는지 찾아보았다. 초승달처럼 생긴 한 산봉우리가 눈에 띄었는데, 그 지세가 오래 살 만한 곳이었다. 곧 내려가 찾아갔더니 그곳은 호공의 집이었다.

탈해는 꾀를 써서 호공의 집 곁에 몰래 숫돌과 숯을 묻어 놓았다. 그리고 이튿날 이른 아침에 그 집 문 앞에 가서 말했다.

"이 집은 우리 조상 때의 집이오."

호공은 그렇지 않다고 하여 서로 다투었으나 결판을 못 내자 결국 관가에 고발하게 되었다. 관리가 아이에게 물었다.

"이 집이 너의 집이라는 것을 무엇으로 증명하겠느냐?"

"우리 조상은 본래 대장장이였는데, 잠시 나가 있는 동안 다른 사람이 빼앗아 살고 있는 것입니다. 땅을 파서 보면 알 것입니다."

그 말대로 땅을 파 보니 과연 숫돌과 숯이 나왔다. 그래서 결국 탈해가 그 집을 빼앗아 살게 되었다. 이때 남해왕은 탈해가 지혜롭다 여기고 맏공주를 아내로 삼게 하니, 그녀가 바로 아니 부인이다.

하루는 탈해가 동악(토함산)에 올라갔다가 돌아오는 길에 하인에게 물을 구해 오라고 명령했다. 하인은 물을 떠 가지고 오던 중에 길에서 먼저 마시고 탈해에게 바치려 했다. 그런데 물그릇이 입에 달라붙어 떨어지지 않았다. 탈해가 하인을 꾸짖었더니 하인이 맹세하며 말했다.

"다음부턴 가까운 곳이든, 먼 곳이든 감히 먼저 마시지 않겠습니다."

그제야 물그릇이 입에서 떨어졌다. 이후부터 하인은 두려워 감히 속이지 못했다. 지금도 동악에는 우물 하나가 있다. 세간(세상)에서는 '요내정'이라 하는데, 이것이 바로 그 우물이다.

3대 노례(유리)왕이 세상을 떠나니 탈해가 왕위에 올랐다(57년). 그가 '옛날'에, 자기 집이라 하면서 남의 집을 빼앗았다고 하여 성을 석(昔, 옛 '석')씨로 삼았다. 혹은 까치 때문에 궤짝을 열었으므로 작(鵲, 까치

'작') 자에서 조(鳥, 새 '조')를 떼어 내 성을 석씨로 하고, 궤짝을 열고 알을 벗고 나왔으므로 이름을 탈해라 했다고도 한다.

왕위에 오른 지 23년 되던 해에 돌아가셨는데, 소천 언덕에 장사 지냈다. 그 뒤에 "나의 뼈를 삼가 묻으라."라고 하는 신의 명령이 있었다. 두개골의 둘레가 3척 2촌이고, 몸의 뼈 길이가 9척 7촌이나 되었는데, 이것들이 엉켜서 하나가 된 듯하고 뼈마디는 모두 연결되어 참으로 천하무적의 장사다운 골격이었다. 뼈를 부수어 소상(진흙으로 만든 인물 조각상)을 만들어 궁궐 안에 모셨더니, 신이 또 말하길 "내 뼈를 동악에 두라." 하므로 그렇게 했다.

[또는 이런 말도 있다. 탈해왕이 세상을 떠난 뒤 먼 훗날 27대 문무왕 때 문무왕의 꿈에 험상궂게 생긴 노인이 나타나 말하기를, "나는 탈해인데 내 뼈를 소천 언덕에서 파내어 소상을 만들어 동악(토함산)에 봉안하라."라고 하므로 왕은 그 말을 좇았다고 하며, 그 이유로 지금까지 나라에서 제사 지냄이 계속되어 왔다. 그래서 이를 동악신이라 한다.]

이 이야기는 석탈해가 어린 시절부터 영리하고 또 뛰어난 인물이었음을 보여 주고 있다. 하지만 그가 아무리 뛰어난 인물이라 해도 먼 동쪽 바다에 있는 나라에서 왔고, 그만큼 자신의 세력 근거도 없었을 텐데 어떻게 왕까지 될 수 있었을까?

탈해는 호공의 집을 빼앗는 과정에서 몰래 숫돌과 숯을 묻어 놓고는 옛날 자기 조상이 대장장이였다고 주장한다. 이 내용을 근거로 일부 학자들은 "탈해 집단은 철 제련과 관련 있는 대장장이 세력이었으며, 그들은 외국 특히 동해 바다에서 왔을 가능성이 있다."라고 추정했다. 당시 철기는 매우 선진적인 첨단 문물이었고, 그 기술로 막강한 세력을 이룰 수 있었기 때문이다. 그러니 탈해가 당시 권력자였던 호공의 집을 차지할 수 있었고, 나아가 왕위까지 장악할 수 있었던 것이 아닐까?

그런데 여기서 재미있는 사실은 석탈해에게 집을 빼앗긴 호공이란 인물이 혁거세 때부터 등장하고 있다는 점이다. 《삼국사기》에는 혁거세가 호공을 마한에 외교 사절로 보냈다고 나온다. 그렇다면 호공은 신라의 주요한 관리였을 것이고, 그런 사람의 집을 빼앗았다면 탈해의 세력이 상당히 막강했을 것이다.

또 《삼국사기》에는 탈해왕 2년에 호공을 대보(국무총리)로 임명한다는 내용이 있다. 호공이 처음 등장한 시기가 혁거세 때이므로, 그때부터 계산하면 80여 년이 흐른 시점이다. 혁거세 때 호공의 나이가 20대라고 해도 탈해왕 시절이면 백 살이 넘는다. 그 당시 백 살까지 산다는 것도 믿기 힘든데, 백 살 노인을 대보로 임명한다는 것은 더욱더 믿기 어렵다. 그렇다면 호공이란 인물도 특정한 외래 세력을 지칭하는 말로 추정된다.

《삼국사기》는 호공을 이렇게 설명하고 있다. "호공은 그 종족과 성씨가 확실치 않다. 그는 본래 왜국 출신으로 처음에 박을 허리에 차고 바다를 건너왔기 때문에 호공이라 불렸다." 즉 호공이나 탈해 모두 외래 세력으로, 기술자 집단이라 판단된다. 그들은 때로는 경쟁 관계에, 때로는 유착 관계에 있었던 것이 아닐까 추측해 볼 수 있다.

한편, 탈해왕 때에는 또 다른 새로운 세력으로 김씨(경주 김씨) 집단이 등장한다. 김씨의 시조인 김알지가 황금 상자 속에서 나오는 것이다. 그런데 공교롭게도 그 황금 상자 속의 김알지를 처음 본 사람은 다름 아닌 호공이었다. 그렇다면 호공은 석탈해 세력과 김씨 세력 사이에서 중간 조정자 역할을 한 세력 균형추였던 것은 아닐까? 어쨌거나 호공은 참으로 수수께끼 같은 인물이다.

그렇다면 왕의 사위였던 탈해가 어떻게 왕이 되었을까? 《삼국사기》와 《삼국유사》에는 그 내막이 이렇게 나온다. 남해왕이 죽으면서 아들 유리와 사위 탈해에게, "내가 죽은 후에는 아들과 사위 따지지 말고, 나이가 많고 어진 사람이 왕위를 잇게 하라."라고 했다. 남해왕이 죽자, 태자였던 유리는 나이 많은 탈해에게 왕위를 양보하려 했다. 그러나 탈해는, "덕 있고 지혜로운 사람은 이(치아)가 많다고 합니다."라고 하면서 유리에게 떡을 물어 시험해 보자고 한다. 하여 서로 떡을 물었는데 유리의 이빨 자국이 더 많이 나오자, 결국 유리가 왕이 되었다. 왕의 칭호를 이사금(이사금은 '잇금' 곧 '이빨 금'이라는 뜻)이라 한 것도 이 때문이라 한다.

이렇게 왕위를 양보했기 때문에 유리왕은 죽으면서 탈해를 다음 왕으로 지명한다. 그 기간이 34년이었다. 탈해가 남해왕의 사위가 된 지 50년이나 지난 시점이도 했다. 이 내용으로 미루어 보면 탈해의 세력이 막강하긴 했지만, 아직 홀로 권력을 차지할 만큼 성장하지는 못했던 것인지도 모른다.

그러면 탈해는 34년 동안 무엇을 하고 있었을까? 이 시기의 탈해에 대한 기록은 없다. 앞에 소개된 〈가락국기〉에 탈해가 가야에 가서 수로왕에게 왕 자리를 내놓으라고 했다가 결국 술법 대결에서 패했다는 이야기가 나온다. 그렇다면 그가 가야에 간 것은 바로 이 시기, 즉 왕이 되려고 기다리던 34년의 기간에 있었던 일이 아니었을까? 이때가 탈해에겐 가장 여유 있던 시절로 보이기 때문이다.

마지막으로 탈해는 죽은 다음에도 자주 등장한다. 그러다가 그는 동악, 즉 토함산 산신이 된다. 이것은 무엇을 말하는 것일까? 탈해가 아진포에서 경주로 진출할 때 돌무덤을 지어 7일간 머문 곳도 토함산이었다. 거기서 그는 호공의 집을 뺏으려는 생각을 가졌다.

그렇다면 토함산은 탈해, 즉 석씨 대장장이 세력의 철 생산 근거지였던 것은 아닐까? 그리고 신라의 왕들 가운데서 탈해 말고는 누구도 산신이 되었다는 왕이 없는 것으로 보아 이런 주장도 나름의 근거는 있어 보인다. 아무튼 탈해와 호공이라는 외래 세력은 여전히 역사의 베일 속에 가려져 있다.

9 황금 상자에서 나온 김알지

신라는 초기에 세 성씨(박, 석, 김)가 돌아가며 왕위를 차지했다. 박 혁거세와 석탈해의 탄생 신화에 이어서 후대에 신라 왕권을 독점하게 되는 김씨의 시조 김알지의 탄생 신화가 소개된다.

8월 4일에 호공이 밤에 월성 서쪽 마을에 가다가 시림[구림] 숲에서 커다란 밝은 빛이 나오는 것을 보았다. 보랏빛 구름이 하늘에서 땅까지 드리웠는데, 그 구름 속에는 황금 궤짝이 나뭇가지에 걸려 있었고 빛은 그 궤짝에서 나오고 있었다. 또 흰 닭이 나무 밑에서 울고 있었다(60년).

이 사실을 탈해왕께 아뢰자 왕이 그 숲으로 가서 궤짝을 열어 보았다. 거기에는 사내아이가 들어 있었는데, 누워 있다가 곧 일어났다. 꼭 혁거세의 옛이야기와 같았으므로 혁거세가 자신을 알지라고 한 것에 따라 알지라고 이름 지었다. '알지'는 우리말로 아기를 뜻한다. 그 아이를 안고 대궐로 돌아오는데, 새와 짐승들이 뒤따르면서 뛰놀며 춤을 추었다.

왕이 좋은 날을 받아 그를 태자로 책봉했으나, 알지는 훗날에 파사에게 왕위를 사양했다. 알지가 금(金) 궤짝에서 나왔으므로 성을 김(金)씨라 했다. 알지는 열한을 낳고, 열한은 아도를 낳고, 아도는 수류를 낳고, 수류는 욱부를 낳고, 욱부는 구도를 낳고, 구도는 미추를 낳았다. 미추가 왕위(13대 왕)에 올랐으니, 신라의 김씨는 알지로부터 시작되었다.

혁거세는 알에서 소년이 되었고, 탈해는 처음에 알이었다가 상자 속에서 소년이 되어 나왔으며, 알지는 그냥 상자 속에 있는 소년으로 나온다. 이 내용을 보면 설화가 차츰 진화되고 있다는 생각이 든다. 나뭇가지에 걸려 있는 황금 상자에서 빛이 나오고, 또 그 밑에서 흰 닭이 우는 모습, 그것이 알지의 탄생 장면이었다. '알지'란 우리말로 아기를 뜻한다고 한다.

그런데 과연 이 신화를 있는 그대로 받아들여야 할까? 학자들은 이를 유추해서 탈해라는 외래 세력에 대한 새로운(또는 기존의) 도전 세력이었을 것으로 보고 있다. 이 세력은 탈해왕의 힘을 능가해서 탈해의 아들이 있었는데도 알지를 태자로 임명하게 만든다.

그러나 탈해가 죽은 뒤 알지는 왕위를 파사에게 양보한다. 파사는 유리왕의 둘째 아들이며, 박씨였다. 말하자면 이 시기에는 박·석·김, 이 세 성씨가 아직은 세력 균형을 이루어서 그런 결과를 낳은 것으로 보인다. 사실 초기에는 여덟 명의 왕들 중 탈해를 제외하고는 일곱 명이 모두 박씨였다가 그 뒤부터 다시 석씨에게 왕위가 전해져 9대

벌휴 이사금부터 12대까지 석씨가 왕이 된다. 알지의 후손이 왕이 된 것은 13대 미추왕(262~284년)부터였고, 17대 내물왕(356~402년)부터는 완전히 김씨가 왕위를 독점하게 된다. 그래서 신라 쉰여섯 명의 왕들 중 김씨가 서른여덟 명이나 되었다.

이런 측면에서 신라는 김씨 왕조라 해도 지나친 말은 아닌데, 김알지는 그 김씨 왕들의 시조였다. 이들 김씨 세력이 등장하면서 석탈해 세력, 즉 해양 또는 외래 대장장이 세력은 다시 권력을 잃고 왕권은 박씨에게 넘어가는 것으로 미루어 김씨 세력은 박씨 세력과 연합한 것이 아닐까 추측해 볼 수도 있다.

어쨌든 이들 세 성씨의 왕위 교체는 서로 돌아가면서 차지하는 형태가 아니라, 한 성씨가 몇 대에 걸쳐 독점하다가 다시 다른 성씨로 넘어가는 형태를 취하고 있다. 이 내용으로 봐서 서로의 세력 균형이 무너지는 시점에 왕권 교체도 이루어졌을 것이라고 생각된다. 그렇다면 김씨가 왕권을 독차지하게 된 원인은 무엇일까? 그것은 이 무렵부터 왕권이 강화되면서 왕의 힘이 절대적으로 강해졌기 때문이다.

2장

신라 왕들의 신통한 이야기

1장에서 건국 이야기와 시조 신화를 다루었다면,
2장에서는 신라를 중심으로 왕이나 신하들의 기이하고 신통한 이야기를 주로 다룬다.

1 바위 타고 떠난 연오랑과 세오녀

동해 바닷가에 살던 연오랑과 세오녀 부부가 바위를 타고 일본으로 건너가서 왕과 왕비가 되었다는 설화를 들어본 적 있을 것이다. 연오랑과 세오녀가 떠난 뒤 신라에서는 해와 달이 빛을 잃어 혼란에 빠졌고, 세오녀가 짠 명주 비단을 가지고 와서야 다시 태양과 달이 등장한다는 이야기다.

이 설화의 무대는 경상북도 포항시 영일만. 바다에 떠오르는 태양을 맞는 곳이었고, 무당들이 다양한 굿을 하던 곳이었다. 그래서 이 설화는 태양숭배 신앙과 무속 신앙이 결합된 것으로 해석되기도 한다.

제8대 아달라왕 즉위 4년(158년), 동해 바닷가에 연오랑과 세오녀 부부가 살고 있었다. 그런데 하루는 연오랑이 바다에 나가 해초를 따고 있었는데, 갑자기 바위 하나[혹은 고기 한 마리]가 나타나 연오를 태우고 일본으로 가 버렸다. 그 나라 사람들이 연오를 보고, "이 사람은 보통 인물이 아니다."라고 하면서 왕으로 세웠다.

세오는 남편이 돌아오지 않자 괴상하게 여겨 바다로 나가 찾았다. 남편이 벗어 놓은 신발을 보고 바위 위에 올라갔더니, 바위가 또 이전처럼 세오를 태우고 갔다. 그 나라 사람들이 놀라워했다. 곧 왕께 아뢰니, 부부가 서로 만나게 되었고 세오녀는 귀비(왕비)가 되었다.

이때 신라에서는 해와 달이 빛을 잃었다. 이에 일관(천문을 맡은 관리)이 아뢰었다.

"우리나라에 있던 해와 달의 정기가 지금은 일본으로 가서 이런 괴변이 생겨났습니다."

아달라왕이 사신을 일본에 보내 두 사람을 찾았다. 연오가 말했다.

"내가 이 나라에 온 것은 하늘이 시킨 일이니, 이제 어찌 돌아갈 수 있겠는가. 그렇지만 나의 부인이 짠 곱고 가는 명주 비단이 있으니, 이걸 가지고 하늘에 제사를 지내면 될 것이오."

그러면서 명주 비단을 주었다. 사신이 신라로 돌아와 아뢰자 그의 말대로 제사를 지냈더니 이후에는 해와 달이 예전과 같아졌다. 그 명주 비단을 임금의 창고에 간직하여 국보로 삼고, 그 창고를 '귀비고(귀비의 창고)'라 했다. 또 하늘에 제사 지낸 곳을 '영일현(해를 맞이한 곳)' 혹은 '도기야(기도드린 곳)'라 했다.

이 설화는 크게 두 부분으로 나뉘어 있다. 하나는 연오랑과 세오녀가 일본에 가서 왕이 되었다는 내용이고, 또 하나는 그로 인해 신라에서 해와 달이 빛을 잃었다가 되찾게 되었다는 내용이다. 그런데 연오랑과 세오녀가 일본에 가서 왕이 되었다는 내용은 역사적 사실과는 거리가 멀어 보인다. 신라의 8대 왕인 아달라왕(154~184년) 때 신라 사람으로 일본에 가서 왕이 되었다는 내용은 어떤 책에도 보이지 않는다. 그래서 일연도 이 내용에 주를 달아서, 일본 역사서에 이런 기록이 없는 것으로 보아 지방의 작은 왕국이 아닐까 하고 추측한다. 혹은 그때 정치권에서 밀려난 일부 왕족 세력이 일본으로 망명한 것이 아닐까 추측해 볼 법도 하지만, 연오랑과 세오녀는 평범하고 금실 좋은 어민 부부일 뿐 정치적인 인물도 아니었다.

평양 진파리 7호분에서 찾아낸 '해뚫음무늬 금동장식'의 일부. 태양을 상징하는 원 안에 삼족오가 있다.

오히려 눈여겨볼 대목은 뒷부분의 해와 달에 얽힌 내용이다. 이는 고대인들이 지니고 있던 태양숭배 신앙을 보여 주는 것이기도 하다. 연오랑과 세오녀에는 공통적으로 '오(烏, 까마귀)'라는 단어가 쓰였다. 이 '오'와 관련해서는 '삼족오' 전설이 유명하다. 삼족오는 태양 속에 살고 있다는 세 발 달린 상상의 까마귀를 말하는데, 중국 책에 소개되어 있다. 이 삼족오 전설이 의인화된 것이 곧 연오랑과 세오녀의 이야기로 추측해 보기도 하는 것이다. 왜냐하면 연오랑과 세오녀가 일본에 건너가자 신라의 해와 달이 빛을 잃었고, 결국 세오녀가 짜준 명주 비단으로 하늘에 제사를 지내고서야 예전처럼 빛을 발했다고 나오기 때문이다.

또한 명주 비단으로 제사 지냈다는 것은 무당이 굿하는 장면과도 흡사하다. 옛날부터 거친 바다에 나가 일을 하는 어민들은 풍랑으로 목숨을 잃는 일이 흔했다. 그래서 바닷가에는 수중고혼(물에 빠져 죽은 사람의 외로운 넋)이 된 그들의 넋을 위로하면서 굿을 하는 신당(신을 모셔 놓고 제사를 지내거나 굿을 하는 집)들이 많다.

'신라에서는 해와 달이 빛을 잃었다'는 말도 달리 해석할 수 있다. 곧 나라의 근본인 백성들이 목숨을 잃은 것을 상징한다고 볼 수 있을 듯하다. 지금도 동해안에서는 물에 빠져 죽은 이의 넋을 위로하고 극락으로 보내 준다는 수망굿이 행해지는데, 어쩌면 연오랑과 세오녀는 그 수망굿의 주인공을 상징하는 것은 아니었을까?

2 충혼이 빛난 김제상

　김제상은 《삼국사기》는 물론 《일본서기》에도 등장하는 유명한 충신이다(《삼국사기》에는 '박제상'이라고 나옴). 당시 신라는 고구려나 왜에 인질을 보내는 외교를 통해 안정을 유지하고 있었다. 이런 상황에서 김제상은 기지를 발휘해 인질로 간 눌지왕(417~458년)의 동생들을 구출해 냈다. 그는 왕을 위해 자신을 희생한, 그야말로 충절의 신하였다.

① 왜와 고구려의 인질이 된 신라 왕자들

　제17대 나밀왕(내물왕)이 즉위한 지 36년째 되던 해(390년)에 왜왕이 사신을 보내왔다.

　"우리 임금이 대왕의 신성함을 듣고 저희 신하들을 시켜 백제의 죄를 대왕에게 아뢰도록 하니, 원컨대 대왕께서는 왕자 한 분을 보내시어 우리 임금께 성심을 보이시기 바랍니다."

　이에 왕은 셋째 아들 미해를 보냈다. 그때 미해는 열 살이어서 말이나 행동거지가 아직 미숙한 까닭에 내신(임금을 측근에서 시중하는 관리) 박사람을 부사로 삼아 보냈다. 그러나 왜왕은 이들을 붙잡고 30년이 넘도록 보내 주지 않았다.

　제19대 눌지왕 3년(419년)에 이르러 고구려 장수왕이 사신을 보냈다.

"저희 임금께서는 대왕의 아우 되시는 보해가 지혜롭고 재주가 뛰어나다는 말을 듣고, 서로 친하게 지내고 싶다고 하십니다. 그래서 특별하게 저를 보내 간곡하게 청하는 바입니다."

눌지왕이 이 말을 듣고는 이를 기회로 두 나라가 화친하게 된 것을 다행으로 여겨, 그 아우 보해에게 고구려로 가도록 명했다. 그리고 내신 김무알을 보좌로 삼아 함께 보냈다. 장수왕이 또 이들을 억류하고 돌려보내지 않았다.

눌지왕은 즉위 10년에 이르러 여러 신하와 나라의 호걸들을 불러 친히 잔치를 베풀었다. 술이 세 번 돌아 음악이 시작될 무렵, 왕은 눈물을 흘리면서 신하들에게 말했다.

"예전에 아버님(내물왕)께서는 백성들의 일을 지성으로 생각하신 까닭에 사랑하는 아들을 멀리 왜국에 보냈다가 다시 만나지도 못하시고 돌아가셨소. 그리고 내가 왕이 된 후에는 이웃 나라와의 전쟁이 끊이질 않았는데, 오직 고구려만이 화친을 맺자는 말을 했소. 나는 그 말만 믿고 나의 친동생을 고구려에 보냈는데, 고구려 역시 아우를 억류하고 보내지 않고 있소.

나는 왕으로 부귀를 누리고 있지만 두 아우 생각에 눈물이 그치질 않는구려. 만일 아우들을 다시 만나 함께 선왕의 사당에 참배할 수 있다면, 나라 사람들에게 크게 은혜를 갚으려 하오. 누가 이 일에 계책을 내어 성공할 수 있겠소?"

이에 모든 관리들이 함께 아뢰었다.

"이 일은 진실로 쉬운 일이 아니므로 반드시 지혜와 용맹이 있는 사람이라야 할 수 있을 것입니다. 신들의 생각으로는 삽라군(지금의 경남 양산) 태수 김제상이 적합할 것 같습니다."

② 고구려에 억류된 보해를 구출한 김제상

이에 눌지왕이 제상을 불러 그 의사를 묻자, 제상이 두 번 절하고 아뢰었다.

"신이 듣건대 임금에게 근심이 있으면 신하가 욕되고, 임금이 욕되면 신하는 죽어야만 한다고 했습니다. 만일 일의 어렵고 쉬움을 따진 뒤에 행한다면 이는 불충이라 할 것이고, 죽고 사는 것을 생각해서 움직인다면 이는 용기가 없는 것입니다. 신이 비록 똑똑하지는 못하오나 명을 받들어 실행하겠습니다."

제상은 왕으로부터 이렇게 직접 명령을 받자 곧 북해 뱃길을 질러 고구려로 들어가서는 변장을 하고 보해의 숙소를 찾아갔다. 그리고 보해와 함께 탈출할 날짜를 상의한 제상은 먼저 고성 포구에 돌아와서 5월 15일에 배를 대고 기다리기로 했다. 약속한 날이 다가오자 보해는 아프다 핑계 대고 며칠 동안 조회에 나가지 않다가 드디어 한밤중에 도망을 쳐서 약속한 고성 해변에 이르렀다.

고구려 왕이 이것을 알고 수십 명의 군사를 보내 보해를 뒤쫓게 했는데, 마침내 고성에 이르러서야 보해를 바짝 따라잡았다. 그러나 보해가 고구려에 있을 때 늘 주위 사람들에게 은혜를 베풀었던 터라 군사들이 그를 매우 불쌍하게 여겨 모두 화살촉을 빼고는 활을 쏘았기 때문에 보해는 무사히 살아서 돌아올 수 있었다.

보해를 보자 왕은 눈물을 흘리며 기뻐했다. 그러나 한편으론 미해 생각이 더욱 간절해져 눈물을 흘리며 신하들에게 말했다.

"마치 몸에 한쪽 팔만 있고, 얼굴에 한쪽 눈만 있는 것과 같구나. 동생 하나는 찾았지만 또 하나가 없으니, 어찌 슬프지 않겠는가?"

③ 왜에 억류된 미해를 탈출시킨 김제상

제상이 이 말을 듣더니 공손히 절하고 임금에게 하직했다. 곧 말을 타고 집에 들르지도 않은 채 길을 떠나 바로 율포(지금의 울산) 해변에 이르렀다. 그의 아내가 이 소식을 듣고 말을 달려 율포까지 쫓아갔으나, 남편은 벌써 배에 오른 뒤였다. 아내는 애타게 불렀으나 제상은 손만 흔들 뿐 배를 멈추지 않았다. 제상은 왜국에 도착해 거짓으로 말했다.

"계림왕이 아무 죄도 없는 나의 아버지와 형을 죽인 까닭으로 도망해 왔습니다."

왜왕이 그 말을 믿고 집을 주어 그를 편히 살게 해 주었다. 이때 제상은 항상 미해를 모시고 바닷가에 나가 놀면서 물고기와 새를 잡아서는 왜왕에게 바쳤다. 왜왕은 매우 기뻐하며 그를 의심하지 않았다. 때마침 새벽안개가 자욱하게 끼었다. 이에 제상이 미해에게 말했다.

"이제 가실 때가 되었습니다."

미해는 제상에게 함께 가자고 했다. 그러자 제상이 말했다.

"저도 떠난다면 왜인들이 알아채고 곧 쫓아올 것입니다. 저는 이곳에 남았다가 저들이 뒤쫓는 것을 막겠습니다."

"지금 나는 그대를 부모나 형처럼 여겨 왔는데, 어찌 나 혼자만 돌아가겠소?"

"저는 미해 왕자님의 목숨을 구해 임금님의 마음을 위로할 수 있다면 그것으로 충분합니다. 어찌 살기를 바라겠습니까?"

그리고 술을 부어 미해에게 바쳤다. 때마침 왜에 와 있던 신라 사람 강구려를 미해에게 딸려 보냈다. 그리고 제상은 미해의 방에 들어가 있었다. 날이 밝자 근처에서 미해를 지키던 자들이 방을 살피려 했다. 이에 제상이 나와서 말했다.

"어제 미해 왕자님이 사냥하시느라 몹시 피곤하여 아직도 일어나지 못하고 있소."

저녁이 되도록 미해가 나타나지 않자, 그들은 이상하게 여겨 또 물었다. 그제야 제상이 웃으며 말했다.

"미해 왕자님은 벌써 떠난 지 오래되었소."

④ 충절을 지키며 희생된 김제상

그들은 즉시 왜왕에게 이 일을 일러바쳤다. 왜왕이 기병들을 시켜 뒤쫓게 했으나 따라잡지 못했다. 왜왕은 제상을 가두고 물었다.

"너는 어째서 네 나라 왕자를 몰래 보냈느냐?"

"나는 계림의 신하지, 왜국의 신하가 아니다. 이제 나는 우리 임금의 소원을 이루고자 한 것이니, 그대에게 무슨 말을 더 하겠는가?"

"네가 이미 나의 신하가 되었는데도 계림의 신하라고 말하느냐? 계림의 신하라고 한다면 너를 오형(다섯 가지 형벌)의 중벌에 처하겠지만, 만일 왜국의 신하라 말한다면 높은 벼슬과 상을 주겠다."

"나는 차라리 계림의 개, 돼지가 될지언정 왜국의 신하가 되고 싶지는 않으며, 차라리 계림의 형벌과 곤장을 받을지언정 왜국의 벼슬과 녹(급여)을 받지는 않겠다."

왜왕은 노하여 제상의 발바닥 가죽을 벗긴 후 갈대를 베어 내고는 그 위를 걷게 했다[지금도 갈대 위에 피 흔적이 있는데, 세상 사람들은 그것을 '제상의 피'라고 한다.].

왜왕이 다시 물었다.

"너는 어느 나라의 신하인가?"

제상이 답했다.

"계림의 신하다."

왜왕이 제상을 다시 뜨겁게 달군 쇠 위에 세워 놓고 물었다.

"너는 어느 나라의 신하냐?"

제상이 다시 대답했다.

"계림의 신하다."

왜왕은 결국 그를 굴복시킬 수 없다는 걸 알고 '목도'라는 섬에서 불에 태워 죽였다.

바다를 건너온 미해는 강구려를 먼저 보내 왕에게 알리도록 했다. 눌지왕은 놀라고 기뻐서 모든 관리들에게 명해 굴헐역(지금의 울산 지역에 있던 역)에 나가 맞이하게 했다. 왕은 아우 보해와 함께 남쪽 교외에 나가서 미해를 맞았다. 대궐로 들어와서는 잔치를 베풀고 전국의 죄인을 대사면했다. 그리고 제상의 아내를 책봉하여 국대(나라에 큰 공을 세운 사람) 부인으로 삼고, 제상의 딸을 미해의 부인으로 삼았다.

처음에 제상이 떠나갈 때 부인이 쫓아갔으나 따라잡지 못하고, 망덕사 문 남쪽 모래밭 위에서 지쳐 드러누워 길게 목 놓아 울부짖었다. 그래서 이 모래밭을 '장사(긴 모래밭)'라고 불렀다. 친척 두 사람이 부축하여 돌아오려는데 부인이 다리를 뻗고 앉아 일어서지 않으므로, 그곳을 '벌지지('뻗치다'라는 말을 한자로 표현한 말)'라고 했다.

그 뒤 부인은 늘 남편 사모하는 마음을 견디지 못해서 세 딸을 데리고 치술령(경주와 울산에 걸쳐 있는 산)에 올라가 왜국을 바라보며 통곡하다 죽었다. 그래서 '치술 신모(치술령의 여자 산신)'가 되었는데, 지금도 그 사당이 있다.

이렇게《삼국유사》에는 김제상에 대한 내용이 상세히 기록되어 있는데,《삼국사기》에서는 이와 조금 다르게 나온다.《삼국사기》를 보면 이렇다. 당시 신라 왕은 17대 내물왕 – 18대 실성왕(402~417년) – 19대 눌지왕으로 이어졌다. 내물왕의 뒤를 이어 사촌 동생 실성이 즉위한 이유는 내물왕의 아들(후의 눌지왕)이 너무 어렸기 때문이다. 실성왕은 전에 내물왕이 자신을 고구려에 인질로 보냈던 사실로 말미암아 내물왕에 대한 원한이 깊었다. 그래서 자신이 왕이 되자, 내물왕의 두 아들(눌지왕의 동생들)을 볼모로 각각 왜와 고구려에 보낸다. 복수한 셈이다.

　게다가 그는 고구려에 있을 때 알게 된 고구려 사람에게 내물왕의 맏아들 눌지를 죽여 달라고 부탁한다. 그러나 고구려 사람은 눌지가 훌륭한 사람임을 알고 오히려 이 사실을 눌지에게 알려 준다. 이에 눌지는 꾀를 내어 도리어 실성왕을 죽인다. 그리고 왕이 된 눌지는 박제상에게 명을 내려 고구려와 왜에 볼모로 잡혀 있는 두 동생을 구출하도록 하는데, 이 과정의 내용은《삼국유사》와 동일하다.

　그러니까《삼국사기》에는 눌지왕의 두 동생이 왜와 고구려에 각각 인질로 간 것이 모두 실성왕 때의 일이라 기록되어 있다. 반면《삼국유사》에는 미해가 왜에 간 것은 아버지인 내물왕 때, 또 보해가 고구려에 인질로 간 것은 눌지왕 때라 했다. 실성왕은 전혀 거론하지 않았다.

《삼국사기》와 《삼국유사》 중 어느 쪽이 사실인지, 또 김제상과 박제상 중 어느 게 맞는지는 판단하기 어렵다. 분명한 사실은 당시 신라가 고구려와 왜에 인질을 보내야 할 정도로 약소국이었다는 점이다. 사실 신라는 그 이전부터 왜의 침략에 시달렸다. 그리고 내물왕 시절인 400년에 고구려 광개토대왕의 도움을 받아 왜의 침략을 물리친 이후로는 줄곧 고구려의 영향력 아래 있었다. 그래서 눌지가 실성을 몰아내고 왕이 된 것은 곧 고구려가 자신에게 우호적인 눌지를 통해 계속해서 신라의 내정뿐 아니라 왕위 계승에도 강력한 영향력을 발휘하고자 했기 때문으로 보기도 한다.

하지만 눌지왕은 재위 중반 이후부터는 고구려를 견제하기 위해 백제와 우호를 꾀하고, 고구려에 인질로 가 있던 복호(보해)를 귀환시키는 등 고구려의 영향력에서 벗어나기 위해 노력했다. 눌지왕의 이러한 정책을 실현하는 데 앞장섰던 이가 곧 제상이었다. 그리하여 제상은 고구려는 물론 왜에도 가서 인질로 있던 눌지의 두 동생들을 성공적으로 구출한 것이다.

그리고 일연은 여기에서 《삼국사기》에는 묘사되지 않은 장면을 강하게 부각시킨다. 즉 왜왕이 "너는 어느 나라의 신하냐?"라고 묻자, 제상은 "나는 계림(신라)의 신하다."라고 하면서 갖은 악형에도 굴하지 않는 그 충혼의 정신과 늠름한 기개를 자랑스럽게 서술하고 있다.

3 거문고갑을 쏜 비처왕

정월 대보름날(음력 1월 15일)에는 찰밥을 먹는 세시풍속(예로부터 전해 지는 농경 사회의 풍속이며, 계절 따라 관습적으로 되풀이되는 민속)이 있다. 그 풍속이 생긴 유래는 신라 왕실에서 있었던 한 사건과 관련 있다. 아래 설화가 그것이다.

제21대 비처왕[혹은 소지왕이라고도 한다.] 10년(488년), 왕이 천천정이라는 정자로 행차했다. 그때 까마귀와 쥐가 가까이 오더니 울었다. 그리고 쥐가 사람 말로 이렇게 말했다.

"이 까마귀가 가는 곳으로 따라가 살펴보십시오."

왕이 곧 기사(말을 탄 군사)에게 명령하여 뒤쫓게 했다. 기사가 남쪽으로 까마귀를 쫓아가다 피촌(경주 남산 동쪽 기슭에 있던 마을)에 이르러 돼지 두 마리가 싸우는 걸 한참이나 구경하느라 그만 까마귀가 날아간 곳을 잃어서 길가에서 헤매고 있었다.

이때 한 노인이 연못 속에서 나와 글을 주었는데, 겉봉에 이렇게 쓰여 있었다.

"이것을 뜯어보면 둘이 죽고, 뜯어보지 않으면 한 사람이 죽는다."

기사가 돌아와 왕에게 바치니, 왕이 말했다.

"두 사람이 죽는 것보다는 뜯어보지 않고 한 사람만 죽는 것이 낫겠다.”

점치는 일관이 아뢰었다.

“두 사람이라는 것은 일반 백성이요, 한 사람이라는 것은 임금님을 말하는 것입니다.”

왕이 그럴듯하다 싶어 편지를 뜯어보니, “거문고갑을 활로 쏘라.”라고 쓰여 있었다. 왕이 곧 궁궐로 들어가서 거문고갑을 보고 활을 쏘니, 그 안에는 내전(궁궐 여자들이 사는 곳)에서 불공을 드리는 중과 궁주(후궁) 하나가 몰래 간통을 하고 있었다. 두 사람은 사형을 당했다.

이때부터 나라 풍속에 매년 정월 첫 돼지날(상해일), 첫 쥐날(상자일) 그리고 첫 말의 날(상오일)에는 모든 일을 조심하며 함부로 움직이지 않는 풍속이 생겨났다. 또 정월 대보름날을 ‘까마귀 제삿날’이라고 하여 찰밥을 지어 제사 지냈는데, 지금까지도 이 풍속을 행하고 있다. 속담에 이를 ‘달도(怛忉)’라 하는데, 이는 슬퍼하고 근심하여 모든 일을 꺼리고 금한다는 뜻이다. 편지가 나온 못을 ‘서출지’라고 한다.

여기서 주목할 부분은 승려의 등장이다. 위의 설화를 보면 불교가 이미 신라에 전래되었고, 심지어 궁궐 안까지 널리 전파되었음을 알 수 있다. 신라에 불교가 처음 전파된 시기는 19대 눌지왕 때로 알려져 있으며, 21대 소지왕(479~500년) 때에도 고구려 승려 아도가 와서 전파한 것으로 기록되어 있다. 그런데 불교가 전파되는 과정에서 전통적인 토속 신앙을 믿는 귀족들과 갈등이 있었고, 그러다가 오랜 세월이 더 흐른 뒤 23대 법흥왕(514~540년) 때 가서야 비로소 불교는 국가로부터 공식 인정을 받기에 이르렀다.

앞의 설화는 불교가 공인되기 전인 21대 소지왕 때의 사건으로, 아직 불교가 공식적으로 인정받지 못한 시기였다. 그래서 승려가 간통하다 들켰다는 것은 타락한 승려의 모습을 보여 주었다기보다는 불교가 토속 신앙 세력에 밀려 해를 당하는 것이라 해석하기도 한다. 연못의 신령으로 보이는 노인은 곧 토속 신앙 세력으로 볼 수 있기 때문이다. 지금도 경주 남산 기슭에는 그 편지(書, 서)가 나왔다는(出, 출) 연못(池, 지), 즉 서출지가 있다.

4 음경이 너무 컸던 지증왕

신라는 6세기 22대 지증왕(500~514년), 23대 법흥왕, 24대 진흥왕 (540~576년) 때 크게 성장했다. 이 시기 신라는 왕권을 강화하고 영토를 넓히면서 세력을 확장해 갔다. 이처럼 신라가 본격적으로 발전할 수 있도록 가장 먼저 기초를 세운 임금이 지증왕이었다.

제22대 지철로왕의 성은 김씨요, 이름은 지대로[또는 지도로]이고, 시호는 지증이다. 시호는 이때부터 시작되었다. 또 우리말로 왕을 '마립간'이라 한 것도 이때부터 시작되었다. 왕은 500년에 즉위했다.

왕은 음경의 길이가 1척 5촌이나 되어서 배필을 구할 수가 없었다. 그래서 사람을 전국의 세 방향으로 보내 배필을 구했다. 임무를 맡은 자가 모량부 마을에 갔을 때, 동로수 나무 아래에서 개 두 마리가 북만큼 큰 똥 덩어리 한 개를 물고 서로 다투고 있었다. 마을 사람들에게 물었더니, 한 소녀가 나와서 이렇게 말했다.

"모량부의 촌장 따님이 여기 와서 빨래를 하다가 숲 속에 들어가 숨어서 눈 똥입니다."

그 집을 찾아가 보니 여자의 키가 7척 5촌이나 되었다. 이를 자세히 왕에게 아뢰었더니 왕이 수레를 보내 궁중으로 맞아들여 황후로 봉했다.

여러 신하들이 모두 축하했다.

또 아슬라주(강릉) 동쪽 바다 가운데 순풍이면 뱃길로 이틀 걸리는 곳에 우릉도라는 섬이 있는데, 섬의 둘레가 2만 6천 730보(걸음)였다. 이 섬의 오랑캐들은 깊은 바닷물을 믿고는 건방지게 조공을 하지 않았다. 왕이 이찬(신라 때의 십칠 관등 가운데 둘째 등급) 박이종(이사부)에게 명을 내려 군사를 거느리고 가서 이들을 토벌케 했다. 박이종은 나무로 사자를 만들어 큰 배 위에 싣고 그들을 위협했다.

"항복하지 않는다면 이 사자를 풀겠다." 이에 섬 오랑캐들은 두려워서 항복했다. 왕은 박이종을 포상하여 아슬라주 장관으로 삼았다.

음경 길이가 1척 5촌이라면 약 35센티미터 정도인데(당시의 1척(1자)은 약 23센티미터로 추정함), 그 주인공이 지증왕이었다는 기록이 매우 재밌다. 그만큼 덩치가 컸다는 뜻인데, 그의 배포도 남달랐을 것이다. 어쨌든 지증왕은 음경이 지나치게 큰 탓에 자신에게 맞는 여자를 못 얻다가 전국을 뒤져 궁합이 맞는 여자를 겨우 찾아낸다.

그런데 《삼국사기》를 보면, 지증왕이 왕이 된 것은 64세였다. 그렇다면 64세의 노인이 왕이 되자 새로 왕비를 얻었다는 말인데, 이는 아무래도 납득하기 어려운 일이다.

그렇다면 지증왕이 누구도 갖지 못할 크기의 음경을 가졌다는 기록은 무엇을 뜻할까? 아마도 지증왕의 권력이 이제까지의 어떤 왕들보다도 막강했음을 은유적으로 묘사한 것이 아닐까 싶다. 그에게 궁합이 맞는 왕비 또한 재력과 세력을 겸비한 대단한 집안임을 은유한 것으로 보인다.

사실 지증왕은 15년간 통치하면서 신라의 정치 체제를 획기적으로 정비한 왕이었다. 국호를 '신라'로 확정하고, 왕호를 중국식 '왕'으로 바꾸었으며, 전국을 주·군·현으로 나누어 지방관을 파견해 직접 통치했다. 이는 왕권 강화라는 차원과 국가 정비라는 측면에서 엄청난 업적이었다. 아마도 음경은 이 업적을 상징하는 것으로 보인다.

또한 지증왕은 장군 박이종으로 하여금 우산국(울릉도)을 정복하게 했다. 박이종은《삼국사기》에는 '이사부'로 나오는데, 그의 성은 김씨라 했다. 앞에서 보았던 김제상, 박제상과 마찬가지로 박이종, (김)이사부는 왜 성을 혼용한 걸까? 그 이유는 당시 왕족 간의 근친혼이 성행했던 데서 찾아볼 수도 있다. 즉 친가와 외가 어느 계보에 속하느냐에 따라 성이 달라질 수 있었던 것으로 추측된다. 부계는 왕족인 김씨이고 모계는 왕비족인 박씨라고 한다면, 모계로 보면 박씨이고 부계로 보면 김씨이기 때문이다. 아무튼 박이종(이사부)은 지증왕 때 우산국을 정복한 일 외에도 그다음 왕인 법흥왕과 진흥왕 시대에는 가야국을 정복하는 등 영토를 넓히는 데 큰 활약을 한 인물이었다.

5 화랑도를 바로 세운 진흥왕

신라는 6세기 진흥왕 때 한강 유역을 확보함으로써 삼국 간의 각축전에서 우위에 설 수 있었고, 중국과도 직접 교류하게 되었다. 신라가 이렇게 비약적으로 발전할 수 있었던 데에는 진흥왕 때 시작한 화랑 제도가 크게 기여했다. 여기서는 화랑 제도의 출발 당시 일화를 주로 다루고 있다.

① 진흥왕의 즉위

제24대 진흥왕은 왕위에 올랐을 때 나이가 15세여서 태후가 섭정을 했다. 태후는 법흥왕의 딸로 입종 갈문왕의 왕비였다. 진흥왕은 죽을 때 머리를 깎고, 법의(승복)를 입고 돌아갔다.

② 화랑도의 기원

제24대 진흥왕의 성은 김씨요, 이름은 삼맥종 또는 심맥종이라 한다. 540년에 왕위에 올랐는데, 왕은 큰아버지 법흥왕을 본받아 한결같이 불교를 받들어 널리 절을 세우고 스님이 되는 것을 장려했다.

또 천성이 멋스러워 신선을 적극 숭상해서 민가의 아름다운 처녀를 뽑아 '원화'라 했다. 이는 무리를 모아 그중에서 인재를 뽑고 그들에게 효도와 우애 그리고 충성과 신의를 가르치려 함이었으니, 곧 나라를 다스리는 핵심 방안이었다.

이에 '남모'와 '교정'이라는 두 명의 낭자를 원화로 뽑았는데, 모여든 무리가 3~4백 명이나 되었다. 교정은 남모를 질투하여 술자리를 만들고는 남모에게 술을 먹여 취하게 한 후에 몰래 북천으로 데려가 죽이고 돌로 묻어 버렸다. 남모를 따르는 무리들은 그녀가 간 곳을 알지 못해 슬피 울면서 헤어졌다.

그런데 이 음모를 아는 사람이 있었다. 그는 노래를 지어서 동네 아이들을 꾀어 거리에서 부르게 했다. 남모의 무리들은 노랫소리를 듣고 남모의 시체를 북천에서 찾아내고는 교정을 죽였다. 이 소식을 들은 대왕은 명을 내려 원화를 폐지했다.

그로부터 몇 년 후 왕은 또 나라를 흥하게 하려면 반드시 풍월도(화랑도)를 먼저 일으켜야 한다고 생각했다. 그리하여 다시 명령을 내려 좋은 집안의 남자 가운데 덕행이 뛰어난 사람을 뽑도록 하고, 이름을 고쳐서 '화랑'이라 불렀다. 처음에는 설원랑을 받들어 국선으로 삼았는데, 이것이 화랑 국선의 시초였다. 그래서 설원랑 국선의 기념비를 명주(강릉)에 세웠다.

이로부터 사람들이 악을 고쳐 선을 행하게 하며, 윗사람을 공경하고 아랫사람에게 온순하게 대하도록 하니, 왕의 시대에 다섯 가지 예절(인의예지신. 곧 어질고, 의롭고, 예의 바르고, 지혜롭고, 믿음직함)과 여섯 가

지 기예(예절과 음악, 활쏘기와 말타기, 서예와 셈법)가 널리 행해지고, 뛰어
난 신하인 삼사(왕을 보좌하는 태사·태부·태보)와 육정(나라에 이로운 여섯
신하를 일컫는 말)이 널리 생겨났다.

①은 〈기이〉 편에 나오는 내용이고, ②는 〈탑상〉 편 미륵선화(진지왕
때의 국선) 부분에 나오는 화랑도의 기원에 관한 이야기다.

②의 내용에 따르면 화랑 이전에는 '원화'라는 제도가 있었다. 원화
는 선발된 두 명의 예쁜 여자였는데, 15~18세의 청소년들이 원화를
따라 여러 곳을 다니며 심신을 훈련한 것으로 보인다.

사실 이런 전통은 예로부터 있었다. 원시 촌락 사회에서도 청소년
들이 일정 기간 동안 공동생활을 하며 성년식을 거치거나 일정한 난
관을 극복하는 훈련을 했었다. 진흥왕은 이런 전통을 살려 인재를 선
발하려고 국가적으로 원화 제도를 시행했다. 그러나 선발된 두 명의
원화가 서로 질투하면서 한 명의 원화가 피살되는 사건이 일어났고,
이로 인해 진흥왕은 원화 제도를 폐지하고 만다.

그러나 진취적이고 야심 찼던 진흥왕은 몇 년 뒤 다시 풍월도, 곧
화랑도를 재건해서 청소년들을 키우고 인재를 뽑고자 한다. 풍월은
풍류라고도 하는데, 최치원은 "풍류는 유교와 불교, 그리고 도교의
가르침을 포함하는 신라의 깊고 오묘한 도(道)이다."라고 말했다.

화랑을 따르는 이들을 낭도라 했으며, 화랑과 낭도를 일컬어 '화랑

도'라 했다. 화랑은 보통 수백에서 수천 명의 낭도를 이끌었는데, 전국적으로 화랑은 보통 서너 명에서 일고여덟 명에 이를 때도 있었다. 그리고 화랑의 총지도자를 '풍월주' 또는 '국선(화랑국선)'이라 했다.

6 귀신과 사랑을 나눈 도화녀

진흥왕의 맏아들 동륜은 태자 시절에 죽었으므로 둘째 아들 사륜이 뒤를 이어 25대 진지왕(576~579년)이 되었다. 그는 재위 기간이 짧았는데, 방탕해서 폐위되었다고 한다. 아래 설화는 복사꽃처럼 예쁜 도화녀라는 여인이 죽은 진지왕과 사랑을 나눠 비형랑을 낳았다는 이야기다.

① 도화녀, 귀신이 된 진지왕과 사랑을 나누다

제25대 사륜왕의 시호는 진지대왕인데, 성은 김씨이고 왕비는 기오공의 딸 지도 부인이다. 576년에 즉위해 나라를 다스린 지 4년 만에 정치가 문란해지고 왕은 주색(술과 여자)에 빠져 있었기 때문에 나라 사람들이 그를 폐위시켰다.

그가 아직 왕으로 있을 때였다. 사량부에 백성의 딸로 무척 예쁜 한 여인이 있었는데, 사람들은 그녀를 '도화랑(복사꽃 여인)'이라고 불렀다. 왕이 소문을 듣고 그녀를 궁중으로 불렀다. 그리고 그녀와 관계를 가지려 하자, 여인이 아뢰었다.

"여자가 지킬 도리는 두 남편을 섬기지 않는 것입니다. 남편이 있으면서 다른 사람과 관계할 수는 없습니다. 비록 왕의 위엄으로도 저의 정조를 빼앗지는 못할 것입니다."

"너를 죽이면 어쩌려느냐?"

"차라리 죽더라도 다른 마음을 가질 수는 없습니다."

왕이 장난삼아 말했다.

"네 남편이 없으면 허락하겠느냐?"

여자가 그러겠다고 하자 왕은 그녀를 놓아주었다. 그 해에 왕이 쫓겨나 죽었다. 그리고 2년 후에 그녀의 남편 또한 죽었다. 남편이 죽은 지 열흘째 되던 날 밤, 갑자기 왕이 평상시처럼 여인의 방에 들어왔다.

"네가 예전에 허락한 적이 있었는데, 지금은 네 남편이 없으니 되겠느냐?"

여자는 경솔하게 승낙할 수 없어 부모에게 알리자 그 부모가 말했다.

"임금의 말씀인데, 어찌 어길 수 있겠느냐?"

그러고는 딸을 방으로 들여보냈다. 왕은 7일 동안 머물렀는데, 언제나 오색구름이 지붕을 덮고 향기가 방에 가득 찼다. 7일이 지난 뒤 왕은 홀연히 사라졌고 여자는 태기가 있었다. 달이 차서 해산하려 할 때 천지가 진동하더니 사내아이를 낳았다. 이름을 '비형'이라 했다.

② **귀신의 아들, 비형랑**

진평대왕이 이 신기한 이야기를 듣고는 아이를 데려다가 궁중에서 길렀다. 비형이 열다섯 살이 되자 왕은 그를 집사로 임명했다. 그런데 비형은 밤마다 멀리 가서 놀다가 들어왔다. 왕이 용맹한 군사 50명을 시켜 그를 지키게 했는데, 번번이 월성(신라의 궁성)을 뛰어넘어 서쪽의 황천 언덕 위에 가서 귀신들을 데리고 노는 것이었다. 군사들이 숲 속에 엎드려 엿보았는데, 귀신들은 절의 새벽 종소리를 듣고서야 흩어졌고, 그제야 비형도 돌아왔다. 군사들이 이 사실을 아뢰니, 왕이 비형을 불러 물었다.

"네가 귀신들을 데리고 논다는 것이 참말이냐?"

"그렇습니다."

"그렇다면 네가 귀신들을 시켜서 신원사 북쪽 개천에 다리를 놓아라."

비형이 임금의 명령을 받들어 귀신의 무리를 시켜 돌을 다듬고는 하룻밤 사이에 큰 다리를 다 놓았다. 이 때문에 이 다리를 '귀신 다리'라고 했다. 왕이 또 물었다.

"귀신들 중에 인간으로 몸을 바꿔서 정치를 도울 자가 있느냐?"

"길달이라는 자가 있는데, 정치를 도울 만합니다."

왕이 함께 오라고 하여 이튿날 비형과 함께 나타났다. 왕이 그에게 집사의 벼슬을 주었더니, 과연 충성스럽고 정직함이 그에 비할 자가 없었다.

이때 각간(첫째 등급의 관직명) 임종에게 아들이 없었으므로 왕이 그를 아들로 삼게 했다. 어느 날 임종이 길달을 시켜 흥륜사 남쪽 문에 누각(높은 곳에 지은 다락집)을 세우게 했다. 길달은 누각을 세운 후로 매일 밤 그 문 위에서 잠을 잤다. 그래서 그 문을 '길달문'이라 했다.

그런데 어느 날 길달이 여우로 변해 도망치자 비형이 귀신을 시켜 잡아 죽였다. 이 때문에 귀신 무리들은 비형의 이름만 들어도 겁을 내어 달아났다. 사람들이 이런 글을 지었다.

성스런 황제의 혼이 아들을 낳았구나.
여기는 비형랑의 집이다.
날뛰는 잡귀신들아,
이곳에는 머물지 말거라.

이때부터 신라에서는 이 글을 집에 붙여 귀신을 물리치는 풍속이 생겨났다.

도화녀의 이야기는 진지왕과 함께 시작된다. 진지왕은 정치를 등한시하고 주색에 빠져 살다가 즉위 4년 만에 쫓겨났다고 한다. 하지만 《삼국사기》에는 진지왕이 즉위한 지 4년 만에 죽었다고만 나온다. 주색에 빠져 쫓겨난 것인지 아니면 병으로 죽은 것인지, 어쨌든 진지왕이 왕 노릇을 한 기간은 4년뿐이다. 그 뒤를 26대 진평왕(579~632년)이 이었다.

진지왕은 진흥왕의 둘째 아들(사륜)이다. 그리고 진평왕은 진흥왕의 맏아들로, 태자였다가 죽은 동륜의 아들이다. 즉 왕권이 동생(사륜) 집안에서 형(동륜) 집안으로 다시 옮겨간 것이다. 이런 왕위 계승으로 보아 동륜과 사륜 두 집안 사이에 왕권 다툼이 있었던 것으로 추측된다.

당시 진지왕에게는 유능한 장군 거칠부가 있었다. 그런데 공교롭게도 거칠부가 죽자 진지왕도 물러난다. 이는 왕권 다툼에서 동륜 계열이 승리했다는 사실을 나타낸다. 그래서인지 패배한 진지왕에게는 주색에 빠졌다는 오명이 씌워졌을 것이다.

앞의 설화에서 진지왕은 살아 있을 때 탐했던 도화녀와의 사랑을 죽은 뒤에야 실현한다. 이로 말미암아 도화녀는 진지왕의 아들인 비형랑을 낳았는데, '귀신의 아들' 비형랑은 비범하고 능력이 뛰어났다. 그래서 진평왕도 비형랑을 불러 자기를 돕게 한다. 이 내용은 진평왕이 훗날 진지왕 집안과 화해한 것으로 추측해 볼 수 있다. 진평왕은 54년간 집권했다. 이런 장기 집권이 가능했던 까닭은 적대 세력까지 끌어안아서 정치적 안정이 이루어졌기 때문일 것이다.

그런데 진지왕이 생전에 낳은 진짜 아들은 따로 있었다. 그가 바로 김용춘인데, 용춘의 아들이 바로 김춘추다. 결국 김춘추는 뒤에 태종 무열왕(654~661년)이 되고, 이후 무열왕의 후손들이 상당 기간 신라 왕권을 차지한다.

그렇다면 귀신의 아들로 나온 비형랑은 용춘을 상징하는 것일까?

그렇게 볼 수도 있을 것이다. 왜냐하면 태종 무열왕은 보통 왕이 아니라 신라 '최고의 왕'이라 할 수 있었으니, 그런 왕의 아버지 또한 특출한 인물로 그려질 법하기 때문이다. 이런 해석이 사실이든 아니든, 설화는 역사적 사실을 상징하거나 은유하는 경우가 많다는 점을 염두에 두는 것이 좋겠다.

7 하늘로부터 옥대를 받은 진평왕

　신라는 25대 진흥왕부터 29대 태종 무열왕까지, 약 100여 년 동안 국력의 비약적인 성장을 통해 삼국 통일의 기틀을 마련한다. 이들 가운데는 진흥왕과 같은 정복 군주도 있었지만, 26대 진평왕처럼 정치·사회적으로 안정을 이룩했던 임금도 있었다. 진평왕은 50년이 넘도록 통치하면서 사회적 통합을 이룩했다. 이런 진평왕을 기리기 위해서인지, 하늘에서 그에게 옥대(옥으로 만든 허리띠)를 내려 주었다는 설화가 등장한다.

　제26대 백정왕의 시호는 진평대왕이요, 성은 김씨다. 579년 8월에 왕위에 올랐는데, 키는 무려 11척이었다. 하루는 왕이 내재석궁이라는 궁 안의 절[천주사라고도 한다.]에 행차했는데, 섬돌을 밟자 세 개가 함께 부러졌다. 왕이 측근의 신하들에게 말했다.
　"이 돌을 옮기지 말고 후대 사람들에게 보여 주라."
　바로 이 돌이 성 안에 다섯 가지 움직이지 않는 돌의 하나다.
　왕이 즉위하던 해에 천사가 궁전의 뜰에 내려와서 왕에게 말했다.
　"상제께서 나에게 명하여 옥대를 전해 주라 했습니다."
　왕이 친히 무릎을 꿇고 이를 받자, 천사는 하늘로 올라갔다. 무릇 교외에 나가 지내는 큰 제사 때나 종묘에서의 큰 제사 때는 모든 왕이 이 옥대를 허리에 찼다.

후에 고구려 왕이 신라를 치려고 하면서 말했다.

"신라에는 세 가지 보물이 있기 때문에 침범할 수 없다고 하는데, 그 것이 무엇인가?"

"첫째는 황룡사의 장륙존상이요, 둘째는 황룡사의 9층탑이며, 셋째는 하늘이 진평왕에게 내려 준 옥대입니다."

이에 왕은 곧 신라를 칠 계획을 중지했다고 한다.

[신라의 마지막 왕이던 김부가 고려 태조에게 항복한 후 금으로 새기고 옥으로 장식한 허리띠 하나를 바쳤다(937년). 길이가 10위(150센티미터)나 되고, 새겨 넣은 옥 장식은 62개나 되었다. 이것은 진평왕이 하늘에서 받은 띠라고 한다. 고려 태조는 이것을 받아 궁궐 창고에 두었다.]

진평왕의 이름은 백정이고, 부인의 이름은 마야다. '백정'은 석가의 아버지, '마야'는 석가의 어머니 이름이었다. 진평왕의 두 동생도 석가의 삼촌들 이름과 같은 '백반'과 '국반'이었다. 이렇게 신라 왕실은 석가모니 집안과 같은 이름을 사용함으로써 왕실의 권위를 높이려 한 것으로 보인다.

신라 왕실의 힘을 강화하려던 진평왕이 즉위 초에 상제의 옥대를 받았다는 말은 하늘로부터 절대적인 권위를 부여받았다는 의미일 것이다. 그리고 이 옥대는 황룡사 장륙존상, 황룡사 9층탑과 함께 신라의 삼보(세 가지 보물)가 된다.

그런데 《삼국사기》를 보면, 진평왕 때부터 신라는 백제와 고구려의 침공에 자주 시달린다. 특히 고구려의 침입이 잦자 진평왕은 수나라에 군사를 요청하는 글을 보내기도 했었다. 아마도 진흥왕의 정복 전쟁 이후, 성왕의 죽음으로 원수가 된 백제와 한강 유역을 되찾으려는 고구려의 반격이 거셌던 것으로 보인다.

그럼에도 《삼국유사》에서는 진평왕이 하늘로부터 그 카리스마를 인정받은 위대한 왕이라고 치켜세운다. 이는 곧 진평왕 시절 신라는 백제와 고구려의 잦은 침공에도 나라 안이 안정적으로 다스려졌고, 오히려 외침을 빌미로 왕권이 강화되었음을 의미하기도 한다. 이런 안정이 바탕이 되어 신라는 삼국 통일로 나아갈 수 있었던 것이다.

8 서동과 선화 공주의 사랑

백제 소년 서동이 신라로 가서 꾀를 내어 선화 공주를 자신의 아내로 맞아들이고, 뒤에는 백제의 왕(무왕)이 되었다는 이 설화는 널리 알려진 이야기다. 선화 공주는 신라 진평왕의 셋째 딸이다. 당시 백제와 신라는 치열하게 전쟁을 하고 있었는데, 과연 두 남녀의 사랑은 국경마저 초월한 것이었을까?

백제 제30대 무왕의 이름은 장이다. 그의 어머니는 과부였고, 서울(부여) 남쪽 연못가에 살면서 그 연못의 용과 관계를 갖고 아이를 낳았다. 아이 때 이름이 서동인데, 재주가 뛰어나고 도량이 넓어 헤아리기 힘들 정도였다. 그가 마를 캐어 팔아 생계를 삼았으므로 사람들은 '마를 파는 아이'라 해서 '서동'이라 불렀다.

하루는 서동이 신라 진평왕의 셋째 딸 선화 공주가 너무나도 예쁘다는 소문을 들었다. 이에 그는 곧 머리를 깎고 신라의 서울로 갔다. 신라에서 그는 자기가 갖고 온 마를 동네 아이들에게 먹으라고 나누어 주었고, 아이들은 곧 그와 친해져서 그를 따랐다. 서동은 노래를 만들어 여러 아이들을 꼬드겨서 부르게 했다. 그 노래는 이러했다.

선화 공주님은 남모르게 정을 통해 두고

　　서동 서방을 밤이면 몰래 안고 간다.

순식간에 이 노래는 서울에 다 퍼져 마침내는 대궐에도 들어갔다. 모든 관리가 임금께 강력히 말씀드려 공주를 먼 곳으로 유배 보내게 했다. 떠날 때 왕후는 노자로 쓰라고 하면서 순금 한 말을 주었다.

공주가 유배지에 다다를 무렵이었다. 갑자기 서동이 길가로 나와 절을 하면서 자기가 모시고 가겠다고 했다. 공주는 그가 어떤 사람인지 알지는 못했으나, 믿음이 생기고 좋아하게 되었다. 그래서 공주는 서동을 따라갔으며 몰래 정을 통했다. 그런 다음에야 공주는 서동이라는 이름을 알게 되었고, 노래의 영험함도 믿게 되었다.

그들은 함께 백제로 갔다. 공주는 어머니인 왕후가 준 금을 꺼내어 놓고 장차 살아갈 일을 서동과 의논하려 하는데, 서동이 웃으면서 물었다.

“이게 무엇이오?”

“황금입니다. 이것만 있으면 우리는 한평생 부자로 살 수 있습니다.”

“내가 어린 시절 마를 캐던 곳에는 이런 게 흙더미처럼 쌓여 있소.”

공주가 그 말을 듣고 크게 놀라며 말했다.

“이것은 세상에서 가장 값진 보물이랍니다. 당신이 지금 금이 있는 곳을 아신다면, 그 보물을 우리 부모님이 계신 궁전으로 실어 보내면 어떻겠습니까?"

"좋소!" 하고 서동이 승낙했다. 그리하여 서동은 금을 끌어모아 산더미처럼 쌓아 놓았다. 그러고 난 후 용화산 사자사에 있는 지명 법사를 찾아가 금을 운반할 방법을 물으니, 법사가 말했다.

"내가 귀신의 힘을 이용해 보내 줄 테니 가져오시오."

공주가 부모님께 쓴 편지와 함께 금을 사자사 앞에 갖다 놓자, 법사는 신통력을 발휘하여 하룻밤에 신라 궁궐로 날라 놓았다. 진평왕이 이 신통한 일을 보며 서동을 더욱 존경했으며, 자주 편지를 보내 안부를 물었다. 서동은 이 일로 해서 인심을 얻고 왕위에 올랐다.

어느 날 무왕이 부인과 함께 사자사로 가다가 용화산 밑에 있는 큰 연못가에 이르렀다. 마침 미륵 삼존불이 연못 한가운데에 나타나자 왕은 수레를 멈추고 절을 드렸다. 부인이 왕에게 말했다.

"여기에 반드시 큰 절을 짓도록 해 주십시오. 진정 저의 소원입니다."

왕이 이를 승낙하고 지명 법사를 찾아가서 못을 메울 일을 물었다. 법사는 신통한 힘으로 하룻밤 사이에 산을 무너뜨려 못을 메우고 평지를 만들었다. 이리하여 미륵 삼존불상을 만들고, 전각(불당)과 탑과 행랑채를 각각 세 곳에 짓고 절 이름을 '미륵사'라 했다. 진평왕이 여러 장인들을 보내 도와주었으니, 그 절은 지금도 남아 있다.

[《삼국사기》에서는 무왕이 법왕의 아들이라고 되어 있는데, 내(일연)가 인용한 책에서는 과부의 아들이라 하고 있으니, 확실한 것은 알 수 없다.]

《삼국사기》에는 진평왕에게 두 명의 딸이 있다고 나온다. 맏딸이 덕만, 둘째가 천명이다. 덕만은 27대 선덕여왕(632~647년)이 되었고, 천명은 용춘과 결혼해 춘추를 낳았다. 진평왕의 셋째 딸이라는 선화 공주는 등장하지 않는다. 그러면 선화 공주는 원래 없었는데, 이 설화를 위해 만들어졌을까? 그건 모를 일이다.

또 《삼국사기》에서 백제의 무왕(600~641년)은 법왕의 아들이라 했다. 그런데 무왕 이전의 왕들을 보면 무언가 석연치 않은 부분이 있다. 무왕 앞의 29대 법왕(599~600년)과 또 그 앞의 28대 혜왕(598~599년)은 모두 왕이 된 지 1년 만에 죽는다. 어떤 특별한 사건이나 지병이 있었던 것도 아니다. 아마도 왕권을 둘러싼 내분이 있었던 것은 아닐까? 심지어 《삼국유사》에서는 무왕이 법왕의 아들이 아니라 과부가 낳은 용의 자식이라고까지 말한다. 이로 미루어 볼 때 백제 왕실에서는 방계 세력이나 익산 지역의 세력이 새롭게 권력을 차지한 것이 아닐까 해석되기도 한다.

더구나 30대 무왕은 40년 넘게 백제를 통치한다. 물론 무왕의 아들인 31대 의자왕(641~660년) 때 백제가 멸망하지만, 이 시절 백제는 신라를 매우 심하게 공격하며 압박한다.

《삼국유사》에 따르면 신라 진평왕과 백제 무왕은 장인과 사위의 관계로, 친분도 꽤 돈독하다. 이 두 사람이 치열하게 전쟁을 했다는 이야기는 선뜻 받아들이기 어렵다. 왜 이런 설화가 나왔을까? 선화 공주 이야기는 마치 아버지에게 버림받지만 마지막에는 아버지를 구했다는 바리데기 공주의 설화와도 비슷하다. 또 산더미처럼 쌓인 금을 알아보지 못하다가 아내 덕분에 귀중한 금을 알게 되었다는 비슷한 설화가 일본에도 있다.

서동과 선화 공주의 설화는 이러한 구전들이 합쳐져 만들어진 것이 아닐까? 혹은 정복자 신라와 멸망한 백제 사이의 깊은 감정의 골을 메우고 진정한 화합을 이루고자 누군가가 만들어 낸 것은 아닐까? 지금으로서는 많은 것이 불확실할 뿐이다.

그런데 무왕이 왕비(선화 공주)의 간청으로 세웠다는 미륵사의 탑(미륵사지 석탑)을 보수하던 중 〈금제사리봉안기〉가 나왔는데(2009년 발굴), 거기에는 백제 무왕 때의 왕비가 기금을 내서 절(미륵사)을 세우고, 기해년(639년)에 사리를 봉안하여 왕실의 안녕을 기원한다는 내용이 적혀 있다. 이는 미륵사의 창건 목적과 시주한 사람 그리고 석탑의 건립연대를 정확히 밝혀 준 매우 소중한 문헌이다. 그런데 그 기록에는 시주자인 왕비가 백제 귀족인 사택적덕이라는 좌평(오늘의 장관)의 딸이라고 나온다.

그렇다면 선화 공주 설화는 어떻게 된 걸까? 결국 무왕은 선화 공주와 결혼한 적이 없거나, 아니면 결혼한 다음 선화 공주가 먼저 죽었다고 봐야 한다. 아니면 이 설화는 사실과 거리가 먼 내용이라 할 수밖에 없다.

9 호국신이 지켜 준 김유신

    삼국 통일의 두 영웅이라면 단연 김춘추와 김유신이다. 김춘추는 외교, 김유신은 전쟁을 맡았다. 그런데 김유신에 관한 이야기는 《삼국사기》〈열전〉에 매우 자세히 나온다. 그래서인지 여기에서는 호국신이 김유신을 보호했다는 내용만 소개하고 있다.

    무력 이간(둘째 등급의 관직)의 아들 서현 각간(첫째 등급의 관직)은 김씨인데, 맏아들은 유신이며 그 아우는 흠순이다. 맏누이는 보희로 아명(아이 때의 이름)이 아해였고, 그 아래 누이는 문희로 아명이 아지였다. 유신공은 진평왕 17년(595년)에 태어났다. 김유신은 칠요(일·월·화·수·목·금·토)의 정기를 타고 났으므로, 등에는 북두칠성의 무늬가 있었다. 그에게는 참으로 신기하고 이상한 일들이 많았다.

유신은 열여덟 살 때 검술을 연마하여 국선이 되었다. 그때 백석이라는 자가 어디 출신인지는 모르지만 몇 년간 화랑의 무리에 속해 있었다. 유신랑은 고구려와 백제를 치기 위해 밤낮으로 계획을 세우는 데 몰두했다. 백석이 그 같은 사실을 알고 유신에게 다가가 말했다.

"저와 함께 먼저 저 나라들을 몰래 살펴본 후에 도모하는 것이 어떻겠습니까?"

유신은 기뻐하며 백석을 데리고 밤길을 나섰다. 마침 고갯마루에서 쉬려고 할 때 두 여자가 유신을 따라왔다. 그리고 골화천에서 하룻밤을 머물렀는데, 또 한 여자가 나타났다. 유신이 세 처녀들과 즐겁게 이야기를 나누었는데, 처녀들이 맛좋은 과자를 내놓고 대접하자 유신은 받아먹으면서 마음이 서로 통하게 되었다. 이에 유신이 길 떠난 사정을 말하자 처녀들은 조용히 속삭이며 말했다.

"우리는 공이 하려는 이야기를 이미 알고 있습니다. 백석을 잠시 따돌리시고 함께 숲 속으로 가시지요. 긴히 드릴 말씀이 있습니다."

함께 숲으로 들어갔더니, 여자들이 금방 신령으로 변해 말했다.

"우리는 나림(경주의 남산), 혈례(경주의 부산), 골화(경주의 금강산) 세 곳의 호국신이오. 지금 적국 사람이 그대를 유인하고 있는데, 그대는 이것도 모르고 따라가고 있소. 이에 우리는 그대를 만류하러 여기까지 온 것이오."

말을 마치자 이들은 곧 사라졌다. 유신이 이 말을 듣고 놀라 엎드려 공손히 두 번 절한 후 숲 속에서 나왔다. 그리고 골화관 숙소에서 백석에게 말했다.

"지금 다른 나라로 가면서 꼭 필요한 문서를 가지고 오지 않았소. 나와 함께 집으로 돌아가 가지고 옵시다."

집에 돌아오자 유신은 곧 백석을 묶어 놓고 고문하며 물으니, 백석이 대답했다.

"나는 본래 고구려 사람이오. 우리 고구려에서는, '신라의 김유신은 점쟁이 추남이 환생하여 태어난 자'라 말하고 있소."

유신이 그게 무슨 말인지 몰라 그 사연을 묻자, 백석이 대답했다.

"어느 날 국경 근처에서 물이 낮은 데서 높은 데로 흘렀소. 하여 왕이 추남이라는 점쟁이에게 점을 치게 했더니, 그가 왕에게 이렇게 아뢰었소. '이는 대왕의 부인께서 음양의 도리를 거슬러서(남녀가 거꾸로 성행위를 했다는 뜻) 나타난 일입니다.' 왕은 놀라 괴상하게 여겼고, 잔뜩 화가 난 왕비는 이를 요사한 여우가 하는 말이라고 하면서 왕에게 다시 다른 일을 가지고 시험해 봐서 그 말이 틀리면 엄중한 형벌을 내리자고 했소. 그래서 쥐 한 마리를 상자 속에 넣고는 '이것이 무슨 물건이냐?'라고 물었는데, 추남은 '이건 틀림없이 쥐요. 그리고 여덟 마리요.'라고 했소. 왕은 '그 말이 틀렸다.' 하면서 바로 추남을 사형에 처하려 했소. 그러자 그가 단호히 말했소. '나는 죽은 후에 다시 태어나 대장군이 되어 반드시 고구려를 멸망시킬 것이다.'

이후 그의 목을 베고 나서 쥐를 잡아 배를 갈라 보았더니 새끼가 일곱 마리였소. 그제야 그의 말이 맞았음을 알게 되었소. 그날 밤 왕의 꿈에 추남이 신라 서현공(김유신의 아버지)의 부인 품속으로 들어가는 걸 보았소. 왕이 여러 신하들에게 이 꿈을 말했더니, 모두 이렇게 말했소. '추남이 고구려를 망하게 하겠다는 소원을 말하고 죽더니 과연 맞았나이다.' 그래서 나를 이곳으로 보내어 당신을 유인하는 계획을 꾸민 것이오."

유신이 이에 백석을 처형하고 갖은 음식을 갖추어 세 신령에게 제사 지내니, 신령들이 모두 모습을 드러내어 제사를 받았다. (중략)

제54대 경명왕 때에 김유신을 흥무대왕으로 높여 받들었다. 그의 무덤은 서산 모지사 북동쪽으로 뻗은 봉우리에 있다.

이 이야기에 따르면, 김유신은 18세에 국선이 된다. 국선은 화랑의 최고 통솔자를 이르는 말이다. 김유신은 15세 때 화랑이 되고, 18세 때 국선이 되었다. 당시 신라는 백제와 고구려로부터 계속 침입을 받아 시달리고 있었다. 그래서 김유신을 비롯한 신라의 화랑들은 모두 두 나라의 침략을 물리치는 데 앞장서고자 했다. 그런데 김유신을 자기 나라에서 억울하게 죽은 점쟁이 추남의 환생으로 본 고구려는 첩자인 백석을 보내 김유신을 유인해서 제거하려고 했다는 것이다.

사실 당시 삼국은 적국에 첩자를 심어 놓는, 즉 첩보전을 충분히 펼쳤을 것이다. 이 과정에서 김유신 같은 중요한 인물은 당연히 으뜸가는 '제거 대상'이었을 것이다. 그러나 유신은 신령의 도움으로 위기를 극복한다. 즉 위대한 인물이기에 신령이 보호해 준 것이다. 김유신은 왕이 아닌데도 훗날 '대왕'으로 높임을 받을 정도로 뛰어난 인물이 아니던가. 그것이 바로 이 설화의 핵심이라 할 수 있다.

10 삼국 통일의 문을 연 무열왕

    29대 태종 무열왕은 진골 출신으로서는 최초로 왕이 되었으며, 이후 그의 직계가 왕위를 세습할 정도로 많은 업적을 남긴다. 그는 안으로는 김유신의 도움을 받아 강력한 왕권을 확보하고 정치·사회적 개혁을 추진했으며, 밖으로는 나·당 연합을 성사하여 백제를 멸망시키는 등 삼국 통일의 문을 열었다.

    제29대 태종대왕의 이름은 춘추요, 성은 김씨다. 아버지는 문흥대왕으로 추봉된 각간 용수[용춘]였고, 어머니는 진평대왕의 딸 천명 부인이었다. 왕비는 문명왕후 문희로, 곧 김유신의 막내 누이다.

    어느 날 언니 보희가 꿈에 서악에 올라가서 오줌을 누었는데 오줌이 서울에 가득 찼다. 다음 날 아침 동생 문희에게 꿈 이야기를 했더니, 문희가 말했다.

"내가 그 꿈을 살게."

"꿈 값으로 뭐 줄래?"

"비단 치마 어때?"

"좋아."

문희가 옷깃을 벌리며 꿈을 받아들이려 하자, 언니가 말했다.

"어젯밤 꿈을 너에게 준다."

그리고 동생은 꿈을 사는 대가로 비단 치마를 언니에게 주었다.

열흘쯤 뒤인 정월 상오일(음력 정월의 첫 번째 말의 날)에 유신이 춘추공과 함께 자기 집 앞에서 공을 차다가 일부러 춘추공의 옷고름을 밟아 옷고름이 뜯어지게 하고는 말했다.

"저의 집에 들어가 꿰매시지요."

춘추공은 그 말대로 따랐다. 유신이 아해(보희)에게 꿰매어 드리라고 하자, 보희는 사양하며 말했다.

"어떻게 이리 사소한 일로 귀공자에게 함부로 접근하겠습니까?"

이에 유신은 동생 아지(문희)에게 꿰매도록 시켰다. 춘추공이 유신의 뜻을 알고 마침내 그녀와 사랑하게 되었다. 그리고 그다음부터는 자주 왕래했다. 얼마 후 문희는 아이를 가졌다. 그러자 유신은 문희를 꾸중했다.

"네가 부모님께 말씀드리지도 않고 아이를 갖다니, 이 무슨 일이냐?"

그는 화를 내면서 문희를 곧 태워 죽일 거라고 소문을 냈다.

하루는 선덕여왕이 남산에 놀러 나간다는 걸 알고 일부러 마당에 장작을 쌓고 불을 지폈다. 여왕이 멀리서 보고 저게 무슨 연기냐고 물었다. 신하들이 아뢰었다.

"아마도 유신이 누이동생을 태워 죽이려는 것 같습니다."

여왕이 그 까닭을 물었다.

"누이동생이 남편도 없이 임신했기 때문이라고 합니다."

"아이를 갖게 한 게 누구의 소행이냐?"

이때 마침 춘추공이 여왕을 가까이서 모시고 있다가 얼굴빛이 크게 바뀌었다. 여왕이 눈치를 채고 말했다.

"네 소행이로구나. 빨리 가서 구해 주거라!"

춘추공이 이 명령을 받고 말을 타고 달려가 여왕의 분부를 전달하고 불태워 죽이는 일을 막았다. 그러고는 정식 혼례를 치렀다.

진덕여왕이 죽자, 춘추공이 왕(무열왕)이 되어 8년 동안 나라를 다스리다 59세에 세상을 떴다(661년). 애공사 동쪽에 장사 지내고 그곳에 비를 세웠다. 무열왕은 유신과 힘을 합해 뛰어난 계책으로 삼한을 통일하고, 나라에 큰 공로를 세웠으므로 묘호를 태종이라 했다. 태자 법민과 각간 인문 등 여섯 아들은 모두 문희가 낳은 자식들이니, 옛날 꿈을 산 징표가 여기에서 나타난 것이다.

왕의 식사는 하루에 쌀 서 말과 수꿩 아홉 마리였다. 백제를 멸망시킨 후로는 점심을 없애고 아침과 저녁만 먹었는데, 그래도 이를 합하면 하루에 쌀 여섯 말과 꿩 열 마리였다. 이 당시 시장의 물가는 베 한 필에 벼 삼십 석 혹은 오십 석이었으니, 백성들은 태평성대라고 일컬었다.

왕이 태자로 있을 때에 고구려를 치기 위해 군사를 청하러 당나라에 들어갔다. 당나라 태종이 그의 풍채를 칭찬하며 '신성한 사람'이라고 부르며 꼭 자기 옆에 머물게 해서 신하로 삼으려 했으나, 그는 애써 간청하면서 마침내 돌아왔다.

김춘추와 문희의 결혼은 김유신의 계략으로 이루어진 정략 결혼이었다. 언니 보희가 동생 문희에게 꿈을 판 것이며, 문희가 김춘추의 옷고름을 꿰매 주면서 둘이 사랑하게 된 이야기는 《삼국사기》에도 그대로 나온다. 다만, 《삼국사기》에서는 김춘추가 청혼하여 혼례를 했다고 나오는데, 《삼국유사》에서는 김유신이 임신한 문희를 거짓으로 태워 죽이려는 소동을 벌인 후에 결혼하는 것으로 나오는 점이 다르다.

당시 상황에서 김춘추와 김유신 두 집안의 결혼은 아주 파격적인 일이었다. 왜냐하면 김춘추가 비록 성골은 아니어도 진골 왕족이자 왕위 계승자인데 비해, 김유신 집안은 신라에서는 비주류인 가야계 귀족에 불과했기 때문이다.

먼저 김춘추 집안을 살펴보자. 24대 진흥왕의 맏아들 동륜이 일찍 죽었기 때문에 그의 동생 사륜이 진흥왕의 뒤를 이어 25대 진지왕이 된다. 그러나 진지왕은 곧 물러나고, 그 뒤를 이어 동륜의 아들이 26대 진평왕으로 즉위한다. 즉 왕위가 동륜계와 사륜계로 서로 엇갈려 계승되었는데, 진지왕은 동륜계에 의해 폐위당한 것으로 추측되고 있다. 여기서 동륜계인 진평왕의 뒤를 이은 사람은 27대 선덕여왕과

28대 진덕여왕이었는데, 그 명분은 성골이라는 것이었다.

김춘추의 아버지 용춘은 사륜계로, 진지왕의 아들이었으나 왕위를 잇지 못해 진골이 되었다. 하지만 선덕여왕 시절 정치적으로 각간에 이르렀고, 그의 아들인 김춘추는 김유신과 더불어 진덕여왕을 옹립하는 데 큰 역할을 하여 실권자로 자리 잡았다.

한편, 김유신 집안은 당시 신라에서 보면 비주류인 금관가야의 왕손이었다. 그러니 아무리 김유신이 군사적으로 크게 활약했다 한들 신분상으로는 신라 왕실의 정통 계열인 김춘추 집안과는 함께할 수 없는 처지였다. 신분적인 한계가 있던 김유신으로서는 김춘추와 혼맥을 맺어 신라 귀족 사회의 핵심으로 인정받기를 절실히 원했을 것이다.

이렇게 두 사람의 결합 이후 그들은 거칠 것이 없었다. 김춘추가 정치적 입지를 굳혀 가는 동안 김유신은 군부를 확실히 장악했기 때문이다. 그러다가 진덕여왕이 죽자 김춘추는 왕위를 잇게 된다. 이제 바야흐로 무열왕과 김유신 두 사람의 시대로 접어드는 순간이었다. 이 두 사람 사이가 얼마나 견고했는가는 무열왕이 자신의 셋째 딸을 김유신에게 시집보내 김유신과 이중의 혼맥을 맺은 일화에서도 잘 나타난다.

11 삼국 통일을 완성한 문무왕

　무열왕의 뒤를 이은 문무왕(661~681년) 시절 신라는 고구려마저 멸망시키고 백제 부흥 운동을 막아내는 한편, 한반도 지배를 꿈꾸는 당을 몰아내는 전쟁을 벌여 결국 삼국 통일을 이루어 낸다. 특히 당과의 전쟁은 매우 어려운 일이었다. 여기서 일연은 '명랑 법사'라는 밀교 스님의 신통력으로 당군을 물리쳤다는 설화를 들고 나온다.

① 명랑 법사의 술법

문무왕이 즉위한 지 8년이 되던 해, 왕은 김인문(문무왕의 동생), 김흠순(김유신의 동생) 등과 함께 군사를 거느리고 당나라 군대와 연합하여 평양을 공격하고 고구려를 멸망시켰다(668년). 이때 당나라의 장수 이적은 고구려 보장왕을 사로잡아 당으로 돌아갔다.

그런데 고구려 멸망 후에도 당나라의 유격 부대는 돌아갈 생각은 않고 남아 있으면서 이제는 신라까지 치려고 했다. 이런 낌새를 알아챈 문무왕은 곧 군사를 일으켰다. 이듬해에 당 고종은 당에 있던 김인문을 불러 꾸짖으며 말했다.

"너희가 우리 군사를 청해서 고구려를 토벌했는데, 이제 와선 우리 군사를 공격한단 말인가? 이게 있을 수 있는 일인가?"

그러고는 곧 김인문을 옥에 가두었다. 그리고 설방 장군을 대장으로 삼아 50만 대군으로 신라를 치려고 했다. 이때 당에 유학 중인 의상 법사가 갇혀 있는 김인문을 찾아가니, 김인문이 의상 법사에게 이 사실을 알려 주었다. 의상은 바로 귀국해서 문무왕에게 알렸다. 왕은 염려해서 대신들에게 막을 계책을 물었다. 이에 각간 김천존이 말했다.

"요사이 명랑 법사가 용궁에 들어가서 비법을 받아 왔다 들었습니다. 그의 의견을 듣는 게 좋을 듯합니다."

명랑 법사가 와서 왕에게 아뢰었다.

"낭산 남쪽에 신유림(신들이 노니는 숲)이 있는데, 그곳에 사천왕사를 짓고 수행할 도량을 열면 될 것입니다."

바로 그때 정주(경기도 개풍 지방)에서 사람이 달려와 급하게 보고했다.

"수많은 당나라 군사들이 우리나라 국경을 넘어와 바다 위에 머물고 있습니다."

더욱 초조해진 왕이 명랑 법사를 불러 말했다.

"일이 너무 촉박하게 되었으니 어떻게 하면 좋겠소?"

"먼저 임시로 채색 비단을 가지고 절을 만들면 될 것입니다."

그리하여 왕은 채색 비단으로 절을 짓고, 다섯 방향의 신상(신의 모습을 조각한 상)을 풀로 엮어 모셨다. 그리고 명랑은 마귀를 물리치는 신통력 있는 밀교 스님 열두 명과 함께 '문두루(밀교 이시 중 하나)' 주문을 외우며 술법을 폈다. 이때는 아직 당나라 군사와 신라 군사가 싸우기도 전인데 풍랑이 사납게 일어 당나라 배가 모두 침몰되고 말았다. 뒤에 절을 고쳐 지어 사천왕사라 했는데, 지금도 그 절이 없어지지 않았다.

그 뒤 당나라는 다시 조헌이 이끄는 군사 5만을 보내 신라를 치게 했다(671년). 이번에도 그 술법을 썼더니 배들이 그전처럼 침몰했다. 이 무렵 당나라에는 외교관 박문준도 김인문과 함께 옥중에 있었는데, 당 고종이 박문준을 불러 말했다.

"너희 나라에 무슨 비밀 술법이 있기에, 두 번이나 큰 군사를 동원했는데도 살아 돌아온 자가 없는가?"

박문준은 이렇게 말했다.

"저희들이 이곳에 온 지 10년이나 되어서 국내의 사정은 잘 알지 못합니다. 다만, 한 가지 들은 바가 있어 말씀드립니다. 우리 신라는 당나라의 은혜에 힘입어 삼국을 통일할 수 있었습니다. 이에 그 은덕에 보답하기 위해 새로 낭산 남쪽에 천왕사를 짓고 황제 폐하의 만수무강을 축원하면서 예불을 드린다고 합니다."

고종이 이 말을 듣고 기뻐하며 바로 예부시랑 악붕귀를 신라에 보내 그 절을 살펴보고 오게 했다. 문무왕은 당나라 사신이 온다는 소문을 듣고 이 절을 보여서는 안 될 것 같아서 서둘러 새 절을 지어 놓고 기다렸다. 당의 사신 악붕귀가 와서 말했다.

"황제를 위해 축원한다는 천왕사에 가서 먼저 분향하고 싶소."

신라에서는 악붕귀를 새로 지은 절로 안내했다. 그러자 그는 절에 들어가려 하지 않고 대문 앞에 버티고 선 채 큰 소리로 말했다.

"이건 사천왕사가 아니잖소."

그러면서 그는 멀리 덕요산에 있는 절을 바라보며 끝내 들어가지 않았다. 신라에서는 그에게 황금 천 냥을 뇌물로 주었더니 악붕귀는 당에 돌아가 대충 아뢰었다.

"가서 보니 신라가 천왕사를 세워서 황제 폐하의 만수무강을 축원하고 있는 게 사실이었습니다."

그 후로 천왕사 옆에 새로 지은 그 절은 악붕귀의 말대로 덕요산을 바라보고 있는 절이라는 의미로 '망덕사'라고 했다.

문무왕은 박문준이 황제에게 대답을 잘해서 당나라 황제가 죄인들을 관대하게 처분할 뜻이 있다는 말을 들었다. 이에 문장의 대가인 강수에게 명해 김인문의 석방을 청하는 글을 짓도록 하고, 비서격인 원우를 시켜 이 글을 황제에게 올렸다. 황제가 글을 보고 감동하여 김인문을 사면하고 위로하며 고국으로 보내 주었다.

그러나 김인문은 오랜 억류 생활 끝에 풀려나 돌아오는 길에 그만 바다에서 죽고 말았다. 김인문이 당나라 감옥에 있을 때 신라 사람들이 그를 위해 절을 짓고, 그 절 이름을 '인용사'라 하고 관음 도량을 열었는데, 그가 귀국 길에 죽자 관음 도량을 '미타 도량'이라 고쳐서 불렀다. 이 절은 지금도 남아 있다.

문무왕의 수중릉으로 추정되는 대왕암 바위(경주 감포 앞바다에 있음)

② 왕의 유언

문무대왕은 나라를 다스린 지 21년째 되던 해에 돌아가셨는데(681년), 죽기 전에 자신을 동해 가운데의 큰 바위 위에 장사 지내라고 유언 했다. 왕은 생전에 늘 지의 법사에게 이렇게 말했다.

"나는 죽은 후 나라를 지키는 큰 용이 되어 부처님의 가르침을 받들고 국가를 지키려 하오."

"용은 짐승의 업보를 받는 것인데, 그래도 좋겠습니까?"

"나는 세상의 부귀영화를 싫어한 지가 오래되었다오. 만일 나의 업보 로 인해 짐승이 된다면 그것도 바로 내 뜻이오."

③ 의상 대사의 충고

문무왕이 즉위해서 남산에 넓은 창고를 세워, 그곳에 쌀과 병기를 저장했다. 이것이 오른쪽 창고이고, 천은사 서북쪽 산 위에 있는 것이 왼쪽 창고다. 또 서울에 성곽을 쌓으려고 책임자를 임명하라 명령했는데, 그때 의상 법사가 이 말을 듣고 글을 올려 아뢰었다.

"왕의 정치와 교화가 밝으면 비록 풀 언덕에 금을 긋고 성이라 불러도 백성이 감히 넘어오지 않을 것이고, 재앙을 물리치고 복이 오게 할 것입니다. 그러나 만일 정치와 교화가 밝지 못하면 비록 만리장성이 있더라도 재해를 없애지 못할 것입니다."

왕은 이에 곧 노역시키는 일을 중지했다.

신라의 삼국 통일은 29대 무열왕과 김유신의 합작으로 시작되었으며, 30대 문무왕 시절 완성된다. 문무왕의 이름은 김법민인데, 무열왕과 문희(김유신의 여동생)의 맏아들이다. 그는 태자 시절 줄곧 당나라에 있다가 통일 전쟁이 시작되는 660년에 당나라 군대를 따라 귀국했다. 그리고 이듬해 아버지가 죽자 왕위에 올랐다.

신라는 삼국 통일 과정에서 당이라는 외세를 끌어들였다는 비판에서 자유로울 수 없다. 하지만 이 설화대로 신라마저 정복하려는 야욕을 드러낸 당나라에 과감히 맞서 나라를 당의 지배로부터 지켜 냈다. 그 주인공이 바로 문무왕이다. 문무왕이 당에 맞서 싸우자, 당은 그의 동생 김인문을 신라의 왕으로 임명하며 신라를 압박했다. 그러나 신라군은 매소성에서 당나라군 20만 명을 격파하고, 기벌포에서 당의 수군을 크게 이겨서 이후 당나라가 더 이상 침략할 의지를 잃게 만들었다.

일연은 문무왕이 당나라군을 몰아낸 과정을 밀교 승려 명랑 법사의 신통한 주술 덕택인 것처럼 이야기하고 있다. 이는 불교의 신통력에 의지해서 삼국 통일을 이루었다는 점을 강조하고 싶어서 그런 것으로 보인다. 또 일연은 죽은 뒤에 용이 되어 나라를 지키겠노라고 하는 문무왕의 호국 정신, 그리고 백성들을 고통스럽게 하지 않는 것이 이상적인 정치라는 메시지도 함께 전하고 있다.

12 거친 풍파를 잠재우는 피리, 만파식적

문무왕의 장남이던 31대 신문왕(681~692년)은 즉위 후 반란을 모의한 장인 김흠돌 등 귀족 세력을 대대적으로 숙청했으며, 또한 정치·경제·교육·군사 등 여러 방면에서 제도를 정비했다. 이후 신라는 안정된 왕권을 바탕으로 번영을 누린다. 만파식적(거친 물결을 잠재우는 피리) 설화는 이런 태평성대를 상징하고 있다.

제31대 신문대왕의 이름은 정명이요, 성은 김씨다. 681년에 왕위에 오른 그는 아버지 문무대왕을 기리기 위해 동해 바닷가에 감은사를 지었다. 이듬해 5월 초하룻날, 해상을 관리하는 파진찬(넷째 등급의 관직) 박숙청이 아뢰었다.

"동해 가운데 작은 산 하나가 떠서 감은사를 향해 오는데, 물결을 따라 왔다 갔다 합니다."

왕이 이를 이상하게 여겨 일관에게 점을 쳐 보라고 했더니, 이렇게 아뢰었다.

"돌아가신 선왕께서 지금 바다의 용이 되어 나라를 수호하고 계십니다. 또 김유신 공도 33천(세계의 중심에 있는 신들의 세계)의 한 분이신데, 인간 세상에 내려와 대신이 되었습니다. 이 두 분 성인께서 함께 나라를 지키는 보물을 주시려 하니, 만일 폐하께서 해변으로 나가 보신다면 반드시 값으로 매길 수 없는 큰 보물을 얻으실 것입니다."

왕이 기뻐하며 그 달 7일에 이견대(경북 경주시 감포읍 대본리 감은사 터 근처로 추정)라는 누각으로 가서 그 산을 바라보며 사람을 보내 살펴보게 했다. 산 모양은 거북의 머리처럼 생겼고, 그 위에 대나무 한 그루가 있는데 낮에는 둘이 되었다가 밤엔 하나로 합쳐졌다[어떤 사람은 산도 역시 대나무처럼 낮에는 벌어지고 밤에는 합해졌다 한다.].

섬을 보고 온 사람이 와서 이 사실을 왕께 아뢰었다. 왕은 감은사로 가서 묵었다. 이튿날 오시(오전 열한 시부터 오후 한 시까지)에 갈라졌던 대가 합쳐져 하나가 되자, 천지가 진동하고 비바람이 몰아치면서 어두워지더니 7일 동안이나 그랬다. 그달 16일에 이르러서야 바람이 자고 물결이 평온해졌다.

왕이 배를 타고 그 산으로 들어가니 용이 검정 옥대를 가져와 바쳤다. 왕은 반갑게 용과 같이 앉아서 물었다.

"이 산과 대나무가 어떤 때는 갈라지고 어떤 때는 합해지니, 무슨 까닭인가?"

용이 대답했다.

"이것은 비유하자면 한 손으로 치면 소리가 안 나고, 두 손으로 치면 소리가 나는 것과 같습니다. 이 대나무라는 것도 합해진 뒤에야 소리가 나는 겁니다. 이는 훌륭한 임금이 소리로써 천하를 다스리게 될 상서로운 징조입니다. 대왕께서 이 대나무를 가져가 피리를 만들어 불면 천하가 화평해질 것입니다. 지금 선왕께서는 바다의 큰 용이 되셨고, 김유신도 다시 천신이 되셔서 두 분 성인이 마음을 합해서 이처럼 값으로 칠 수 없는 큰 보물을 저를 시켜 바치게 한 것입니다."

왕은 놀랍고도 기뻐서 오색 비단과 금과 옥을 용에게 주고, 사람을 시켜 대나무를 베어 오게 하고는 바다에서 나왔다. 그때 갑자기 산과 용은 사라지고 말았다. 왕은 감은사에서 하루를 묵고 17일에는 기림사 서쪽 냇가에서 수레를 멈추고 점심을 들었다.

이때 태자 이공(후의 효소대왕)이 대궐을 지키다가 이 소문을 듣고는 말을 타고 달려와 축하의 예를 갖추며 천천히 살펴보고 아뢰었다.

"이 옥대의 눈금들은 모두 진짜 용입니다."

"네가 어찌 아는가?"

"눈금 한 개를 따서 물에 넣어 보면 보이실 것입니다."

곧 왼쪽의 둘째 눈금을 따서 시냇물에 넣으니 바로 용이 되어 하늘로 올라가고 그 땅은 못이 되었다. 그래서 그 못을 '용연'이라 부르게 되었다.

왕은 궁궐로 돌아와서 그 대나무로 피리를 만들어 월성의 천존고(신라 때, 나라의 보물을 보관하던 창고)에 간직했다. 이 피리를 불면 적병이 물러가고, 병이 낫고, 가뭄에는 비가 오고, 비가 올 때는 개였으며, 바람이 가라앉고, 파도가 평온해졌다. 그래서 이름을 '만파식적'이라 붙였고, 국보로 삼았다.

[감은사의 기록에는 이런 내용이 있다. 문무왕이 왜병을 진압하기 위해 처음 이 절을 짓다가 공사를 마치지 못하고 돌아가셔서 바다의 용이 되었다. 그 아들 신문왕이 그 이듬해에 공사를 마쳤다. 절의 법당 문지방 아래에 동쪽으로 구멍을 하나 뚫어 두었다. 이는 용이 절에 들어와 똬리(둥글게 빙빙 틀어 놓은 모양)를 틀 수 있도록 한 것이라고 한다. 유언으로 유골을 간직한 곳은 '대왕암'이라 하고, 절은 '감은사'라 했으며, 뒤에 용이 나타난 걸 본 곳은 '이견대'라 했다 한다.]

만파식적 설화는 《삼국사기》에도 간단히 소개되어 있다. 김부식은 이 내용이 괴이쩍어서 믿을 수 없다고 했지만, 고려 때까지도 널리 알려져 있었던 것으로 보인다.

감은사 터. 옛 법당 아래에 구멍(용혈)을 내어 용이 드나들게 했다고 한다.

7세기 후반 신문왕이 통치하던 시기는 외적의 침입이나 전쟁이 없던 평화로운 시대였다. 이러한 평화가 가능하게 된 것은 삼국 통일을 이룬 아버지 문무왕과 외할아버지 김유신 덕분이었다.

이제 신문왕이 할 일은 이후로도 이러한 태평성대가 계속 이어지도록 기원하고, 또한 안일함에 빠져들지 않도록 경계하는 것이었다. 따라서 신라 사람들은 바다의 용이 된 문무왕과 하늘의 별이 된 김유신, 이 두 성인에게 나라를 계속 지켜 주도록 간절히 소망했을 것이다. 그런 소망이 담겨진 설화가 곧 만파식적 설화라 할 수 있다. "피리를 불면 적병이 물러가고, 병이 낫고, 가뭄에는 비가 오고, 비가 올 때는 개였으며, 바람이 가라앉고, 파도가 평온해졌다."라고 하는 만파식적은 신라인들의 자부심과 소망이 함께 어우러진 신물이었던 셈이다. 신기하게도 감은사 터에 있는 옛 법당 아래의 섬돌에는 실제로 많은 구멍이 뚫려 있다. 정말로 당시 사람들이 용이 다닐 출입문이라 생각해서 그렇게 만들었을까, 궁금해진다.

13 용도 탐낸 미모의 수로 부인

　삼국 통일을 이룬 신라는 번영의 길을 걸었다. 특히 8세기, 33대 성덕왕(702~737년)부터 35대 경덕왕(742~765년)까지 가장 번영했다. 그래서인지 《삼국유사》에는 이때의 이야기가 유난히 많이 실려 있다. 다음은 성덕왕 시절, 동해 바닷가를 배경으로 한 수로 부인의 설화다.

　제33대 성덕왕 때 순정공이 강릉 태수로 부임해 가던 길에 바닷가에서 점심을 먹게 되었다. 그 곁에는 바위 봉우리가 병풍처럼 둘러쳐져 바다를 굽어보고 있고, 높이가 천 길이나 되는 낭떠러지 위에는 철쭉꽃이 활짝 피어 있었다. 순정공의 부인 수로가 그 꽃을 보고 시종들에게 말했다.

　"저 꽃을 꺾어다 줄 사람, 누구 없을까?"

　시종들이 말했다.

　"사람의 발길이 닿기 어려운 곳입니다."

　그러면서 모두들 할 수 없다고 피했다.

　그때 한 노인이 암소를 끌고 지나가다가 부인의 말을 듣고는 그 꽃을 꺾어 와서 노래까지 지어 바쳤다. 그 노인이 어떤 사람인지는 알 수 없으나, 그가 부른 〈헌화가〉는 이러하다.

자줏빛 바위 가에

　　잡은 암소 놓게 하시고

　　나를 아니 부끄러워하시면,

　　꽃을 꺾어 바치오리다.

다시 이틀쯤 길을 가다가 임해정이라는 정자에서 점심을 먹을 때였다. 바다의 용이 갑자기 부인을 끌고 바다 속으로 들어갔다. 순정공이 뒹굴면서 땅을 쳐보아도 어찌할 방법이 없었다. 그때 또 한 노인이 나타나 말했다.

"옛사람의 말에 여러 사람의 말은 쇠도 녹인다 했으니, 바다 속 짐승인들 어찌 여러 사람의 입을 겁내지 않겠습니까? 이 지역에 사는 백성들을 모아 노래를 지어 부르고 막대기로 언덕을 치면 부인을 다시 볼 수 있을 것입니다."

순정공이 그 말대로 따라 했더니, 용이 부인을 모시고 바다에서 나와 그에게 바쳤다. 순정공이 부인에게 바다 속의 일을 물었더니, 부인이 대답했다.

"궁전은 일곱 가지 보물로 장식했고, 음식은 달콤하고 향기로워 도저히 인간 세상의 음식이 아닙니다."

또한 부인의 옷에서는 이상한 향기가 풍겼는데, 이 세상에서는 맡아보지 못한 향기였다. 수로 부인의 용모는 세상에 없을 정도로 아름다워서 깊은 산이나 큰 연못을 지날 적마다 여러 번 귀신이나 영물들에게 붙잡혀 갔다. 여러 사람들이 〈해가〉를 불렀는데, 그 가사는 이렇다.

거북아, 거북아! 수로 부인을 내놓아라.
남의 부녀를 빼앗아간 죄 얼마나 큰 줄 아느냐.
네가 만약 말 안 듣고 내놓지 않는다면
그물로 너를 잡아 구워서 먹겠다.

성덕왕 때는 비록 가뭄과 홍수가 잦긴 했지만 평화롭고 태평한 시대였다. 그래서였을까? 그런 분위기에 어울리는 천진난만하고 어여쁜 여인, 수로 부인이 주인공으로 등장하고 있다.

앞부분은 수로 부인과 노인, 그리고 꽃과 꽃을 바치는 노래가 중심이다. 벼랑 위에 핀 철쭉꽃을 갖고 싶어 하는 아름다운 부인을 위해 암소를 끌고 가던 노인이 올라가 그 꽃을 꺾어 바치면서 노래도 함께 지어 부른다. 그 노래가 향가로 된 〈헌화가〉였다.

노인은 무엇을 위해 낭떠러지 위를 올라가 꽃을 꺾어 왔을까? 아름다운 여인에 대한 순수한 사랑의 고백을 하려고 그랬을 수도 있다. 그러나 학자들은 〈헌화가〉를 무당들이 굿을 하면서 불렀던 꽃노래로 보기도 한다. 그렇다면 수로 부인은 무당이고, 노인은 산신이라 해석할 수도 있을 것이다.

뒷부분은 수로 부인과 용, 그리고 〈해가〉와 용궁이 중심을 이룬다. 앞에서 나온 노인은 수로 부인을 위해 꽃을 바치지만, 여기서는 용이 아름다운 수로 부인의 모습에 반해 그녀를 끌고 바다로 들어간다. 여기서 흥미로운 것은 바다 속을 구경하고 나온 여인의 반응이다. 남편의 걱정은 아랑곳하지 않고 천연덕스럽게 바다 속의 황홀함을 전하고 있다. 자신을 억지로 끌고 들어갔던 용에게는 악의조차 보이지 않으면서 말이다.

공교롭게도 수로(水路, '물이 흐르는 길'이라는 뜻) 부인은 가야의 시조 수로(首露, '머리를 내밀고 있다'는 뜻)왕을 연상시킨다. 발음은 같지만, 뜻은 다르다. 그리고 수로 부인을 찾기 위해 만든 〈해가〉의 가사 역시 수로왕을 맞이하며 불렀다는 〈구지가〉와 비슷한 데가 있다. 가야의 수로왕부터 신라의 성덕왕까지는 약 700년의 세월이 흘렀다. 그러나 수로왕과 수로 부인을 맞이하는 분위기가 비슷해서였을까? 세월이 흘러도 노래는 비슷하다. 아마도 일을 하면서 불렀던 노동요 같기도 하다. 아니면 거북에게 머리를 내밀라고 하는 〈구지가〉에서, 또 수로 부인을 내놓으라고 하는 〈해가〉에서 남녀의 성기를 연상하게 되면서 성적인 상상력을 갖게 되기도 한다. 성적인 노래였기에 그토록 오랜 세월 이어져 올 수 있었다는 것이다. 그러나 그것도 역시 추측일 뿐이다.

14 여자로 태어났어야 할 혜공왕

    35대 경덕왕은 뒤늦게 아들을 얻었는데, 그가 바로 36대 혜공왕 (765~780년)이다. 하지만 혜공왕은 피살되었고, 이후 신라는 극심한 왕위 쟁탈전이 일어나는 등 쇠퇴기에 접어들었다. 왜 그렇게 되었을까? 여기서는 여자로 태어났어야 할 혜공왕의 운명을 억지로 바꾸었기 때문이라고 설명한다.

    경덕왕의 음경은 길이가 8촌인데 아들이 없었다. 그래서 왕비를 폐하고 사량 부인으로 삼은 다음 새 왕비를 맞았다. 새 왕비는 만월 부인이고 시호는 경수 태후인데, 의충 각간의 딸이었다.

왕이 하루는 표훈 대사를 불러 말했다.

"내가 복이 없어 이제껏 아들을 얻지 못했으니, 부디 대사께서는 상제께 청해서 아들을 얻게 해 주시면 좋겠소."

그러자 표훈이 하늘로 올라가 상제께 말씀드린 후 돌아와서 아뢰었다.

"상제께서 딸이면 몰라도, 아들은 안 된다고 하십니다."

"딸 대신 아들로 바꾸어 주었으면 좋겠소."

표훈이 다시 하늘로 올라가 청하니, 상제께서 말했다.

"그렇게 될 수는 있으나, 아들이 태어나면 나라가 위태로워질 것이다."

표훈이 하늘에서 내려오려고 할 때 상제께서 다시 불러 말했다.

"하늘과 인간 사이를 어지럽히면 안 되는데, 지금 대사는 이웃 마을 다니듯 하늘을 왕래하면서 천기를 누설했으니, 이후로는 다시 다니지 않도록 하라."

표훈이 내려와서 상제의 말로 왕을 타일렀으나, 왕이 말했다.

"나라가 위태로워도 아들을 얻어 뒤를 이으면 만족하겠소."

그 후 만월왕후가 태자를 낳으니 왕은 매우 기뻐했다. 태자가 여덟 살 때 왕이 돌아가셔서, 태자가 왕위에 올랐다. 이분이 혜공대왕이다. 왕의 나이가 어려 태후가 대신 정치를 해서인지 나라가 제대로 다스려지지 않았다. 도둑이 벌떼처럼 일어나는데도 미처 막아낼 수 없었다. 표훈 대사의 말이 그대로 들어맞은 것이다.

어린 임금은 원래 여자로 태어났어야 했는데 남자로 태어났기 때문에 첫돌부터 즉위할 때까지 언제나 여자가 하는 짓만 했다. 비단 주머니 차기를 좋아하고 도사 무리들과 함께 어울렸다. 그러므로 나라가 크게 어지러웠으며, 마침내는 선덕왕과 김경신에게 죽임을 당했다. 표훈 대사 이후로 신라에는 성인이 나지 않았다고 한다.

31대 신문왕의 두 아들은 32대 효소왕(692~702년)과 33대 성덕왕인데, 효소왕은 아들이 없어서 동생 성덕왕이 뒤를 이었다. 또 성덕왕의 두 아들은 34대 효성왕(737~742년)과 35대 경덕왕(742~765년)인데, 이 역시 효성왕에게 아들이 없어서 동생 경덕왕이 뒤를 이은 것이다.

그런데 왕위를 물려줄 마땅한 동생도 없었던 경덕왕은 대를 잇기 위해 아들 낳기를 학수고대했다. 아들이 없던 첫째 왕비를 폐하고 새 왕비를 맞을 정도였다. 그런데 둘째 왕비에게서도 10년이 넘도록 아들이 없었다.

상황이 이렇게 되자 경덕왕은 신통하기로 소문난 표훈 대사를 찾아가 부탁했다. 표훈은 의상 대사의 10대 제자 중 한 명이며, 신라 10대 성인의 대열에 드는 큰스님이다. 상제가 나라를 위태롭게 만든다고 경고했음에도 아들에 대한 왕의 집착은 막을 수 없었다. 결국 재위 17년째에 아들을 얻었는데, 그가 바로 혜공왕이다.

그런데 혜공왕은 어린 데다가 무능했기 때문에 김양상과 김경신 등 유력한 진골 권신들에 의해 죽임을 당하고 만다. 이로써 태종 무열왕 직계 자손의 왕위 계승은 끝이 났다. 이후로는 내물왕의 다른 후손이 왕으로 즉위하게 되었으며, 복잡한 왕위 다툼이 끊이질 않게 된다. 이렇게 신라 하대에 일어난 왕권 다툼의 난맥상을 일연은 여자로 태어날 혜공왕이 운명을 바꾸었기 때문이라고 설명한다. 운명론적으로 역사를 해석하는 그의 관점을 읽을 수 있다.

15 하늘의 도움으로 왕이 된 원성왕

37대 선덕왕(780~785년)부터 신라가 멸망하기까지의 150년 사이에는 스무 명의 왕이 교체되고, 그중 세 명의 왕은 내란으로 희생될 정도로 진골 귀족들 간의 권력 쟁탈전은 끊이지 않았다. 이번 설화는 이런 왕위 다툼을 보여 주는 이야기다.

김주원이 재상으로 있을 때였다. 김경신은 김주원의 바로 아래 직책을 맡고 있었다. 어느 날 김경신은 머리에 쓴 두건을 벗고 흰 갓을 쓰고서는 손에는 열두 줄의 가야금을 잡고 천관사 우물 속으로 들어가는 꿈을 꾸었다. 꿈에서 깬 그는 점쟁이를 불러 점을 쳤다. 점쟁이는 이렇게 말했다.

"두건을 벗는 것은 관직에서 쫓겨날 조짐이요, 열두 줄의 가야금을 잡은 것은 칼을 쓸 조짐이며, 우물에 들어간 것은 옥에 들어갈 조짐입니다."

그는 이 말을 듣고 매우 걱정되어 문을 잠그고 밖으로 나가지 않았다. 이때 아찬(여섯째 등급의 관직) 여삼[여산이라고도 한다.]이 와서 뵙자고 했으나, 그는 병을 핑계 대고 나가지 않았다. 다시 연락이 와서 꼭 한 번 뵙기를 바란다고 해서 김경신은 할 수 없이 그를 만났다. 여삼이 물었다.

"공께서는 무슨 일로 그렇게 근심하고 계십니까?"

김경신이 점쟁이에게 꿈을 해몽한 사연을 자세히 이야기했더니, 여삼이 일어나서 절하며 말했다.

"그건 좋은 꿈입니다. 왕이 되신 후에 저를 버리지 않겠다고 하신다면, 제가 해몽해 드리겠습니다."

이에 김경신은 옆의 사람들을 물리치고서 해몽해 줄 것을 청했다. 여삼이 말했다.

"두건을 벗음은 공의 윗자리에 아무도 없다는 뜻이요, 흰 갓은 면류관을 쓸 조짐입니다. 열두 줄의 가야금을 들었다는 것은 내물왕의 12대 자손(김경신을 말함)이 왕위를 이을 조짐이요, 천관사 우물에 들어감은 곧 궁궐에 들어갈 길조입니다."

"하지만 내 위에는 김주원이 있는데, 내가 어떻게 그의 윗자리에 앉을 수 있단 말이오?"

"비밀리에 북천의 신에게 제사 지내면 좋을 것입니다."

김경신은 그대로 행했다.

얼마 후 선덕왕이 세상을 뜨자 나라 사람들이 김주원을 왕으로 받들려 했다. 그러나 김주원의 집은 개천 북쪽에 있었는데, 갑자기 냇물이 불어 건널 수가 없었다. 김경신이 먼저 궁궐로 들어가 왕위에 올랐다. 김주원의 무리들까지도 모두 와서 이편에 붙으며, 새로 등극한 임금에게 축하 인사를 올렸다. 이분이 바로 제38대 원성대왕이시다. 꿈이 들어맞은 셈이다.

김주원은 지방인 명주로 물러났다. 김경신이 왕이 되었을 때 여산은 벌써 죽은 후였다. 왕이 여산의 자손을 불러 벼슬을 내렸다. 대왕은 진실로 잘되고 못되는 운명의 이치를 잘 알았기에 〈신공사뇌가〉라는 노래를 지었다[노래는 없어졌으므로 알 수 없다.].

왕의 아버지 대각간 효양이 선조에게서 전해 내려오던 만파식적을 간직했다가 왕에게 전했고, 왕은 이를 얻었다. 이 때문에 하늘의 은혜를 두텁게 입어서 그 덕이 먼 곳까지 빛을 발했다.

일본 왕 문경이 군사를 일으켜 신라를 치려고 하다가 신라에 만파식적이 있어 군사를 물리친다는 소문을 듣고는 사신을 보내 금 오십 냥으로 피리를 보자고 청했다(786년). 왕이 그 사신에게 말했다.

"내가 듣기로는 윗대 진평왕 때에 이 피리가 있었을 뿐, 지금은 어디 있는지 알 수 없소."

그 이듬해 7월, 일본은 사신을 다시 보내 금 천 냥으로 그것을 보자고 청했다. 만파식적을 보기만 하고 돌려주겠다고 했으나 왕은 똑같이 거절하고 은 삼천 냥을 그 사신에게 주었으며, 금도 돌려주고 받지 않았다. 8월에 그 사신이 돌아간 후 피리를 내황전에 간직했다.

왕이 즉위한 지 11년 되던 해에 당나라 사신이 서울에 와서 한 달 동안 머물다가 돌아갔다. 그들이 돌아간 다음 날 두 여인이 궁궐 안뜰로 들어와 아뢰었다.

"저희는 바로 동지와 청지 두 연못에 사는 용의 아내들입니다. 당나라 사신이 하서국 사람 두 명을 데리고 와서 저희 남편인 두 용과 분황사 우물의 용, 이렇게 세 용에게 주문을 걸어 작은 물고기로 변하게 하고는 통에 넣어 가지고 돌아갔습니다. 부디 폐하께서는 그 하서국의 두 사람에게 명해서 우리 남편들인 호국룡들을 이곳에 머물도록 해 주십시오."

왕이 하양관(경북 영천 지방)까지 그들을 쫓아가서 친히 잔치를 베풀어 주고 하서국 사람에게 말했다.

"너희들은 어찌해서 우리나라의 세 용을 잡아서 이곳까지 왔느냐? 만약에 사실대로 말하지 않는다면 사형에 처하겠다."

하서국 사람이 그제야 물고기 세 마리를 꺼내어 왕에게 바쳤다. 물고기를 세 군데에 놓아주도록 했더니, 각각 물에서 한 길이나 솟구치면서 기뻐하다가 가 버렸다. 이에 당나라 사신은 왕의 명철하고 거룩한 모습에 감복했다.

36대 혜공왕은 상대등 김양상과 이찬 김경신에 의해 피살되었다. 그리고 김양상은 37대 선덕왕으로 즉위했고, 김경신은 선덕왕 때 상대등이 되었다. 선덕왕이 5년 만에 죽자 김경신은 38대 원성왕(785~798년)으로 즉위한다. 이렇게 보면 김경신은 왕이 되기 전부터 이미 실세였다. 선덕왕조차 죽기 1년 전부터 왕의 자리를 내놓겠다고 할 정도로 그의 권력은 막강했다. 하지만 김경신에게는 김주원이라는 맞수가 있었다. 더구나 왕위 서열상 김경신은 김주원 다음이었다. 이런 가운데 선덕왕이 죽었다. 김경신이 김주원을 제치고 왕이 되기 위해서는 뭔가 합당한 명분이 필요했다.

김경신은 그 명분을 하늘에서 찾았다. 개천이 불어나서 김주원이 건너오지 못한 일은 하늘의 뜻이라는 것이다. 말하자면 왕위를 차지한 후 이렇게 합리화한 셈이다. 이후로 신라는 당분간 원성왕의 후손들이 왕위를 이어갔다. 그러나 김주원의 후손들 역시 왕위를 되찾겠다는 마음을 갖고 있었기에 피비린내 나는 왕권 다툼이 불가피했다.

이렇게 교묘한 술수로 왕위를 차지했지만, 원성왕은 상당히 능력 있는 왕이었다. 그것은 다음에 나오는 만파식적 이야기나 호국룡 이야기에서도 알 수 있다. 신문왕 이후 100년이나 지나서였을까? 원성왕은 만파식적을 처음 만든 왕을 진평왕이라고 착각한다. 하지만 만파식적을 보여 달라고 하는 일본의 요구를 능숙하게 거절할 정도로 똑똑한 왕이었다.

또한 당의 사신과 같이 온 하서국 사람 두 명이 신라를 지키는 용을 물고기로 바꿔서 병에 담아 가려는 것을 되찾았다는 이야기에서도 원성왕은 매우 결단력 있는 왕으로 나온다. 이 설화와 관련해서 지금까지도 경주의 분황사 석탑 옆에는 '삼룡변어정'이라 불리는 우물이 있다. 세 용이 물고기로 바뀐 우물이라는 뜻이다.

그런데 용을 물고기로 바꾼 하서국은 도대체 어느 나라인가? 학자들은 이슬람 국가로 추정하기도 한다. 왜냐하면 원성왕의 무덤이라고 추정되는 괘릉 앞에 이슬람인(서역인)의 석상이 있는데, 이 석상이 곧 하서국 사람으로 연관될 수 있기 때문이다. 아무튼 원성왕은 그 하서국 사람들에게서 호국룡들을 도로 찾아온, 능력과 위엄을 갖춘 왕이었다고 이 설화는 말하고 있다.

원성왕릉으로 추정되는 괘릉 입구의 석조 무인상. 통일 신라 시대 때 서역과 교류했음을 보여 준다.

16 배신당한 영웅, 장보고

해상 무역이 발달했던 통일 신라에서 평민 출신의 장보고(?~846년)는 청해진을 무대로 성장한 대상인이자, 남해안 일대의 군사력까지 장악한 '바다의 왕자'였다. 그러나 불행하게도 장보고는 중앙 정부에서 벌어진 왕위 다툼에 연루되어 피살되고 만다.

해상왕으로서 신라 귀족 사회를 개혁할 큰 그림을 그리지 못한 것은 그의 한계였지만, 그의 성장과 출세는 신라 하대에 일어난 신분 질서의 변동을 잘 보여 주고 있다.

제45대 신무대왕이 왕이 되기 전이었다. 그는 의협심이 많은 궁파(장보고)를 찾아가 이렇게 말했다.

"나에겐 이 세상에서 같이 살 수 없는 원수가 있소. 그대가 나를 위해 그를 없애 준다면, 내가 왕이 되었을 때 그대의 딸을 맞아 왕비로 삼겠소."

궁파가 이를 승낙하고, 힘과 마음을 같이해서 군사를 이끌고 서울로 들어가 일을 성공시켰다. 그는 왕이 된 후 궁파의 딸을 왕비로 삼으려 했다. 그러자 여러 신하가 적극 말렸다.

"궁파의 집안은 미천하여 대왕께서 그의 딸을 맞아 왕비로 삼는 것은 옳지 못합니다."

결국 왕은 그 말을 따랐다. 그때 궁파는 청해진에서 진을 지키고 있었다. 궁파는 왕이 약속을 어긴 것을 원망해 반란을 일으키고자 했다. 이 말을 들은 장군 염장이 왕에게 아뢰었다.

"궁파가 곧 불충한 짓을 하려는데, 제가 이 자를 제거하겠습니다."

왕이 기뻐하며 이를 허락했다. 염장은 왕의 명을 받들고 청해진으로 가서 안내자를 통해 궁파에게 알렸다.

"나는 왕에게 조그만 원한이 있는데, 공께 의탁해서 목숨을 지키고자 합니다."

궁파는 이 말을 듣고 크게 노했다.

"너희들이 왕에게 반대해서 내 딸이 왕비가 되지 못하게 해 놓고 어찌 나를 보려 하느냐?"

염장이 다시 이렇게 말을 전했다.

"그것은 다른 신하들이 반대한 것이오. 나는 그 일에 참여하지도 않았으니 부디 공께서는 나를 의심하지 마십시오."

궁파가 이 말을 듣고 그를 불러들여 말했다.

"그대는 무슨 일로 이곳까지 왔는가?"

"왕과 안 좋은 일이 있어서 공의 부하가 되어 화를 면하고자 합니다."

"다행이오."

궁파는 술잔을 나누며 매우 기뻐했다. 이때 갑자기 염장이 궁파의 긴

칼을 뽑아 궁파를 베어 죽였다. 휘하의 군사들이 모두 놀라 땅에 엎드렸다. 염장은 군사를 이끌고 서울로 와서 왕에게 보고했다.

"이미 궁파의 목을 베었습니다."

왕이 기뻐하며 그에게 상을 내리고 아간(아찬) 벼슬을 주었다.

장보고가 청해진에 자리 잡을 무렵 신라 왕실에서는 왕의 자리를 놓고 피비린내 나는 골육상쟁(가까운 혈족끼리 서로 싸움)이 한창이었다. 그로 인해 38대 원성왕이 세상을 떠난 뒤 왕위에 오른, 39대 소성왕(799~800년)부터 45대 신무왕(839년)까지 무려 60년 동안 세 명의 왕이 살해되는 등 혼란이 극심했다.

신무왕이 왕이 되기 전 이름은 김우징이었다. 그런데 우징의 아버지 김균정은 왕위 다툼에서 조카에게 패해 살해되었다. 그 조카가 바로 43대 희강왕(836~838년)이다. 이때 우징은 아버지가 패하자 청해진으로 가서 장보고에게 의지했다. 그런데 2년 후에는 또 희강왕이 육촌 동생인 김명에게 살해당했다. 김명은 희강왕을 죽인 후 44대 민애왕(838~839년)이 되었다.

이때 청해진에 머물던 김우징은 장보고에게 민애왕을 타도해 줄 것을 요청한다. 명분은 왕을 살해한 역적을 물리친다는 것이었다. 어찌 보면 아버지의 원수를 갚아 준 사람이 민애왕이니, 김우징은 그에게 고마워해야 할 처지였다. 하지만 왕위가 탐난 우징은 왕을 죽인

역적을 몰아내자는 명분으로 세력을 모았고, 장보고까지 이 일에 끌어들였다. 여기서 우징은 장보고에게 자신이 왕이 되면 장보고의 딸을 왕비로 삼겠다는 밀약까지 한 것이다. 결국 우징은 민애왕을 죽이고 45대 신무왕이 되었다.

그런데 《삼국사기》를 보면 장보고의 딸을 놓고 장보고와 결혼 약속을 한 사람은 신무왕이 아니라 신무왕의 아들이었다. 신무왕은 즉위한 그 해에 등에 종기가 나서 죽었고, 그 뒤를 이어 신무왕의 아들이 46대 문성왕(839~857년)으로 즉위했기 때문이다.

문성왕은 장보고와 약속한 대로 장보고의 딸을 맞아 왕비로 삼으려 했다. 그러나 신하들은 장보고의 신분이 미천하다는 이유를 들어 반대했다. 신라는 골품제 사회였고, 왕과 결혼할 수 있는 신분은 진골만이 가능했기 때문이다. 결국 장보고는 앞의 이야기처럼 죽임을 당하고 만다. 그 결과 청해진에 해상 왕국을 세우고 새로운 세상을 만들려던 바다의 영웅, 장보고의 꿈 또한 무너지고 말았다.

17 임금님 귀는 당나귀 귀, 경문왕

43대 희강왕은 44대 민애왕의 공격을 받자 자살했고, 민애왕은 다시 45대 신무왕에게 피살되었다. 이들은 모두 육촌 형제들이었다. 이런 상황에서 희강왕의 손자였던 48대 경문왕(861~875년)은 47대 헌안왕(857~861년)의 사위가 되어 왕이 된다. 다음은 경문왕의 이야기다.

① 세 가지 좋은 일

경문대왕의 이름은 응렴이며, 18세에 국선이 되었다. 20세 때 응렴은 헌안대왕이 불러 궁궐로 갔다. 헌안대왕은 그에게 잔치를 베풀어 주면서 물었다.

"그대는 국선이 되어 많은 곳을 다녔을 텐데, 무슨 특이한 거라도 보았는가?"

"저는 행실이 아름다운 사람 셋을 보았습니다."

"그 이야기를 듣고 싶네."

"첫 번째는 남의 윗자리에 있을 만한데도 겸손하게 남의 아래에 있는 사람이었고, 두 번째는 돈이 많은 부자인데도 옷차림이 검소한 사람이었으며, 세 번째는 귀하고 세도가 있는데도 위세를 보이지 않는 사람이었습니다."

왕이 그 말을 듣자 응렴의 현명함을 알고는 감동을 받아 눈물을 흘렸다.

"나에게 두 딸이 있는데, 그중 한 명으로 자네의 시중을 들게 하고 싶네."

응렴은 겸손하게 자리에서 비켜나면서 절을 하고 머리를 굽힌 채 물러나왔다. 이 사실을 부모에게 아뢰니, 부모는 놀랍고 기뻐서 형제 자식들을 모아 의논했다.

"왕의 맏공주는 너무 못생겼고 둘째는 미인이니, 둘째 공주에게 장가를 들면 좋겠군."

낭(김응렴)을 따르는 무리 가운데 으뜸인 흥륜사의 승려 범교사가 이 말을 듣고 곧 낭의 집을 찾아와 물었다.

"대왕께서 공주를 공에게 아내로 주신다는 말이 사실입니까?"

"그렇다네."

"그럼 공은 어느 공주를 택하시렵니까?"

"부모님은 둘째 공주가 좋겠다고 하셔서 나도 그럴 생각이네."

"만일 공께서 둘째 공주에게 장가드신다면, 나는 반드시 공의 면전에서 죽고 말 것입니다."

"아니, 무슨 말인가? 차분히 말해 보게."

"이유는 나중에 아시게 될 것입니다. 아무튼 공께서는 맏공주에게 장가드셔야 합니다. 그러신다면 반드시 세 가지 좋은 일이 있을 것입니다. 공께서는 부디 저의 말을 명심하시고 잘 살피십시오."

"알겠네. 그대 말을 따르겠네."

그리고 얼마 후 왕은 날을 가려서 사신을 응렴에게 보내 이렇게 말했다.

"나의 두 딸은 그대의 결정에 따를 것이네."

사신이 다시 돌아와 응렴의 생각을 왕에게 아뢰었다.

"맏공주를 받들겠다 하옵니다."

3개월 후 왕은 병이 위독하여 여러 신하들을 불렀다.

"나에게 아들이 없으니 내 죽은 뒤에는 마땅히 맏딸의 남편 응렴이 계승해야 할 것이다."

그리고 이튿날 왕이 세상을 뜨니, 응렴은 유언을 받들어 왕위에 올랐다. 이에 범교사가 경문왕을 찾아뵙고 말했다.

"제가 말씀드린 세 가지 좋은 일이 지금 모두 이루어졌습니다. 맏공주에게 장가를 들어 왕위에 오르게 된 것이 첫째요, 전에 흠모하던 둘째 공주에게 이제 쉽게 장가들 수 있게 된 것이 둘째요, 맏공주와 결혼함으로써 선왕과 왕비께서 매우 기쁘게 됨이 그 셋째입니다."

경문왕이 그 말을 고맙게 여겨 그에게 '대덕'의 지위를 주고 금 130냥을 주었다.

② 뱀과 함께 잠자는 경문왕

저녁마다 왕의 침실에는 많은 뱀들이 모여들었다. 나인들이 놀라고 무서워서 뱀들을 쫓아내려고 하니, 왕이 말했다.

"나는 뱀이 없으면 편히 잘 수 없으니 쫓아내지 말라."

왕이 잘 때는 언제나 뱀들이 혀를 내밀어 왕의 가슴을 덮어 주었다.

③ 임금님 귀는 당나귀 귀

왕으로 즉위한 뒤 갑자기 그의 귀가 당나귀 귀처럼 길어졌다. 왕후와 나인들 모두가 이것을 알지 못했으나, 오직 두건 만드는 복두장이(왕이나 벼슬아치가 머리에 쓰던 복두를 만들거나 고치는 일을 하던 사람) 한 사람만이 그 사실을 알고 있었다. 그러나 그는 평생 다른 사람에게 이 이야기를 하지 않았다. 그는 장차 죽음을 앞두자 도림사의 대숲 속 아무도 없는 곳에 들어가 대나무를 향해 외쳤다.

"임금님 귀는 당나귀 귀다!"

그 후 바람만 불면 대나무에서 소리가 났다.

"임금님 귀는 당나귀 귀다!"

왕이 이 소리를 싫어해서 대나무를 베어 버리고 산수유를 심었더니, 바람이 불면 다만 "임금님 귀는 길기도 하구나!"라는 소리만 났다.

이 이야기는 모두 세 가지다. ①은 경문왕이 국선이던 젊은 시절,

헌안왕과 대화를 나누고 사위가 되는 이야기다. 사실 가까운 혈족들 간의 피비린내 나는 왕위 다툼을 보았던 헌안왕은 누구보다도 덕치(덕으로 다스림)의 필요성을 절실히 느끼고 있었을 것이다. 그래서 그는 겸손하고 검소하며 위세 부리지 않는 사람을 본받으려는 어린 왕족을 찾아 왕위를 물려줄 생각을 했던 것이다.

그렇게 현명했던 경문왕이지만, 정작 그가 15년을 통치하며 이룬 뚜렷한 치적은 거의 없다. 왕이 된 그가 제일 먼저 한 일은 마음속으로 연정을 품고 있던 둘째 공주를 새 왕비로 맞은 일이었다. 경문왕 시대에는 백성들을 동원한 토목 공사와 여러 차례의 천재지변, 거기에다 진골들의 연이은 반역 사건 등이 일어났다. 이 모두가 훌륭한 군주의 통치 모습과는 사뭇 거리가 멀다.

그래서인지 ②와 ③의 이야기는 그리 유쾌하지 않다. ②는 경문왕이 항상 뱀을 끼고 잔다는 괴기스런 내용인데, 경문왕이 뱀처럼 교활했거나 그 주변 사람들이 교활했음을 상징한 것은 아닐까 싶기도 하다.

그리고 마지막에 나오는 '임금님 귀는 당나귀 귀' 이야기는 그리스 신화에 나오는 '마이다스(미다스) 왕'의 이야기와 비슷하다. 이 설화는 공교롭게도 세계 여러 지역에서 널리 구전되어 왔다. 물론 왕의 신체 비밀을 아는 이가 이발사가 아니라 왕의 두건을 만드는 '복두장이'였다든가, 대나무를 베어 내고 산수유를 심었다든가 하는 내용은 조금씩 다르지만, 전체적인 줄거리는 무척 유사하다.

이런 이야기들을 보면 그토록 현명했던 젊은 국선 응렴이 왕이 되어서는 어찌 그렇게 무능할 수 있었는지 의문이 들 정도다. 뱀처럼 교활한 사람들 탓이었는지, 당나귀 귀처럼 감추고 싶은 치부가 많아서였는지 경문왕은 기울어진 신라를 되살리기는커녕 그대로 방치하다시피 한다.

《삼국사기》에는 궁예가 경문왕의 아들이라는 기록이 있다. 점쟁이가 궁예의 탄생을 불길한 징조라 하자, 왕은 그 아이를 죽이라 명했다. 하지만 유모가 누각으로 던져진 아이를 받아 길렀다고 한다. 뒷날 궁예는 후고구려를 건국하여 신라를 망하게 하는 인물이 된다. 그렇다면 경문왕은 신라의 멸망을 재촉한 아들을 낳은 셈이니, 신라의 우환거리를 만든 장본인이 되고 만 셈이다. 참으로 역사의 아이러니가 아닐 수 없다.

18 처용의 전설

　왕권 쟁탈로 몹시 혼란했던 신라는 9세기 말에 이르면, 수습하기 힘들 정도가 된다. 이 시기에 왕위 다툼은 상당히 사그라졌으나, 귀족들의 수탈에 흉년과 전염병까지 겹쳐 농민들의 삶은 그야말로 죽지 못해 사는 지경으로 몰린다.

　그런데도 49대 헌강왕(875~886년) 시절 귀족들은 밤낮을 가리지 않고 향락을 즐겼으니, 신라가 어찌 버틸 수 있었겠는가. 처용의 설화는 바로 이 시대를 배경으로 하고 있다.

　제49대 헌강대왕 때 서울(경주)부터 동해 바닷가까지 집들이 담을 이어 들어서 있었지만, 초가집은 한 채도 없었다. 길거리에는 악기 소리와 노래 소리가 그치지 않았고, 비와 바람은 철마다 순조로웠다.

　이때 왕이 개운포(울산)에 가서 놀다가 서울로 돌아오려 했다. 낮에 바닷가에서 쉬는데, 갑자기 구름과 안개가 자욱해져 길을 잃게 되었다. 왕이 괴상하게 여겨 측근에게 까닭을 물었더니, 일관이 말했다.

　"이는 동해의 용이 일으키는 조화이니, 마땅히 좋은 일을 해서 풀어야만 합니다."

　이에 담당 관리에게 명령해서 용을 위해 근처에 절을 세우라 했다. 명령이 떨어지자 구름이 걷히고 안개가 흩어졌다. 이 때문에 이곳을 '개운포('개운'은 안개가 걷힌다는 뜻)'라고 이름 지었다. 동해의 용이 기뻐하며 곧 아들 일곱을 데리고 임금이 탄 수레 앞에 나타나 왕의 덕행을 찬미하며 춤을 추고 음악을 연주했다.

그 가운데 용의 아들 하나가 임금을 따라 서울로 들어와 왕의 정치를 보좌했는데, 이름을 처용이라 했다. 왕은 예쁜 여자를 처용에게 아내로 주어 그의 마음을 잡아두려고 했고 급간(급벌찬, 아홉째 등급의 관직)의 벼슬도 주었다.

그런데 처용의 아내가 너무도 예뻐서 역신(민간 풍속에 질병을 퍼뜨린다고 믿겨지는 신)이 그녀를 흠모했다. 역신은 사람으로 변신해 밤에 그 집에 가서 몰래 함께 잤다. 처용이 밖에서 집으로 돌아와 잠자리에 두 사람이 누워 있는 것을 보았다. 이에 노래를 부르고 춤을 추면서 물러났다. 그 노래는 이렇다.

서울 밝은 달밤에
밤늦도록 노닐다가
들어와 자리를 보니
다리가 넷이구나.
둘은 내 것인데
둘은 뉘 것이냐.

본디 내 것이다마는

빼앗긴 것을 어찌할꼬.

그러자 역신이 처용 앞에 형체를 드러낸 뒤 무릎을 꿇고 말했다.

"제가 공의 아내를 흠모해서 지금 그녀를 범했습니다. 그런데도 공은 화를 내지 않으시다니 감동하여 칭송하는 바입니다. 앞으론 맹세코 공의 얼굴을 그린 것만 보아도 그 문에 들어가지 않겠습니다."

이 일이 알려지자 나라 사람들이 처용의 얼굴을 그려 문에 붙여서 나쁜 귀신을 쫓고 경사로운 일을 맞아들이게 된 것이다.

왕이 돌아와서 곧 영취산 동쪽 기슭에 경치 좋은 곳을 잡아 절을 지어 '망해사'라고 했는데, 혹은 '신방사'라고도 불렀다. 이는 용을 위해 세운 것이다.

또 왕이 포석정에 갔는데 남산의 산신이 앞에 나타나 춤을 추었다. 그런데 아무도 그걸 보지 못하고, 왕 혼자만 그것을 보았다. 산신이 앞에 나타나 춤을 추는 대로 왕도 이를 따라 춤을 추어 보였다. 그 신이 나와서 춤출 때에 그 모양을 자세히 본떠 조각장이를 시켜 그대로 새겨 놓아서 '상심(자세하게 본을 뜸)'이라 했다고 한다.

《어법집》이라는 책에는, "그때 산신이 임금 앞에서 춤을 추면서 노래를 불러 '지리다도파도파'라 했다."는 기록이 있다. 이 말은 "지혜로 나라를 다스리는 자들은 미리 알고서 많이 도망했기 때문에 도읍이 장차 파괴된다."라는 뜻이다. 이는 지신이나 산신이 나라가 장차 망할 줄을 알았으므로 일부러 춤을 추어 경고한 것인데, 사람들이 깨닫지 못하고 좋은 징조가 나타난 줄 알고 쾌락에만 너무 빠졌기 때문에 나라가 결국 망하고 말았다.

헌강왕 때 신라의 서울 서라벌에는 초가집도 없고, 길거리에는 악기 소리와 노래 소리가 그치지 않았다는 말을 우리는 역설적으로 이해해야 한다. 즉 백성들이 행복하게 살던 태평성대라는 의미가 아니라, 귀족들의 향락과 사치 풍조가 심했음을 우회적으로 표현한 말이다.

앞에서 말했다시피 이미 신라의 정세는 기울고 있었다. 그러니 길거리에서 들리는 음악 소리는 백성들이 벌이는 흥겨운 축제가 아닌 지배층만이 즐기는 향락일 뿐이었다. 그 결과 머지않아 농민들이 벌떼처럼 일어나게 될 것은 불 보듯 뻔한 일이었다.

처용 이야기는 바로 이런 헌강왕 시절의 설화였다. 또한 처용이 불렀다는 노래 〈처용가〉는 고려 때도 〈처용가〉라는 이름으로 남았으며, 처용이 추었다는 '처용무'는 고려와 조선의 궁중으로 이어져 지금도 무형문화재로 남아 있다. 그렇기 때문에 처용 설화는 특히 중요한 설화로 조명을 받으며 연구되어 왔다. 《삼국사기》에는 다음과 같은 기록이 있다.

왕이 나라 동쪽을 순행하고 있었는데, 어디서 왔는지 알 수 없는 네 사람이 왕의 수레 앞에 와서 노래 부르고 춤을 추었다. 생김새가 해괴하고 옷차림과 두건이 괴상했다. 그때의 사람들은 그들을 산과 바다의 정령으로 여겼다.

이 장면도 다분히 '처용무'를 연상시킨다. 조선 시대의 그림 '처용무'를 보면 다섯 명의 처용이 모두 다른 색의 옷을 입고, 탈을 쓰고 춤을 춘다. 처용무는 궁중에서 행해지던 나례 의식의 하나였다. '나례'는 잡귀를 쫓기 위한 의식으로, 보통 섣달 그믐날에 행해졌다. 때로는 귀빈을 영접하거나 왕이 행차할 때도 특별히 시행되었다. "처용이 노래를 부르고 춤을 추자 역신이 물러났다."라는 내용도 이런 역신 퇴치 의식을 뒷받침하고 있다. 그래서 어떤 학자는 처용을 통해 지방의 무당 또는 무당 세력이라고 보기도 한다.

15세기 조선 성종 때 편찬된 《악학궤범》에 나오는 처용의 모습

반면, 이 설화 당시의 정치 상황에 주목한 학자들은 처용을 지방 호족 세력으로 보기도 한다. 신라 하대에는 중앙 정부가 지방을 제대로 통

제하지 못했고, 그 결과 지방에서는 호족들이 거의 독자적으로 지방민들을 통치하고 있었다. 따라서 설화의 내용은 왕이 지방에 갔다가 호족 세력의 아들 한 명을 데려와서 서울에 머물도록 하는 상수리 제도(신라 때, 중앙 정부가 일종의 볼모를 이용해 지방 세력을 통제하던 방식)와 관련 있다고 보는 것이다.

또 어떤 학자들은 처용을 신라에 무역하러 온 서역 아랍인으로 보기도 한다. 처용이 동해 용의 아들로 나오는 것은 당시 해상을 무대로 활동하던 이슬람 상인들과 관련이 있다는 논리다. 그 밖에도 처용을 변질된 화랑도와 연결해서 봐야 한다는 주장도 있다. 통일 후 200여 년 동안 전쟁이 없던 신라에서 화랑도는 종교 활동 내지는 의례 행위와 관련이 많아졌고, 처용도 그런 활동을 하던 화랑으로 봐야 한다는 의미다.

이처럼 처용을 둘러싼 의견들은 다양하다. 그가 어떤 인물이든 분명한 사실은 오랜 세월을 지나면서 처용 설화에는 잡귀와 악귀를 몰아내려는 사람들의 염원이 담기게 되었고, 그것이 후대까지 전해졌다는 점이다.

19 진성여왕 때의 거타지 설화

48대 경문왕을 이은 49대 헌강왕이 후계자를 남기지 않고 죽자, 헌강왕의 동생인 50대 정강왕(886~887년)과 정강왕의 여동생인 51대 진성여왕(887~897년)이 잇달아 즉위했다. 경문왕의 자식 세 남매가 연이어 왕위를 물려받은 셈이다.

특히 진성여왕 시절에 신라 왕실의 부패와 사치는 극에 달했고, 곳곳에서는 민란이 들끓었다. 이제 신라의 붕괴가 눈앞으로 다가온 것이다. 다음의 설화는 이와 관련된 이야기다.

① 왕실을 비판한 왕거인

제51대 진성여왕이 즉위한 지 몇 년도 안 되어, 진성여왕의 유모였던 부호 부인과 그녀의 남편 위홍 잡간(잡찬 또는 소판) 등 서너 명의 총신(왕의 총애를 받는 신하)이 권력을 마음대로 해서 정치를 어지럽히니, 도적이 벌떼처럼 일어났다. 나라 사람들이 이를 우려해서 다라니(불교에서 사용하는 부적이나 주문)의 글을 만들어 길바닥에 뿌려 놓았다.

왕과 권신들이 이를 보고 말하기를, "왕거인이 아니면 누가 이런 글을 지었겠는가." 하고는 곧 기인을 옥에 가두었다. 거인이 옥에서 시를 지어 하늘에 하소연하니, 하늘이 바로 옥에 벼락을 쳐서 그를 놓아주었다.

다라니에 이르길, "나무망국 찰니나제 판니판니소판니 우우삼아간 부이사바하."라고 했다. 해설하는 자가 말하길, "'찰니나제'는 여왕을 말하고, '판니판니소판니'는 소판 두 사람을 가리키는 말이다. 소판은 벼슬 이름이다. '우우삼아간'은 서너 명의 총신을 말하고, '부이'는 부호 부인을 두고 하는 말이다."라고 했다.

② 거타지 설화

이때 여왕의 막내아들 아찬 양패가 당나라에 사신으로 가게 되었다. 후백제의 해적들이 진도를 막고 있다는 말을 듣고 궁사(활 쏘는 군사) 50명을 뽑아 데려갔다. 배가 곡도(백령도)에 이르렀는데, 풍랑이 크게 일어나 거기서 열흘 이상 묵게 되었다. 양패공이 걱정하여 사람을 시켜서 점을 쳤더니, 점괘가 이렇게 나왔다.

"이 섬에 귀신 못이 있는데, 그곳에 제사를 지내야만 합니다."

이에 못에다 제사를 드렸더니 못에서 물이 한 길 남짓 솟아올랐다. 그날 밤 꿈에 한 노인이 나타나 그에게 말했다.

"활 잘 쏘는 사람 한 명을 이 섬에 남겨 두면 순풍을 얻을 수 있을 것이오."

꿈에서 깬 양패공이 가까운 이들에게 물었다.

"누구를 남겨 두면 좋겠소?"

여럿이 이렇게 대답했다.

"나뭇조각 50개에 우리들 이름을 각각 써서 물에 담가 가라앉는 걸로 제비뽑기를 하지요."

양패공은 그렇게 하라고 했다. 군인들 중 '거타지'라는 이가 있었는데, 그의 이름이 물속에 가라앉았다. 그리하여 그를 섬에 머물게 했더니 배는 순풍을 맞아 순조롭게 나갔다.

거타지가 근심에 잠겨 섬에 서 있으니, 돌연 한 노인이 못에서 나와 말했다.

"나는 '서해약(서쪽 바다의 신)'이오. 매일 해 뜰 무렵이면 중 한 명이 하늘에서 내려와 '다라니' 주문을 외우며 이 못을 세 바퀴 돈다오. 그러면 우리 부부와 자손들이 모두 물 위에 뜨게 되는데, 그 중은 내 자손의 간과 창자를 빼먹고 있소. 이제 우리 부부와 딸 하나 남게 되었소. 내일 아침에도 반드시 올 터인데, 부디 그대는 그 중을 활로 쏘아 주시오."

"활 쏘는 거야 제 특기이니, 말씀대로 하리다."

그 노인은 고맙다는 말을 하고 물속으로 들어갔다. 거타지는 숨어서 기다렸다. 이튿날 동녘에서 해가 뜨니 과연 젊은 중이 와서 주문을 외워 늙은 용의 간을 빼내려고 했다. 이때 거타지가 활을 쏘아 맞히니, 그 젊은 중은 즉시 늙은 여우로 변해 땅에 떨어져 죽었다. 이에 노인이 나타나 고맙다고 하면서 말했다.

"당신 덕택으로 목숨을 보전하게 되었으니, 내 딸을 공에게 아내로 드리겠소."

"저를 버리지 않고 따님까지 주신다니, 진정 제가 원하던 바입니다."

노인은 그 딸을 한 송이 꽃으로 변하게 하여 거타지의 품속에 넣어 주고는, 곧 두 마리 용을 시켜 거타지를 떠받들어 사신이 탄 배를 따라가게 했다. 두 용은 그 배를 호위하여 당나라 땅으로 들어갔다. 당나라 사람들이 용 두 마리가 신라 배를 받들고 있음을 보고 이 사실을 황제에게 보고했다. 황제는, 신라의 사신이 아무래도 보통 인물이 아닐 거라고 하면서 잔치를 베풀고, 그를 여러 신하들의 윗자리에 앉히고 금과 비단을 잔뜩 주었다.

거타지가 신라에 돌아와서 꽃가지를 끄집어냈더니, 꽃이 여자로 변했다. 이에 거타지는 그녀와 함께 살게 되었다.

위홍은 경문왕의 동생으로, 오래전부터 정권의 실세였다. 여기서는 위홍이 진성여왕 유모의 남편이라 했는데, 《삼국유사》의 다른 곳에서는 위홍이 진성여왕의 남편이라고 나온다. 서로 다른 내용인 셈이다. 또 《삼국사기》에는 진성여왕이 위홍과 자주 정을 통했다고 나온다. 그렇다면 위홍은 진성여왕의 남편이 아니라는 말이다. 진성여왕은 경문왕의 딸이니, 촌수를 따져 보면 위홍은 진성여왕의 숙부다. 그런데 당시 신라의 왕실에서 삼촌과 조카의 근친혼은 새삼스런 일이 아니었고, 그들이 통정(남녀가 정을 통함)을 했다는 것도 그리 이상한 일은 아니었다.

문제는 위홍 등 소수의 총신들이 권력을 틀어쥐고 온갖 착취와 수탈을 저질렀다는 점이다. 그래서 도적이 벌떼처럼 일어났다고 하는데, 여기서 도적이란 곧 유민이 된 농민들을 말한다. 역사적으로 어느 시대에나 집을 버리고 떠난 농민들이 도적떼로 변하는 것은 보통의 일이었다. 이런 상황이니 왕거인 같은 의식 있는 학자는 오늘날로 치면 유인물을 뿌리며 정부를 비판했던 것이다.

그런데 왕거인을 감옥에 가두자 하늘에서 벼락을 내려 그를 석방시켰다는 대목이 재미있다. 아마도 이 벼락은 백성들이 들고 일어나며 지른 함성을 상징한 것으로 보인다.

그다음에 나오는 '거타지 설화'는 이런 시대 상황과는 분위기가 완전히 다르다. 그리고 그 내용도 '작제건 설화'와 너무나 흡사하다. 작제건은 고려 태조 왕건의 할아버지인데, 내용은 이러하다.

'보육'이 오줌으로 온 나라를 덮는 꿈을 꾸고는 그의 형 '이제건'에게 말했는데, 형은 제왕을 낳을 꿈이라면서 딸을 그의 아내로 주었다. 보육은 딸 둘을 두었는데, 동생의 이름이 '진의'다. 어느 날 진의는 언니가 '꿈에 오줌을 누어 천하를 잠기게 했다'고 하자, 그 꿈을 비단 치마를 주고 샀다. 그 후에 당나라 황제가 아직 황제가 되기 전에 송악에 왔다가 보육의 집에서 묵게 되었는데, 그의 찢어진 옷을 언니 대신 아우가 기워 준 것이 인연이 되어 하룻밤을 지냈고, 작제건을 낳았다.

작제건은 커서 아버지를 찾으러 당나라 상선을 탔다. 이때 해상에서 풍랑을 만나 점을 치니, 고려인을 섬에 내려놓으라고 했다. 그래서 섬에 남게 된 작제건에게 한 노인이 나타나, '자신은 서해 용왕인데 늙은 여우가 나타나면 쏘아 달라'고 부탁했다. 그 말대로 늙은 여우를 쏘아 죽이니, 용왕은 작제건에게 딸 용녀를 주어 아내로 삼도록 했다. 그 아들이 고려 태조 왕건의 아버지였다.

이 작제건 설화를 보면 앞부분은 김춘추와 문희(김유신의 동생)의 결혼 이야기, 뒷부분은 거타지 설화를 그대로 가져와서 꾸민 이야기임을 금방 알 수 있다. 어찌 생각하면 그만큼 두 설화가 대중들에게 인기를 얻어서 이런 이야기를 꾸민 것이 아닐까 생각되기도 한다.

20 천년 왕국의 막을 내린 경순왕

51대 진성여왕은 헌강왕의 서자이자 자신의 조카인 52대 효공왕(897~912년)에게 왕위를 물려주었다. 그런데 효공왕이 아들 없이 죽자, 왕위는 이제 박씨에게 넘어갔다. 53대 신덕왕(912~917년)부터 54대 경명왕(917~924년), 55대 경애왕(924~927년)이 그들이다. 그러다가 신라를 침범한 후백제의 견훤이 경애왕을 살해하고 왕족인 김부를 왕으로 앉힌다. 그가 바로 신라의 마지막 왕인 56대 경순왕(927~935년)이다.

927년에 후백제의 견훤이 신라를 침범해 고울부(경북 영천)에 이르니, 경애왕은 고려 태조에게 구원을 청했다. 태조는 장수에게 명해 정예 군사 1만 명을 거느리고 가서 구원하도록 했다. 하지만 구원병이 미처 이르기 전인 11월에 견훤은 서울로 쳐들어갔다.

이때 왕은 비빈, 천척들과 함께 포석정에서 연회를 열어 즐겁게 놀다가 뜻밖에 군사가 닥치니 어찌할 줄을 몰랐다. 왕과 왕비, 후궁들은 달아나 뒤쪽의 궁전으로 들어가고 왕족과 재상, 그리고 대신, 시녀들은 사방으로 흩어져 달아나다가 적군에 사로잡혀, 귀천을 가릴 것 없이 모두가 땅에 엎드려 노비가 되겠으니 목숨만은 살려 달라고 애걸

했다.

견훤은 군사들을 풀어 나라와 백성의 재물을 닥치는 대로 약탈하고, 왕궁으로 들어가서는 부하들을 시켜 왕을 찾아내게 했다. 왕은 비빈들과 함께 후궁에 숨어 있었는데, 이들을 끌고 와 왕에게 자결하도록 명하고 강제로 왕비를 욕보였다. 그리고 부하들을 놓아 왕의 첩들을 모두 욕보였다. 이어 왕의 일족 동생인 김부를 세워 왕으로 삼으니, 경순왕은 견훤이 세운 왕이다. 경순왕은 왕위에 오르자 경애왕의 시체를 대궐 서쪽 채에 모시고 여러 신하들과 함께 통곡했다. 우리 태조(왕건)는 사신을 보내어 조문하고, 제사를 지냈다.

이듬해 3월에 태조가 기병 50여 명을 데리고 순행하면서 신라의 서울 근방에 왔을 때, 왕은 모든 관리들과 함께 교외에 나가 그를 맞았다. 그리고 태조를 대궐로 모시고 가 서로 예의를 갖추고 임해전에서 잔치를 베풀었다. 술이 거나하게 되자 왕이 말했다.

"나는 하늘의 도움을 받지 못해 재앙과 난리를 초래했고, 견훤은 불의한 짓을 맘껏 행하여 우리나라를 망쳐 놓았으니 이 얼마나 통탄할 일입니까!"

그러면서 눈물을 흘리니 울지 않는 이가 없었고, 태조 역시 눈물을 지었다. 태조는 그대로 수십 일 동안 머물다가 돌아갔는데, 부하 군사들의 규율이 엄숙하여 조금도 폐단이 없었으므로 사람들이 서로 칭찬하며 말했다.

"지난번에 견씨가 왔을 때는 늑대나 범을 만난 것 같더니, 오늘 왕공을 만나 보니 마치 부모를 만난 것만 같다."

8월에 태조가 사신을 시켜 왕에게 비단옷과 안장을 갖춘 말을 보내고, 이와 함께 여러 관료와 장수들에게도 선물을 차등 있게 주었다. 을미년(935년) 10월에 신라는 사방의 땅이 죄다 남의 손에 들어가 국력은 약화되고 형세는 고립되어 스스로 나라를 보전할 수 없었다. 이에 왕은 여러 신하들과 함께 국토를 가지고 태조에게 항복할 것을 의논했는데, 여러 신하들은 옳으니 그르니 하여 토론이 시끄럽고 끝날 줄을 몰랐다. 태자가 말했다.

"나라가 보존되거나 멸망하는 데에는 반드시 천명이 있는 것입니다. 마땅히 모두 함께 민심을 수습하여 힘을 다해 본 후에 그만두어야지, 어찌 천년 역사를 가진 국가를 선뜻 남에게 내어 줄 수 있겠습니까?"
왕이 말했다.

"나라가 이토록 고립되고 위태로우니 형세가 보존될 수 없다. 이제 더 이상 강해질 수도 없고 또 약해질 것도 없으니, 죄 없는 백성들을 참혹하게 죽임은 나로서는 차마 못할 일이다."

그리고는 시랑(차관급 직책) 김봉휴를 시켜 국서(국가의 이름으로 보내는 외교 문서)를 가지고 우리 태조에게 가서 항복하기를 청했다. 태자는 통곡하면서 왕에게 하직하고 금강산으로 들어가 죽을 때까지 삼베옷을 입고 풀뿌리를 캐어 먹고 살다 그곳에서 세상을 마쳤다. 왕의 막내아들은 머리를 깎고 화엄종에 들어가 중이 되어 이름을 '범공'이라 하고, 뒤에는 법수사와 해인사에서 살았다고 한다.

태조가 신라의 국서를 받고 재상 왕철을 보내어 왕을 영접했다. 왕은 여러 신하들을 거느리고 우리 태조에게 귀순했다. 이때 아름답게 꾸민 수레며 말들이 30여 리에 뻗쳐 길이 막히고 구경꾼들은 담을 싼 듯 했다. 태조가 교외에 나가 맞아들였다. 태조는 그에게 대궐 동쪽 한 구역을 떼어 주고, 또 맏딸 낙랑 공주를 아내로 삼게 했다.

경순왕을 봉해서 '정승'으로 삼았는데, 이는 태자보다 윗자리였다. 또 녹봉으로 1천 석을 주었으며, 왕을 모시고 따라온 관리와 장수들도 다 등용했다. 그리고 신라를 경주로 고쳐서 경순왕의 식읍(국가에서 왕족, 공신 등에게 내려 준 토지와 가호)으로 삼게 했다. 처음 경순왕이 국토를 바치며 항복을 하니 태조가 매우 기뻐하여 깍듯이 대접하며 말했다.

"지금 왕이 나라를 나에게 내어 주니, 선물로서 이 이상 큰 것은 없을 것이오. 내 소원은 신라 왕실과 결혼을 하여 길이 장인과 사위의 사이가 되어 좋게 지냈으면 하는 것이오."

경순왕이 말했다.

"나의 백부이신 억렴에게 딸이 있는데, 덕행과 용모가 아름다워 그야 말로 안살림을 맡을 만합니다."

태조가 그녀에게 장가드니, 이가 바로 신성왕후 김씨다. 태조의 손자 경종은 경순왕의 딸을 맞아 왕비로 삼았는데, 이가 헌승황후(조선 초기에 편찬한《고려사》에는 '헌숙왕후'로 기록되어 있음)다. 그가 세상을 뜨자, 시호를 경순이라 했다.

《삼국유사》는 51대 진성여왕 이후로 나타난 신라 왕조의 멸망 조짐을 다음처럼 아주 간략히 소개하고 있다.

제52대 효공왕 때인 임신년(912년)에 봉성사 외문 동서쪽 21간에 까치가 집을 지었다. 또 신덕왕(53대) 즉위 4년(915년)에 영묘사 안 행랑에 까치집이 34개나 되었고, 까마귀집이 140개나 되었다. 또 3월에는 서리가 두 번이나 내렸고, 6월에는 참포(지금의 경북 포항시 흥해읍 일대를 흐르는 곡강천으로 추정)의 물이 바닷물과 사흘 동안이나 서로 싸웠다.

제54대 경명왕 때인 무인년(918년)에 사천왕사 벽화 속의 개가 짖으므로 3일 동안 불경을 읽고 설명하여 이를 물리쳤더니, 반나절이 지나자 또 짖었다. 또 경진년(920년) 2월에는 황룡사탑의 그림자가 금모 사지의 집 뜰 안에 한 달 동안이나 거꾸로 서 있었다. 또 10월에 사천왕사 오방신의 활줄이 모두 끊어졌으며, 벽화 속의 개가 뜰의 복판으로 달려 나왔다가 다시 벽 속으로 들어갔다.

이렇게 불길한 조짐이 연속되던 중 55대 경애왕은 포석정에서의 연회 도중 견훤의 습격을 받았다. 그런데 아무리 신라가 약하고 형편 없었다 하더라도 서울 한복판으로 적이 쳐들어오는데 잔치를 벌였다 는 이야기는 쉽게 이해되지 않는다. 그래서 어떤 이는 후백제의 습격 을 받았다는 포석정은 야외의 연회장이 아니라 신에게 제사 지내는 제례 장소라고 주장하기도 한다. 예전에 헌강왕이 포석정에서 춤을 추었다는 기록도 그와 관련된 내용이라는 것이다.

어쨌든 견훤은 이곳 포석정에서 왕비를 능멸하고 경애왕을 살해 했다. 그리고 김부를 왕으로 앉혔는데, 후백제가 신라를 합병하여 통 치하기에는 아직 민심이 기울지 않았다고 판단한 모양이다. 하지만 견훤에 의해 왕으로 임명된 경순왕은 오히려 고려에 나라를 넘긴다.

피 한 방울 흘리지 않고 신라와 합병한 고려 태조는 큰딸 낙랑 공 주를 김부의 아내로 주는 등 극진한 예우를 한다. 이런 예우 덕분인 지 고려 왕조에서 경주 세력은 왕실과 인척을 맺으며 후대까지 상당 한 권력을 누린다. 가령 경순왕의 사촌 여동생이 태조의 왕비였고, 그 아들이 뒷날 고려의 8대 왕 현종의 아버지였다. 또 5대 왕 경종은 경순왕 김부의 딸을 왕비로 맞았다. 고려 왕실 속에서 신라의 왕가도 세력을 유지하며 부활한 셈이다.

2부

신령스런 불교 이야기

2부는 《삼국유사》의 후반부(3~5권)에 있는 7개의 편을 다루는데, 중심 내용은 불교다. 스님이었던 일연은 《삼국사기》가 제대로 다루지 않은 불교 이야기를 《삼국유사》에서 본격적으로 하려 했다. 4세기에 고구려와 백제에 전래된 이후 고구려, 백제, 신라 삼국에서는 불교가 가장 중요한 국가적인 종교가 되었다. 특히 신라는 삼국 중 가장 늦게 불교를 수용했지만, 가장 열성적으로 불교를 장려했다.

그렇다면 왜 삼국이 이렇게 불교를 국교로 삼으면서까지 장려했던 것일까? 한마디로 말하자면 부처가 나라를 지켜 준다는 호국 신앙을 바탕으로, 부처와 국왕을 동일시하면서 왕실에 대한 존중을 대중적으로 확산하는 이념을 가졌기 때문이다. 국왕이 곧 부처의 현신이라는 주장은 중국의 남북조 시대에 확산된 이념인데, 그것이 삼국으로 그대로 전파되었다. 그 결과 삼국 간의 경쟁과 다툼 속에서 왕권을 강화하고 국력을 키우고자 했던 왕들은 적극적으로 불교를 지원했던 것이다. 이런 흐름은 고려 시대까지 이어졌는데, 일연은 스님이었으니 더욱 이런 호국 불교의 정신을 중요하게 보았을 것이다.

《삼국유사》에서 삼국의 역사와 관련된 부분은 〈기이〉 편에 주로 싣고, 나머지 편들은 불교 신앙과 관련된 내용들이 주를 이루는 이유도 그 때문이다. 그래서 〈흥법〉(불교가 크게 일어남), 〈탑상〉(불탑과 불상), 〈의해〉(고승 대덕들의 의로운 행적) 등의 편명이 등장한 것이다.

여기서 먼저 불교란 어떤 종교인지 아주 간략하게나마 살펴보자. 불교라는 말에서 '불(佛)'은 '부처', 즉 '깨달은 자'를 말한다. 불교를 창시한 석가모니 또한 이렇게 깨달음을 얻어 부처가 된 사람이다. 그래서 불교는 석가모니 부처의 가르침(불법)을 따르는 종교라는 뜻과 함께 부처(깨달은 자)가 되기를 추구하는 종교라는 이중의 의미를 지닌다.

또 불교에서는 '삼보'를 중시한다. 삼보란 '불교의 세 가지 보배'란 뜻인데, 불(佛)·법(法)·승(僧)을 말한다. '불'은 석가모니와 같은 부처를 말하고, '법'은 부처의 가르침이다. 그리고 '승'은 부처의 가르침을 전하는 승려를 말한다. 이렇게 삼보가 중요하게 된 배경은 승려들이 종단을 형성해서 단체로 수행을 하게 된 데에 있었다.

누구나 깨달음을 얻으면 부처가 될 수 있다는 것이 불교의 가르침이지만, 그것은 쉽지 않은 일이었다. 그래서 일반 신도들은 깨달음을 얻은 여러 부처들께 기도하고, 그들의 공력을 빌려 성불(깨달음을 얻어 부처가 됨)할 수 있기를 빌게 되었다. 그 부처들 가운데 가장 중요한 분이 불교를 창시한 석가모니 부처이며, 이밖에도 또 몇 명의 중요한 부처들이 있다.

예컨대 불교 신도들이 잘 외는 '나무아미타불 관세음보살'이라는 기도문에 있는 두 명의 부처가 바로 그런 대표적인 부처였다. 즉 아미타 부처와 관세음보살이다(보살도 부처와 같이 깨달음을 얻은 사람이라는 의미다. '나무'는 귀의(의지)한다는 뜻임). 아미타 부처는 서방정토(극락세계)를 주관하는 부처인데, 아미타 부처를 믿고 숭배함으로써 죽은 뒤에 서방정토로 가기를 희망하는 것을 '아미타 신앙(또는 정토 신앙)'이라 한다. 또 관세음보살(관음보살)은 중생을 구제하는 자비의 부처인데, 관세음보살을 숭배하면서 현세에서 복을 얻고자 하는 것이 '관세음(관음) 신앙'이다.

그리고 《화엄경》이라는 불교 경전에 진리의 상징으로 등장하는 비로자나 부처를 숭배하는 신앙을 '화엄 신앙'이라 한다. 이외에도 지혜의 화신인 문수보살, 지옥에서 고통당하는 이들을 구제해 주는 지장보살도 있다. 또한 미륵보살은 먼 훗날 지상에 내려와 중생을 구제해 준다는 미래의 부처로, 미륵보살을 숭배하는 '미륵 신앙' 역시 매우 중요한 민간 신앙이었다.

한편, 불교 정신이 실현되는 공간이 곧 사찰(절)이다. 사찰에는 승려가 있으며, 불상·불탑과 같이 부처를 상징하는 조형물이 배치되어 있다. 그 가운데 불상은 부처의 모습을 그대로 새긴, 가장 중요한 조형물이다. 흔히 절에 가면 대웅전이라는 건물을 만난다. 이는 석가모니 부처를 모신 건물이다. 미륵불상을 모신 건물은 미륵전, 아미타불상을 모신 건물은 아미타전 또는 극락전이라 한다. 그리고 불탑은 부처의 사리를 모신 불교식 무덤이다. 그래서 불탑과 불상은 불교 신도들에게는 매우 중요한 숭배의 대상물로 존중받는다. 이처럼 사찰에는 불상과 불탑을 비롯해 승려와 경전 등 불교 신앙 활동을 위한 모든 것이 갖추어져 있다.

2부는 이런 불교의 다양한 모습들을 폭넓게 다루고 있다. 그 가운데 특히 불상과 불탑, 그리고 승려들의 이야기가 많이 등장한다. 2부의 마지막 장에서는 평범한 사람들에게서 볼 수 있었던 감동적인 이야기, 즉 보통 사람들의 효도나 덕행 등을 다루고 있다.

1장

학식과 수행이 뛰어난 스님들

1장은 주로 불교의 전래와 관련된 이야기나
불법을 전하고 가르친 고승들에 대한 설화가 중심을 이룬다.

1 뒤늦게 불교를 받아들인 신라

우리나라에 불교가 처음 들어온 시기는 고구려 소수림왕(371~384년) 때였다(372년). 백제에는 이보다 조금 늦은 침류왕(384~385년) 때 전래되었다(384년). 그러나 신라에서는 6세기 법흥왕 때에 비로소 불교가 공인되었으며(527년), 이후 본격적으로 발전하게 된다. 다음은 신라에 불교가 도입되어 공인되기까지의 과정을 다룬 이야기다.

신라에 전해진 불교

① 《삼국사기》의 내용

《삼국사기》 〈신라 본기〉 제4권에 이런 말이 있다.

제19대 눌지왕 때 승려 묵호자가 고구려에서 일선군(지금의 경북 구미시 선산)으로 왔는데, 그 고을 사람 모례[혹은 모록이라고 한다.]가 자기 집 안에 굴을 파서 방을 만들고 그를 머물도록 했다. 이 무렵 중국 양나라에서 신라로 사신을 보냈는데, 의복과 향도 함께 보내왔다. 그런데 신라에서는 임금과 신하 그 누구도 그 향의 이름과 쓰임이 무엇인지 알지 못했다. 이에 사람을 보내 전국을 두루 다니며 물어보게 했다. 묵호자가 이걸 보고 말했다.

"이것은 향이라고 합니다. 이것을 불에 태우면 향기가 매우 강렬한데, 그 때문에 그 정성이 신성한 것에게 이르게 합니다. 신성한 것 가운데 삼보(불·법·승, 즉 부처와 부처의 가르침, 스님을 말함)보다 더한 것이 없으니, 이걸 태워서 (부처님께) 소원을 빌면 반드시 영험이 있을 것입니다."

마침 그때 왕녀가 병이 위독하기에 묵호자를 불러서 향을 피우고 소원을 말하니, 왕녀의 병이 곧 나았다. 왕이 기뻐서 예물을 후하게 주었는데, 얼마 후 그는 어디로 갔는지 알 수 없었다.

또 제21대 비처왕(소지왕) 때 '아도' 화상('가르침을 주는 스승'이라는 뜻으로, 스님을 높여 부르는 호칭)이 시종 셋을 데리고 역시 모례의 집으로 왔는데, 그의 외모가 묵호자와 비슷했다. 그는 몇 해 동안 이곳에 머물다가 죽었다. 그의 시종들은 그냥 남아 불경과 계율을 가르치니, 종종 믿는 사람이 있었다.

② 〈아도 비문〉의 내용

〈아도 비문〉에는 이렇게 기록되어 있다.

아도는 고구려 사람이고, 그의 어머니는 고도령이다. 위나라 사람 아굴마가 시신으로 고구려에 왔다가 고도령과 관계를 가졌는데, 그 후 고도령은 아도를 갖게 되었다. 아도가 다섯 살이 되자 어머니는 그를 중으로 출가시켰다. 열여섯 살에 위나라에 가서 아버지 굴마를 뵙고 현창 스님의 문하로 들어가 배웠다. 열아홉 살에 다시 어머니에게로 돌아왔는데, 어머니가 그에게 말했다.

"우리 고구려는 지금까지 불교를 제대로 모르지만 이후 3천여 달이 지나면 신라에 성군이 나서 크게 불교를 일으킬 것이다. 그 나라 서울 안에는 일곱 곳의 절터가 있는데, 모두가 석가모니 부처님 이전 시대의 절터로, 불법(부처의 가르침)이 길이 떨칠 곳이다. 네가 그곳에 가서 불교를 전파하면 마땅히 신라 불교의 시조가 될 것이다."

아도는 어머니의 가르침에 따라 신라에 가서 서울 서쪽 동네에 살았다. 그곳은 지금의 엄장사요, 때는 제13대 미추왕 2년(263년)이었다. 아도가 대궐로 임금을 찾아뵙고 불교의 전파를 청했으나, 세상에서 일찍이 보지 못했던 것이라 하여 꺼리고 심지어는 그를 죽이려는 사람까지 있었다. 이에 속림[일선현](지금의 경북 구미시 선산읍)에 있는 모례의 집으로 도망가서 숨어 버렸다.

미추왕 3년에 성국 공주가 병이 들었는데 무당이나 의원이 치료해도 효험이 없기에 사람을 사방으로 보내어 의원을 찾게 했다. 아도가 급히 대궐로 찾아가 치료하니, 그 병이 드디어 나았다. 왕이 매우 기뻐하며 그의 소원을 물었더니, 아도가 대답했다.

"소승은 아무것도 청할 것이 없고, 다만 천경림에 절을 세우고 불교를 크게 일으켜 국가의 복을 빌고 싶을 뿐입니다."

왕이 이를 승낙했는데, 그때 사람들 사는 것이 수수하고 검소해서 띠를 엮어 지붕을 이었다. 아도가 그곳에 살면서 불법을 가르치니 가끔 하늘 꽃이 떨어졌다. 절 이름을 '흥륜사'라 했다.

모례의 누이동생은 사씨인데, 아도 법사에게 귀의하여 여승이 되었다. 또한 삼천기라는 곳에 절을 짓고 살았는데, 절 이름은 '영흥사'다. 얼마 후 미추왕이 세상을 뜨자, 나라 사람들이 아도 법사를 죽이고자 했다. 법사는 모례의 집으로 돌아가 스스로 무덤을 만들고 그 속에 들어가 문을 닫고 죽음으로써 다시 나타나지 않았는데, 이로 인해 불교 또한 폐지되었다.

제23대 법흥대왕이 왕위에 올라(514년) 불교를 일으켰다. 이는 미추왕 때로부터 252년이 지난 시기였는데, 이로 보면 고도령이 말한 3천여 달이라는 말이 맞은 셈이다.

③ 일연의 생각

《삼국사기》와 〈아도 비문〉의 내용을 대비해 보면 아도가 누구이며, 언제 신라에 왔는지에 대해 서로 주장하는 바가 어긋나고 있다. 내가 보기에는 이렇다. 고구려에 불교를 처음으로 전파한 '순도'와 '아도'는 분명 소수림왕 때 중국에서 온 승려들이다(372~374년).

만일 《삼국사기》의 내용처럼 아도가 소지왕 때 처음 신라에 왔다고 하면 그것은 아도가 고구려에 머문 지 100년도 더 넘었다는 말이다. 비록 성인의 행동이 세상에 드러남이 일정하지 않다고는 하지만, 꼭 그런 건 아니다. 또 신라에서 불교를 처음 믿게 된 것이 그처럼 늦지는 않았을 것이다.

그러나 〈아도 비문〉의 내용처럼 아도가 처음 신라에 들어온 것이 미추왕 때(263년)라 한다면, 이것은 또 고구려에 처음 불교가 들어왔다는 해(372년)보다 도리어 100년이 앞선다. 당시 신라에는 아직 문물과 학문이 없었고 나라 이름도 정해지지 않았을 때인데, 무슨 겨를에 아도가 와서 불교를 전파했겠는가? 또한 고구려에도 오지 않고 곧장 신라에 왔다는 게 사리에 맞지 않는다. 설령 불교가 잠시 전해졌다가 곧 없어졌다손 치더라도 어떻게 그동안 아무 소문도 없었으며, 그때까지 향의 이름조차 알지 못했겠는가? 그런즉 《삼국사기》는 연대가 너무 뒤지고, 〈아도 비문〉은 너무 앞선다.

생각건대 불교가 동방으로 전파해 온 과정은 틀림없이 고구려, 백제에서 시작되어 신라에서 끝났을 것이다. 그러니 신라의 눌지왕 때가 고구려의 소수림왕 때보다 30여 년 후이기 때문에 아도가 고구려를 떠나 신라에 온 건 마땅히 눌지왕 때였을 것이다.

또 〈아도 비문〉에서는 아도가 공주의 병을 고쳤다고 했고, 《삼국사기》에서는 묵호자가 공주의 병을 고쳤다고 했다. 아마도 묵호자는 진짜 이름이 아니요, 아도의 별명일 것이다. 마치 양나라 사람들이 달마(중국에 건너와 선종 불교를 창시한 인도 승려)를 가리켜 '벽안호(파란 눈을 가진 이방인)'라 하고, 진나라(동진)에서 석도안(중국 동진 시대의 승려로, 초기 중국 불교의 기초를 닦은 대표적 승려) 스님을 조롱하여 '칠도인(검은 얼굴의 도인)'이라 별명을 부른 것과 같다. 아마도 아도가 위험한 여행을 하면서 이름을 숨기고 말하지 않았기 때문에 그리된 것으로 보인다. 그러니까 신라 사람들은 그저 소문에 따라 묵호자니, 아도니 하는 두 이름으로 인해 두 사람으로 구분하여 전했을 뿐이다. 더구나 아도의 모습이 묵호자와 비슷했다는 것을 보면, 그 두 사람이 같은 사람인 것을 알 수 있다.

이차돈과 불교의 공인

① 불교를 받들려는 법흥왕

《삼국사기》〈신라 본기〉에 "법흥대왕 즉위 14년(527년)에 젊은 관리인 이차돈이 불교를 위해 몸을 희생했다."라고 나온다.

남간사의 스님 일념이 〈촉향분예불결사문〉을 지었는데, 이 사건을 매우 자세하게 썼다. 그것을 대강 말하면 이렇다.

하루는 법흥대왕이 자극전이라는 궁궐에서 즉위할 때 동방을 바라보며 이런 말을 했다.

"옛날 한나라 명제는 꿈에 계시를 받아 불교가 동방으로 전파되도록 했다. 나는 왕으로서 백성들을 위해 복을 닦고 죄를 없이할 곳을 만들고자 하노라."

그러나 신하들은 대왕의 깊은 뜻을 헤아리지 못했다. 신하들은 왕의 이 말씀이 다만 나라를 잘 다스리고 싶어 하는 뜻으로만 생각했지, 그가 절을 세우고자 하는 성스러운 계획이 있는 걸 알지 못했다. 대왕은 탄식하며 말했다.

"아! 내가 덕이 없는 사람으로 왕업을 이었으니, 위로는 음양의 조화가 모자라고 아래로는 백성들을 즐겁게 하지 못하는구나. 정치를 하는 틈틈이 부처님의 가르침에 마음을 두고 있었지만, 누가 나와 함께 이 일을 해 줄 수 있을까?"

이때 이를 마음에 두고 있는 젊은 신하 하나가 있었다. 그의 성은 박씨요, 이름은 염촉[또는 이차돈]이었다. 그의 아버지는 자세하지 않으나 할아버지는 아진종[벼슬은 아진찬 또는 파진찬이고, 이름은 종], 즉 습보 갈문왕의 아들이었다. 그는 곧은 절개와 맑은 마음을 가지고 있었으며 선행을 쌓은 집안의 증손으로, 임금의 측근 시종으로서 태평성세의 충신이 되고자 했다. 그때 나이 22세로, 사인(하급 관리)의 벼슬에 있었다. 그가 왕을 우러러보고 그 심정을 눈치채고는 아뢰었다.

"제가 듣기로는 옛사람은 나무꾼에게도 계책을 물었다 합니다. 외람되오나 중죄를 무릅쓰고 여쭙겠습니다."

"네가 나설 일이 아니다."

"나라를 위해 몸을 버림은 신하의 큰 절개요, 임금을 위해 목숨을 다함은 백성의 곧은 의리입니다. 제가 거짓으로 폐하의 명령을 전했다는 죄를 씌워서, 저의 목을 베십시오. 그러면 다른 신하들은 굴복해서 감히 폐하의 명을 어기지 못할 것입니다."

"자기 살을 베어 저울에 달아 메추라기와 매를 살리고(과거에 시비왕이 고행할 때, 석제환인이 둔갑한 '메추라기'가 제석천왕이 둔갑한 '매'에 쫓겨 시비왕의 품속에 숨어들었다. 왕은 메추라기도 살려야겠고 매도 굶길 수 없어서, 자신의 살을 베어 메추라기 고기의 분량만큼 저울에 달아 매에게 먹였다는 이야기를 말함), 피를 뿌려 죽더라도 일곱 짐승을 불쌍하게 여겨야 한다. 나의 뜻은 사람을 이롭게 하는 것인데, 어찌하여 무고한 사람을 죽이겠는가? 공덕을 쌓으려는 네 마음은 알겠지만, 나로서는 죄를 피하는 것이 좋겠다."

"그 무엇과 비교해도 자기 목숨을 버리는 것만큼 어려운 것은 없습니다. 그러나 제가 저녁에 죽어 아침에 큰 가르침이 행해지면, 곧 부처님의 해가 하늘에 빛날 것이요, 임금께서는 길이 평온하실 것입니다."

"봉황의 새끼는 어려서도 하늘로 솟구칠 마음을 가지며, 기러기와 고니 새끼는 나면서도 파도를 헤쳐 나갈 기세를 품는다 했거늘, 네가 정말 이와 같으니 보살의 행실이로구나."

② 염촉(이차돈)의 순교와 기적

이에 대왕은 짐짓 위엄을 갖추고 무시무시한 형벌 도구들을 사방에 벌여 놓고 신하들을 불러서 물었다.

"그대들은 내가 절을 지으려고 하는데, 어째서 일부러 지체하려 하는가?[《향전》에는 "염촉이 왕명을 사칭하여 공사를 일으키고 절을 짓고자 하는 뜻을 하달하였더니, 여러 신하들이 와서 말렸다. 왕이 이에 염촉에게 크게 노하여 왕명을 거짓으로 전한 죄를 물어 처형하였다."라고 했다.]"

이때 여러 신하들이 전전긍긍하며 여기저기 손가락질을 했다. 왕이 염촉을 불러 문책했다. 염촉은 낯빛이 변하며 아무 대답이 없었다. 왕은 분노하여 그의 목을 베라고 명령했다. 형리가 그를 묶어 관아로 끌고 갔다. 염촉이 죽기 전에 소원을 빌자, 이에 옥리가 그의 목을 베었는데 하얀 젖과 같은 피가 한 길이나 솟구쳤다[《향전》에는 염촉이 "대왕께서 불교를 일으키려 하므로 저는 제 목숨 돌보지 않고 세상 인연 버리오니, 하늘이시여 부디 상서로운 징조를 내려 백성들에게 두루 보여 주십시오."라고 했다. 이에 목이 잘리자 그의 머리가 금강산(경주 북쪽의 북망산) 꼭대기에 떨어졌다고 한다.].

이때 하늘은 침침해지면서 햇빛이 가려져 캄캄해지고 땅이 진동하면서 하늘 꽃이 떨어졌다. 임금은 슬퍼 눈물로 곤룡포를 적시고, 재상은 겁나 머리의 관까지 식은땀을 흘렸다. 샘물이 곧 말라 버리니 물고기와 자라가 서로 다투어 뛰어올랐으며, 곧은 나무가 먼저 꺾이고 원숭

이들은 무리 지어 울었다. 동궁에서 말고삐를 나란히 잡았던 동무들은 피눈물을 흘리면서 마주 바라보고, 대궐 뜰에서 같이 놀던 동무들은 창자가 끊어지듯 이별을 애통해 했다. 상여를 바라보고 우는 소리는 자기 부모의 상을 당한 것 같았다. 나인들이 말했다.

"개자추가 허벅지 살을 도려낸 것도 염촉의 절개에 비할 수 없고(춘추 시대 진나라의 개자추는 자신의 군주인 문공이 망명 생활을 할 때 굶주리자, 자기 허벅지 살을 베어서 군주에게 바침), 홍연이 배를 가름도 어찌 염촉의 장렬함에 견주겠는가(춘추 시대 위나라의 홍연이 외국에 사신으로 나갔을 때 외적이 침입해 와서 자기 군주인 의공을 죽이고 간만 남겨 놓고 가 버렸다. 임무를 마치고 돌아온 홍연은 죽은 군주에게 엎드려 보고하고는 자기 배를 갈라 군주의 간을 자기 뱃속에 넣고 죽음). 염촉은 진실로 임금의 신앙심을 돕고 아도의 본뜻을 이루었으니, 성스러운 분이로다."

그러고는 북망산 서쪽 고개에 장사 지냈다. 부인은 애통해 하면서 좋은 터를 잡아 절을 짓고, 이름을 '자추사'라고 했다. 이때부터 집집마다 부처를 공경하면 대대로 영화롭게 되고, 누구나 불교를 믿으면 이롭다는 것을 깨닫게 되었다.

진흥왕 5년(544년)에는 이곳에 '대흥륜사'를 지었으며, 이후 중국 사신과 승려가 사리와 불경을 가져왔다. 이후 신라에는 절과 절들이 별처럼 늘어섰고, 탑과 탑이 기러기 떼처럼 줄지어 섰다. 법당을 세우고 범종을 매다니 학덕이 높은 승려의 무리는 세상의 복전(복 있는 터전)이 되었고, 부처님의 가르침은 온 나라를 덮는 자비로운 구름이 되었다. 다른 곳의 보살들이 나타나게 되고 서역의 유명한 승려들이 이 땅에 오셨다. 이로 말미암아 삼국을 통일했고, 온 세상을 하나로 만들었다.

(중략)

아! 법흥왕이 없었으면 염촉이 없었을 것이고, 염촉이 없었으면 법흥왕의 공덕이 또한 없었을 것이니, 이는 유비와 제갈량처럼 고기와 물 같은 관계이며, 구름과 용이 서로 감응한 아름다운 일이라 할 수 있겠다. 법흥왕은 그간 없었던 불교를 다시 일으켜 절을 세웠고, 절이 완성되자 왕관을 벗고 가사(스님들이 입는 옷)를 입고, 친척들을 노비로 삼고 스스로 그 절의 주지가 되어 불교를 널리 전파했다.

우리나라 땅에 첫발을 디딘 승려는 중국의 전진에서 온 순도였다. 순도는 전진 왕(부견)이 고구려의 소수림왕에게 보낸 사신과 함께 왔으며, 이때 불상과 경전을 가지고 왔다(372년). 그리고 2년 후에는 동진에서 아도라는 승려가 왔다. 고구려는 '초문사'와 '아불란사'라는 절을 세워 순도와 아도를 각각 그곳에 머무르게 했다.

백제에는 침류왕 때인 384년, 서역의 승려 마라난타가 동진에서 왔다. 왕은 예의를 갖추어 그를 궁중으로 맞아들였으며, 그다음 해에는 도읍인 한산주에 절을 짓고 사람들에게 불교를 가르쳤다.

그런데 신라에 불교가 전래된 것과 관련해서 《삼국사기》와 〈아도 비문〉의 내용이 일치하지 않는다. 《삼국사기》에는 19대 눌지왕 때 묵호자가 처음 왔고, 그 후 21대 소지왕 때 아도가 왔다고 한다. 이때는 5세기였다. 그렇지만 〈아도 비문〉에는 3세기 13대 미추왕 때 고구려에서 온 아도가 처음 불교를 전했다고 나와 있다.

여기서 일연은 불교가 고구려에 전래된 시기가 소수림왕 때(4세기 후반)였음을 감안하면 신라에 불교가 전래된 것은 그보다 30년쯤 뒤인 눌지왕 때(5세기)가 맞을 것으로 추론한다. 그리고 그때 온 인물은 아도일 것인데, 당시 신라는 불교를 인정하지 않았으므로 아도는 묵호자라는 가명을 썼을 것으로 본다.

이처럼 신라에는 눌지왕 시대에 아도가 들어와 불교를 전했지만, 그의 사후 명맥이 끊기고 만다. 그 이유는 고구려나 백제와 달리 신라에는 토속 신앙을 믿는 귀족들이 강하게 버티고 있었고, 이들은 불교의 수용을 거부했기 때문이다. 그래서 불교라는 새로운 종교를 도입해 왕권을 강화하려는 왕실과 토

국립경주박물관에 있는 이차돈 순교비. 몸돌 한 면에 목이 베이는 이차돈의 모습이 조각되어 있다. 9세기 헌덕왕 때 세운 것으로 추정된다.

속 신앙을 바탕으로 기득권을 유지하려는 귀족 세력 간의 갈등과 대립이 있었고, 이런 갈등의 마지막 지점에서 바로 이차돈 사건이 일어나게 된 것이다.

앞의 설화에서는 이차돈이 처형될 때 일어난 기이한 일들로 말미암아 불교가 널리 퍼졌다고 미화하고 있지만, 사실은 지증왕 이후 강화된 왕권을 바탕으로 법흥왕은 불교 공인을 밀어붙였을 것이다. 이후 신라에서 불교는 왕실과 백성들을 하나로 묶어 주는 정신적 구심체가 되었고, 이런 불교의 호국 정신에 힘입어 신라는 삼국 통일까지 이루게 된다.

2 중국 유학의 길을 연 원광

《삼국유사》는 여러 고승(학식과 덕이 뛰어난 승려)들을 소개하고 있는데, 그중에서도 '원광'을 맨 먼저 소개하고 있다. 그 까닭은 원광이 중국에 유학하여 불교의 진수를 터득했던 최초의 고승이기 때문이다. 일연은 네 권의 책을 인용하면서 원광을 자세하게 소개하고 있다.

① 《속고승전》에 있는 원광 법사의 전기

당나라 때 편찬한 《속고승전》(고승들의 전기를 엮은 책)에 있는 기록이다. 신라 황룡사의 승려 원광은 성이 박씨다. 본래 삼한(변한·진한·마한)에 살았는데, 원광은 진한 사람이다. 대대로 그 땅에 살면서 조상의 풍습을 오랫동안 계승했는데, 기량이 뛰어났고 글짓기를 즐겼다. 그는 도교와 유학 서적을 두루 읽고 여러 대가와 역사서를 연구하여 명성이 드높았다. 그러나 그는 아무래도 중국 지식인들에 비해서는 많이 부족하다고 느껴 마침내 친구들과 헤어져 중국 유학을 결심했다.

25세에 배를 타고 금릉(난징)을 찾아갔는데, 그때 그곳에는 진나라(陳, 557~589년)가 학문을 크게 장려하고 있었다. 그는 거기서 여러 학자들을 찾아가 자신이 몰랐던 부분들을 질문하면서 학문을 터득해 갔다. 처음에는 장엄사를 찾아가 그곳에서 민공의 제자에게서 배웠다.

원광은 본래 유교 경전을 깊이 공부했던지라 유학의 최고 경지에 도달했다고 여겼는데, 불교의 가르침을 듣고 나서부터는 그간 읽었던 유학의 경전들을 썩은 지푸라기처럼 여기게 되었다. 그간 헛되이 성현의 가르침을 공부한 것이 도리어 자신을 병들게 만들었다고 생각한 그는 진나라 왕에게 승려가 될 수 있도록 청하여 허락을 받았다.

그는 중이 되어 계를 받고 여러 강의나 법회를 찾아 돌아다니며 오묘한 뜻을 이해하는 데 시간을 아끼지 않았다. 불경의 모든 이론을 두루 연구했을 뿐 아니라, 그 가르침을 마음에 새겨 언제나 잊지 않고 살았다. 그곳에서 그의 명성이 높아지자 많은 이들이 구름처럼 모여들어 그의 가르침을 받고자 했다. 그러나 그는 깨달음을 얻은 후 속세와는 아주 멀리했다.

이때 산 밑에 살고 있던 한 신도가 원광을 찾아와 강연을 청했다. 그는 굳이 사양하고 허락하지 않았으나, 간절하게 청하므로 결국 허락했다. 경전 해석이 명쾌하고 아름다운 언어로 뜻을 엮어 내니, 듣는 이는 매우 기뻐했으며 흡족해 했다. 이때부터 원광은 중생에게 불법을 전파하여 많은 세상 사람들을 부처의 세계로 인도했다. 그의 명망은 널리 퍼져 중국 남방 일대에 전파되니, 험한 길을 마다 않고 보따리를 둘러메고 오는 사람들이 서로 고기비늘처럼 잇닿았다.

당시는 수나라 천자(문제)가 천하를 다스리게 되니, 그 위세가 진나라까지 미쳤다(당시 중국은 남북조 시대였는데, 북조의 수나라가 남조의 진나라를 압박한 것을 말함). 수나라의 군사가 진나라 수도 양주로 쳐들어오자, 원광도 병사들에게 잡혀 살해될 처지에 놓였다.

이때 수나라 대장은 자기 군사들이 절에 불 지르고 있는 걸 보고 놀라 달려갔다. 그러나 불을 끄려고 가보니 불길은 하나도 없고, 다만 탑 앞에 원광이 묶여 죽임을 당하려 하고 있었다. 수나라 대장은 이것을 기이하게 여겨 즉시 그의 결박을 풀고 그를 놓아주었다. 원광의 영험함은 이처럼 놀라웠다.

원광은 남방 지역에서 학문을 공부했으므로 북방 지역의 문화를 배우기 위해 수나라의 수도(당시의 장안)로 가서 유학했다. 그때는 바로 대승 불교의 유파인 섭론종이 막 전파되고 있었는데, 그 오묘한 내용을 마음으로 깨달으니 여기서도 원광의 명성은 순식간에 널리 퍼졌다. 이렇게 큰 업적을 이루자, 그는 이제 신라에 가서 가르침을 펴고자 했다.

신라에서도 원광의 소식을 듣고는 수나라 황제에게 여러 번 그의 귀국을 청했더니, 황제가 그를 후하게 위로하며 귀국하도록 해 주었다. 원광이 수십 년 만에 고국으로 돌아오니 모두가 기뻐했다. 임금(진평왕)도 그를 직접 만나 예를 갖추고 성인처럼 받들었다. 원광은 성품이 담백하고 정이 많아 말할 때는 항시 웃음을 머금었고, 성낸 기색을 얼굴에 드러내지 않았다.

외교 문서라든가 중국 황제에게 보내는 글 등 국서는 모두 그의 가슴속에서 나왔으니, 온 나라에서 그를 극진히 받들어 정치하는 방법이라

든가 교화의 도리 등을 자문했다. 그는 높은 지위의 관리는 아니었지만, 실제로는 국정을 보는 재상과도 같았다. 그가 연로해지자 수레를 타고 대궐을 출입할 수 있었다. 그의 옷이며 약과 음식은 모두 왕이 손수 마련해 주었으니, 왕의 감복과 존경이 이러했다.

세상을 뜨기 전에 왕이 친히 손잡고 위로하면서 백성들을 구제할 좋은 법을 유언해 달라고 하자, 그는 나라의 좋은 일과 조짐을 미리 말해서 그 공덕이 바다에까지 미치게 했다. 그 후 몸이 불편함을 느끼자 이레 뒤에 절실한 훈계를 남기고는 머물던 황룡사에서 단정히 앉아 세상을 떴으니, 나이 99세였다(640년).

그가 임종할 때 절의 동북쪽 하늘에서 음악 소리가 들려왔고 이상한 향기가 절에 충만했으니, 그의 죽음을 애도하던 모든 사람들이 그의 영험함을 알게 되었다. 나라에서는 장례 도구와 물품을 내렸는데, 임금의 장례식처럼 성대하게 치러졌다.

그 후 어떤 사람이 죽은 아이를 낳았다. 세간에 복 받은 사람의 무덤에 죽은 아이를 묻으면 후손이 끊이지 않는다는 말이 있어서, 그 사람은 몰래 원광의 무덤 옆에 죽은 아이를 묻었다. 바로 그날 벼락이 쳐서 죽은 아이를 묘지 밖으로 내쳤다. 이 일이 있고 나자 그를 공경하지 않던 자들도 모두 우러러보게 되었다.

② 원광 법사의 제자, 원안이 쓴 기록

원광의 제자 원안은 일찍이 스승에 대한 글을 썼는데, 그 기록은 이렇다.

한번은 신라 왕이 큰 병에 걸렸다. 모든 의원이 치료했으나 낫지 않아 원광을 청하여 궁전에 거처하게 했다. 원광은 밤마다 두 시간씩 오묘한 설법을 하니, 왕이 계를 받고 참회하여 열성으로 믿고 따랐다.

어느 날 초저녁에 왕이 원광의 머리를 보니 금색이 찬연하여 햇무리 모양 같은 게 그의 몸을 따라왔는데, 왕후와 궁녀들도 이 모습을 함께 보았다. 이로부터 원광은 거듭 신심을 분발하여 병실에 머물렀는데, 얼마 안 되어 왕의 병이 나았다.

원광은 백제를 포함해 진한, 마한 지역에서 불교를 널리 전파하고 해마다 두 번씩 강의하여 후진들을 양성했다. 시주받은 재물은 모두 절 짓는 데 충당했으니, 돌아가실 때 남은 건 오직 옷과 바리때(스님들이 사용하는 밥그릇)뿐이었다.

③ 《수이전》에 있는 원광 법사의 전기

경주에 사는 정효라고 하는, 한 퇴임 향리의 집에 소장하고 있는 《수이전》(신라를 배경으로 발생한 기이한 이야기들을 모아 놓은 책. 저자와 편찬 시기는 알 수 없고, 현재 남아 있지 않음)에는 이렇게 기록되어 있다.

법사의 성은 설씨요, 서울(경주) 사람이다. 승려가 되어 수행 중 30세에 조용한 곳에서 도를 닦으리라 생각하고 혼자 삼기산(경주시 안강읍의 금곡산으로 추정)에 들어가 살았다. 4년 후에 어떤 승려가, 법사가 사는 데서 멀지 않은 곳에 따로 절을 짓고 2년 정도 살았다. 그는 사람이 사납고 억세며 또 잡스러운 주술을 좋아했다.

어느 날 원광 법사가 밤에 혼자 불경을 외고 있는데, 갑자기 신령이 그의 이름을 부르면서 말했다.

"그대는 참 바른 수행을 하고 있도다. 많은 이들이 수행하지만 그대처럼 잘하는 이는 드물다. 허나 그대 이웃에 있는 중을 보니, 주술은 곧 잘 닦고 있지만 실속 없이 요란하기만 해서 남의 수행을 방해하고 있도다. 더구나 그는 내가 다니는 길목에 살고 있어서 내가 오갈 때마다 신경이 쓰이게 하고 길을 방해하니, 미운 생각이 들 지경이다. 법사는 나를 생각해서 그에게 이사 가라고 말하라. 만일 그가 오래 머무른다면 내가 곧 죄 되는 일을 저지를까 걱정되노라."

이튿날 원광은 그 중을 찾아가 말했다.

"내가 어젯밤에 신령의 말을 들었는데, 대사는 다른 곳에 가는 게 좋겠소. 옮겨 가지 않으면 무슨 재앙이 있을지도 모르오."

그러자 그 중이 대답했다.

"독실한 수행자도 마귀에게 홀림을 당합니까? 어째서 여우 귀신의 말을 걱정합니까?"

그날 밤 신령이 또 원광을 찾아왔다.

"어제 내가 한 말에 그 중이 뭐라고 답하던가?"

원광은 신령이 노할까 두려웠다.

"아직 말을 못 해 봤습니다. 그렇지만 제가 말한다면 어찌 감히 듣지 않겠습니까?"

신령이 말했다.

"내가 이미 둘이 하는 말을 다 들었는데, 법사는 어째서 말을 더 보태는가? 잠자코 내가 하는 일을 보기나 하라."

그리고 신령은 작별하고 갔다. 그날 밤중에 갑자기 크게 벼락 치는 소리가 들렸다. 이튿날 그곳에 가서 보니, 산이 무너져서 중이 있던 절을 묻어 버렸다. 신령이 또 와서 말했다.

"그대가 보기에는 어떠한가?"

"매우 놀랍고 무섭습니다."

"내 나이 거의 3천 살이 되어 가고 도술의 위력은 가장 왕성할 때다. 이런 일은 하찮은 일인데 뭘 그리 놀라는가? 나는 미래의 일도 알지 못하는 것이 없고, 천하의 일도 통달하지 않은 것이 없다. 이제 생각해 보니 법사가 그저 이곳에만 있다면 비록 자신에게 이로운 공부는 할 수 있으나, 다른 사람에게 공덕은 없을 것이다. 이 세상에서 명성을 드높이지 못하면 내세에 좋은 업보를 거두지 못하는 법이다. 그런데 그대는 왜 중국에서 불법을 배워 이 나라의 혼미한 중생들을 지도하려 하지 않는가?"

원광이 대답했다.

"중국에 가서 도를 배우는 것이 저의 간절한 소원이나, 바다와 육지가 멀리 막혀 있어 제 힘으로는 가지 못하고 있습니다."

이에 신령이 원광에게 중국 가는 방도를 자세히 일러 주었다. 법사는 가르쳐 준 대로 따라 해서 중국에 갔다. 그는 중국에서 11년간 머물며 불경을 널리 통달하고 유학까지 겸하여 배워 진평왕 때 귀국했다.

원광은 자기를 도와준 신령에게 감사 인사를 하기 위해 전에 살던 삼기산 암자로 갔다. 밤이 깊어지자 신령이 와서 그의 이름을 부르며 말했다.

"머나먼 여행길을 어떻게 다녀왔는가?"

"크나크신 은혜를 입어 편안히 다녀왔습니다."

"나 또한 법사로부터 계를 받고 싶소."

이에 윤회의 기나긴 생에서 서로 구제해 주기로 약속했다.

법사가 또 청했다.

"하온데 신령님의 진짜 얼굴을 뵐 수 있겠습니까?"

"만일 내 모습을 보려거든 내일 아침에 동쪽 하늘 끝을 바라보시오!"

이튿날 아침 동쪽 하늘을 바라보니, 커다란 팔뚝 하나가 구름을 뚫고 하늘 끝에 닿아 있었다. 그날 밤에 신령이 또 와서 물었다.

"법사는 내 팔뚝을 보았는가?"

"보았는데 너무나 신기했습니다."

이 일 때문에 삼기산을 속칭 '비장산(팔뚝이 긴 산)'이라고 한다.

신령이 말했다.

"비록 이런 몸이 있지만 나도 덧없는 죽음을 면하진 못할 것이오. 머지않아 나는 이 고개에서 내 몸을 보시(자비심으로 남에게 재물이나 불법을 베풂)로 바치고, 세상을 떠나려 하오. 법사는 와서 영원히 떠나는 나의 혼을 위로해 주오!"

약속한 날 원광이 그 고개에 가서 보니, 칠흑처럼 검은 늙은 여우 한 마리가 숨을 헐떡거리다가 그만 죽어 버렸다.

원광 법사가 중국에서 돌아온 뒤로 조정의 군신들은 모두 그를 공경하여 스승으로 삼았다. 법사는 늘 큰 깨달음을 전하는 대승경전(화엄경·법화경·반야경·무량수경 등 대승불교에서 중요시하는 경전)을 강의했다.

이때 고구려와 백제가 늘 신라의 국경을 침범했으므로 왕이 이를 매우 걱정하여 수나라에 군사를 청하려고 했다. 왕은 법사에게 부탁하여 걸병표(군사를 청하는 글)를 작성하도록 했다. 수나라 황제는 그 글을 보고 30만 군사로 친히 고구려를 공격했다. 이 일로 사람들은 원광 법사가 유학에도 깊이 통달했음을 알았다. 84세에 세상을 떠나니 명활성 서쪽에 장사 지냈다.

④《삼국사기》〈열전〉에 실린 원광 이야기

《삼국사기》에는 이렇게 기록되어 있다.

사량부 마을에는 '귀산'이라는 어진 선비가 살았는데, 그는 같은 동네에 사는 '추항'과 친해 벗이 되었다. 두 사람이 서로 다짐했다.

"점잖은 선비들과 사귀려면 우리가 먼저 마음을 다잡고 올바른 사람이 되어야 하지 않겠나? 그러니 훌륭한 스승을 찾아가 도를 배우도록 하세."

이 무렵 원광 법사가 수나라에서 돌아와 '가슬갑사(경북 청도에 있는 절)'에 머물고 있다는 소문이 들렸다. 귀산과 추항은 곧 원광 법사를 찾아 뵙고 아뢰었다.

"저희들은 속세의 선비로서 우매하여 아는 바가 없습니다. 부디 한 말씀만 내려 주시면 평생의 교훈으로 삼겠습니다."

원광이 말했다.

"불교에는 보살계(보살들이 지켜야 할 계율)가 있는데, 그것은 열 가지 조항으로 되어 있다. 그러나 너희들은 남의 신하이자 자식의 몸이니 아마 감당하기 어려울 것이다. 여기에 세속오계(속세에 살며 지켜야 할 다섯 가지 계명)가 있으니 이에 따르라.

첫째, 충성으로 임금을 섬기고(사군이충), 둘째, 효도로써 부모를 섬기고(사친이효), 셋째, 친구와 사귐에 신의를 지키고(교우이신), 넷째, 싸움에 임해서는 물러서지 말고(임전무퇴), 다섯째, 생물을 죽이는 데는 가려서 할 것(살생유택)이니라. 너희는 명심해서 이를 소홀히 하지 말고 실행하도록 하거라!"

두 사람이 다시 여쭈었다.

"다른 것은 이미 잘 알겠지만, '생물을 죽이는 데는 가려서 하라'는 말씀은 아직 이해되지 않습니다."

원광이 말했다.

"육재일(사천왕이 사람들의 행실을 살피는 날이라 하여 매월 몸을 조심하며 계율을 지키는 여섯 날)과 봄여름에 살생을 하지 않는 것이니라. 이는 살생에서 때를 가리는 것이요, 기르는 짐승 곧 말과 소, 닭과 개를 죽이지 않는 것이며, 아주 작은 생물 곧 고기 한 점도 되지 않는 것을 죽이지 않는 것인데, 살생에서 생물을 가려야 함을 말하는 것이다. 또한 다만 필요한 것만 죽여야지, 쓸데없이 많은 살생을 하지 말라는 것이다. 이것이 세속에서 지켜야 할 계율이니라."

"지금부터는 이 말씀을 받들어 실행하되, 감히 어기지 않겠습니다."

그 후 두 사람은 모두 군에 들어가 나라에 큰 공을 세웠다.

⑤ 일연이 말하는 원광 법사

내가 논평해서 말하자면 이렇다. 법흥왕이 불교를 일으켜 중생을 구제하는 길은 닦았으나, 아직 불법의 깊은 뜻에 미처 이르지는 못하고 있었다. 마땅히 계율을 지켜 번뇌를 없애고 참회의 정신으로 어리석은 중생들을 환히 깨닫도록 했어야 했다. 이 때문에 바로 원광 법사가 이 일을 시작한 것이다.

원광은 성품이 조용한 것을 좋아하고, 항상 미소를 띠며 성내는 일이 없었다. 나이가 들어서는 수레를 타고 궁궐에 들어갔으니, 당시 많은 선비들이 덕과 의로움을 지녀도 감히 그보다 뛰어난 이가 없었고, 글 재주도 나라의 으뜸이었다. 80여 세가 되어 죽었는데, 그의 부도(승려의 사리나 유골을 모신 탑)는 삼기산 금곡사에 있다.

원광이 활동한 시기는 진평왕 때였다. 당시 남북조로 분열되어 있던 중국은 북조의 수나라에 의해 통일되기 직전이었다. 이때 중국의 남조인 진나라에 유학했던 원광은 큰 깨달음을 얻자, 북조의 수나라 서울로 가서 다시 한 번 정진했다. 그리고 그곳에서도 명성을 날려 훗날 당나라 때 편찬된 《속고승전》에 소개될 정도의 고승으로 존경받았다. 여기서 일연은 《속고승전》 외에도 다른 세 자료를 더 인용해서 원광을 자세히 소개하고 있다.

그런데 《속고승전》과 《수이전》을 보면 성도 다르고, 죽은 나이도 다르게 나와 있다. 또 원광이 승려가 된 것도 《속고승전》에는 중국에 유학한 다음이라 나오고, 《수이전》에는 유학하기 전이라 나온다. 어쨌든 이런 내용은 그 사실 여부를 밝히기가 상당히 어렵지만, 처음에 유학 사상을 공부하다가 비교적 늦은 나이에 출가한 다음, 중국에 유학을 가서 이름을 날리다가 신라로 돌아와서는 불교 발전과 국가 정책에 많은 도움을 주었다는 내용은 별반 다르지 않다.

일연이 논평한 대로 법흥왕 시절 불교가 비로소 발전되기 시작했지만 이론이나 깊이에서 완성되지 못했는데, 원광에 이르러 신라 불교는 비로소 그 오묘한 진리의 경지에 이른 것이다. 더구나 원광이 '세속오계'를 가르쳐 준 걸로 유명한 가슬갑사는 일연이 만년에 지냈던 운문사와 아주 가깝던 절이어서 더욱 각별하게 느꼈을 것으로 보인다.

3 신라 불교의 계율을 만든 자장

　자장은 진골 출신의 승려였으니, 신라 귀족 사회에도 영향력이 큰 인물이었다. 그는 당나라에서 유학하고 돌아와 신라 불교의 계율을 정립함으로써 불교가 신라 사회에 정착하는 데 큰 공헌을 했다. 황룡사 9층탑의 건립을 선덕여왕에게 제안한 것도 그였다. 그의 전기는 《속고승전》과 《삼국사기》 등 여러 곳에 기록되어 있다.

① 중국에서 문수보살을 만나다

자장 대사는 성이 김씨고, 진한의 진골인 무림 소판(잡찬, 신라의 십칠 관등 중 셋째 등급)의 아들이다. 그 아버지는 중요한 관직에 있었으나 뒤를 이을 자식이 없었다. 이에 부처님께 귀의하여 천부관음보살(천 개의 관음보살상)에게 간절히 축원했다.

"만일 아들을 낳으면, 부처님께 바쳐서 부처님을 위한 큰 일꾼이 되게 하겠습니다."

뜻밖에도 그 어머니의 꿈에 별이 자기 품속으로 들어오더니, 이로 인해 임신했다. 아이를 낳으니 석가모니와 생일이 같았으므로 이름을 '선종랑'이라 했다. 선종랑은 어려서부터 성품이 맑고 깨끗했으며, 지혜가 뛰어났고 속세의 취미에 물들지 않았다. 일찍 부모를 여읜 그는 속세의 시끄러움을 피해 처자식을 버리고 토지를 내놓아 '원녕사'라는 절을 지어 바쳤다.

그리고 자신은 혼자서 깊은 산속에 들어가 이리나 호랑이가 나다니는 깊숙하고 험준한 곳에서 수행을 했다. 고골관(인생무상을 깨닫고 몸에 집착된 생각을 없애기 위해 송장의 피부와 근육이 다 없어지고 백골만 붙어 있거나 흩어져 낭자한 모습을 관찰하는 것)을 실천했는데, 행여 게을러지거나 피곤해지면 작은 집을 지어 주변을 가시덤불로 막고 그 속에 알몸으로 앉았다. 움직이면 즉시 가시에 찔리도록 한 것이다. 또 머리는 풀어서 대들보에 매달았는데, 정신이 혼미해지는 것을 막으려 했던 것이다.

그때 조정에는 재상 자리가 비어 있었다. 문벌로 볼 때 자장이 물망에 올라서 여러 번 부름을 받았으나, 나가지 않았다. 이에 왕은 명을 내렸다.

"끝까지 나오지 않으면 목을 베겠다."

그러나 자장은 이 말을 듣고 대답했다.

"차라리 하루 동안 계율을 지키다 죽을지언정 100년 동안 계율을 어기며 살고 싶지는 않습니다."

이 말을 듣고 결국 왕은 그가 승려가 되는 것을 허락했다. 자장은 여러 바위 사이에 깊이 숨어 틀어박혀 있었으니, 아무도 양식을 줄 수 없었다. 이때 이상한 새가 과실을 물어다가 바쳤으므로 손을 내밀어 받아먹었다. 그러던 중 천인(天人)이 와서 오계(불교도들이 지켜야 할 가장 기본적인 다섯 가지 계율)를 주는 꿈을 꾸고 비로소 산골짜기에서 나왔다. 각지에서 많은 사람들이 그를 찾아와 계를 받았다.

자장은 변방인 신라에서 태어난 것을 탄식하면서 중국에 가서 더 깊이 불교의 이치를 공부하려 했다. 이에 그는 선덕여왕의 허락을 받아 그의 문하에 있는 10여 명을 데리고 당나라로 들어가 청량산을 찾아 갔다. 이 산에는 문수보살 소상(진흙으로 빚은 조각)이 있었는데, 사람들은 부처님이 장인을 보내서 새긴 것이라고 했다.

자장이 소상 앞에서 기도하고 명상하니, 꿈에 소상이 자장의 이마를 어루만지면서 범어(인도 산스크리트어)로 된 게송(짧은 노랫말에 가르침을 담은 것)을 주었다. 꿈에서 깨어난 그는 아무리 궁리해도 그 의미를 알 수 없었다. 이튿날 아침에 한 이상한 스님이 와서 그 뜻을 풀이해 주면서 말했다.

"비록 만 가지 가르침을 배운다 해도 이 말씀보다 더 나은 것은 없소."

그리고 그는 가사와 사리 등을 자장에게 주고 사라져 버렸다.

자장은 문수보살로부터 자신이 장차 부처가 되리라는 예언을 받았다는 것을 알고는 산에서 내려와 '태화지'라는 연못에 이르렀다. 이곳에서 그는 한 신령스런 사람을 만났는데, 그는 자장에게 귀국하면 황룡사에 9층탑을 세우라는 조언을 했다(이 내용은 2부 2장에 있는 황룡사 9층탑 기사에 나와 있다).

자장이 당나라의 수도 장안으로 들어가니, 당나라 태종은 칙사를 보내 위로하고 그를 대궐 가까이에 있는 절에 편히 있게 하면서 많은 선물을 주었다. 자장은 번잡함이 싫어서 황제에게 글로 감사를 드리고 종남산의 깊은 낭떠러지에 들어가서 바위를 가로질러 방을 만들었다. 그곳에서 3년을 수도했는데, 영험이 날로 커졌다. 이에 관한 이야기는 너무 많으므로 기재하지 않는다. 얼마 후 다시 장안으로 갔더니, 또 황제로부터 위로의 말과 함께 비단 등 많은 선물을 받았다.

643년에 신라 선덕여왕이 글을 올려 자장의 귀국을 청했다. 당 태종은 자장을 대궐로 불러 비단옷 한 벌과 많은 채색 비단을 내렸고, 태자도 그리했다. 자장은 신라에 불경과 불상이 구비되지 못했으므로 대장경 한 부와 깃발[번당]이나 꽃우산[화개] 등 이로움을 줄 만한 것들을 요청하여 모두 배에 실었다.

② 신라 불교를 크게 발전시키다

그가 돌아오자 온 나라가 환영했다. 왕은 그를 분황사에 살도록 했는데, 대우가 극진했다. 어느 해 여름 자장이 황룡사에서 7일 동안 밤낮으로 강연하던 날에는 하늘에서 단비가 내리고 구름 안개가 자욱이 끼어 강당을 덮었으므로 군중들이 모두 그 신기함에 탄복했다.

이 무렵 조정에서 의논했다.

"불교가 동방에서 들어와 비록 오랜 세월이 지났지만 불법을 이끌고 받드는 규율이 없으니, 전체를 통괄해서 다스리지 않으면 바로잡을 수 없다."

신하들이 이러한 논의를 왕에게 아뢰니, 왕은 자장을 대국통으로 임명하고 그에게 승려들의 규범을 주관하여 제정하도록 했다. 자장은 곧 지금이 불교를 발전시키는 데 다시없이 좋은 기회라 생각하고는 승려의 자질을 향상시키기 위해 승려의 5부 공부에 옛 학문을 덧붙이고, 보름마다 계율을 강의했으며, 겨울과 봄에는 두 차례 시험을 치르게 했으며, 전국의 절들을 돌면서 승려의 행실과 절의 관리를 순찰하며 감독하게 했다. (중략)

이 무렵 신라에서는 계를 받고 부처를 받드는 자가 열에 여덟, 아홉 집이 되었으며, 머리 깎고 승려가 되기를 청하는 이가 해와 달마다 늘어났다. 이에 그는 통도사를 세우고 계단(계를 받는 제단)을 쌓아 승려 지망생들을 받아들였다.

자장은 관리들의 복장을 중국의 예를 따라 똑같이 하자는 건의를 했고, 이것이 받아들여져 진덕여왕 3년(649년)에 처음으로 중국의 의관을 입게 되었다. 이듬해엔 또 중국 달력과 중국 연호를 사용했다. 그 후로 중국 황제를 찾아뵐 때마다 신라가 주변국들 중에서 으뜸 좌석에 앉게 되었는데, 이는 자장의 공로였다.

③ 문수보살을 보고도 알아보지 못하다

만년에 자장은 경주를 떠나 강릉에 수다사를 세우고 그곳에 머물렀다.

어느 날 꿈에 이상한 승려가 나타났는데, 그 모습은 중국의 청량산에서 보았던 스님과 같았다. 그 스님이 말했다.

"내일은 그대를 대송정에서 만나리라."

깜짝 놀라 일어나 이른 아침 대송정에 갔더니, 과연 문수보살이 거기에 와 계시는 것이었다. 그가 불법의 요점을 질문했더니 문수보살이 말했다.

"태백산에 있는 갈반지(칡덩굴이 서려 있는 곳)에서 다시 만나리라."

그러고는 사라졌다. 자장이 태백산에 가서 그곳을 찾다가 큰 구렁이가 나무 아래에 웅크리고 있는 것을 보고 시종에게 말했다.

"여기가 그 갈반지다."

그리고 석남원(지금의 강원도 태백의 정암사)을 세워 문수보살이 내려오기만을 기다렸다. 그때였다. 한 늙은 거사가 남루한 옷을 입고 칡으로 만든 자루에 죽은 강아지를 담아 메고 와서는 시종에게 말했다.

"자장을 만나려고 왔노라."

시종하는 이가 말했다.

"내가 스승님을 모시면서 누구도 감히 스승님의 이름을 함부로 부르는 자를 보지 못했거늘, 너는 누구이기에 이처럼 미친 소리를 하느냐?"

거사가 말했다.

"다만 너의 스승에게 알리기만 하려무나."

시종이 들어가서 아뢰니, 자장이 이를 깨닫지 못하고 말했다.

"미친 사람인가 보구나."

시종이 나와 꾸짖으며 그를 쫓으니, 거사가 말했다.

"돌아가겠노라, 돌아가겠노라! 이렇게 자신을 높이는 아집이 센 자가 어찌 나를 볼 수 있겠는가!"

그러고는 이내 자루를 거꾸로 쏟았다. 그러자 자루 안에 담겨 있던 죽은 강아지가 튀어나와 갑자기 사자 보좌(사자 모양의 의자)로 변하니, 그는 보좌에 올라앉았다. 그러고는 광채를 나타내고는 가 버렸다.

자장이 이 말을 듣고 그제야 문수보살이 오셨음을 깨닫고 서둘러 예의를 차려 그 빛을 따라 남쪽 고개로 올라갔지만 이미 아득히 멀어져 따라갈 수 없었다. 자장은 마침내 그곳에서 쓰러져 세상을 떠났다. 시체는 화장하여 유골을 굴속에 안치했다.

무릇 자장이 세운 절과 탑이 10여 곳이나 되는데, 탑 하나를 세울 때마다 반드시 기이한 징조가 나타났다. 이에 시주하는 불자들이 많이 모여들어 며칠 만에 절이며 탑이 완성되었다. 자장이 쓰던 도구나 옷, 당나라에 있을 때 태화지 용이 바친 오리 모양의 목침, 그리고 석가가 입으셨던 가사는 모두 통도사(경남 양산시 하북면에 있는 절)에 있다.

자장은 26대 진평왕 때 태어나 27대 선덕여왕과 28대 진덕여왕 때 활동했던 승려인데, 율사 또는 대덕이라 불린다(율사는 계율에 정통한 스님이라는 뜻이고, 대덕은 지혜와 덕망이 높은 승려에 대한 호칭이다.). 그는 중국에 있을 때에도 당 태종과 태자(훗날의 고종)로부터 큰 존경을 받았다. 그는 유학을 마치고 귀국해서 불교 전체를 관장하는 대국통으로 임명되어, 신라 불교의 계율이나 조직 등의 체계를 만들어서 신라 불교의 발전에 큰 기여를 한다.

당에 유학할 때 문수보살을 직접 봤던 그는 귀국해서도 문수 신앙(문수보살을 숭배하고 그에게 의지하여 기도함)을 실천하는 데 많은 노력을 기울였다. 문수보살은 지혜의 보살로, 석가모니의 가르침을 깨닫도록 교화하는 데 도움을 준다. 그래서 문수보살을 흔히 출가의 보살이라 한다. 마치 어린아이가 부모의 도움을 받아 자라는 것처럼 출가한 자들은 곧 문수보살의 보살핌으로 성불을 하는 것이다. 이런 문수 신앙이 자리 잡은 대표적인 곳이 오대산이었고, 그 중심에 자장이 있었다.

4 얽매임이 없었던 원효

원효는 스스로의 깨달음에 의해 한국 불교의 새로운 경지를 열어 '해동 불교의 시조'로 불리는 분이다. 그래서 일연은 원효를 '무엇에도 얽매이지 않은 분'이라 하면서 '성사(거룩한 스승)'라 일컬었다. 사실 원효는 신라에서뿐만 아니라 세계적으로도 큰스님으로 존중받기에 손색없을 만큼 불교 사상, 특히 화쟁 사상을 발전시켰다.

① 파계승이 된 원효

원효성사의 성은 설씨며, 그의 할아버지는 잉피공인데 적대공이라고도 한다. 그의 아버지는 담내 내마('담내'는 이름, '내마'는 열한째 등급의 관리)였다. 원효는 압량군(경북 경산) 불지촌의 율곡(밤나무 골)에 있는 사라수(석가모니가 세상을 떠난 곳에 있었던 사라 나무와 같음) 밑에서 태어났다.

사라수와 관련되어 전해지는 이야기가 있다. 원효의 집은 본래 율곡의 서남쪽에 있었다. 어느 날 그 어머니가 만삭의 몸으로 율곡의 밤나무 밑을 지나다가 갑자기 해산하게 되었다. 너무 급해 집으로 다시 돌아갈 수도 없어서 하는 수 없이 남편의 옷을 나무에 걸고 거기에서 해산했으므로, 나무 이름을 '사라수'라 했다고 한다. 그 나무의 열매가 또 보통 나무와는 달라서 지금도 '사라율(사라 밤)'이라고 한다.

또 전해오는 이야기가 있다. 즉 옛날에 절의 주지 스님이 절의 종들에게 한 사람당 하루 저녁거리로 밤(사라율) 두 알씩을 주었더니 종이 관아에 소송을 했다. 관리가 이상히 여겨 밤을 가져다 조사해 보니 한 알이 바리때 하나에 가득 찼으므로, 이에 결국 한 알씩만 주라고 판결했다. 이 때문에 이름을 '율곡'이라 했다고 한다.

원효 법사는 출가한 후에 자기 집을 내놓아 절을 만들고 이름을 '초개사'라 했다. 또 자신이 태어난 사라수 옆에 절을 세우고 '사라사'라 했다. (중략)

원효 법사의 어릴 적 이름은 서당이고, 그다음 이름은 신당이다. 어머니가 별이 떨어져 품속으로 들어오는 꿈을 꾸었고, 이로 하여 태기가 있었는데 해산을 하게 되자 오색구름이 땅을 덮었다. 그때가 진평왕 39년(617년)이었다.

그는 태어나면서부터 총명하고 뛰어나 스승 없이 학문을 했다. 그가 승려가 되어 사방으로 돌아다니며 수행한 내력과 불교를 널리 폈던 큰 업적은 《당전》(《당고승전》을 말함)과 행장(죽은 사람이 평생 살아온 일을 적은 글)에 상세히 기재되어 있으므로 여기에는 다 적지 않는다. 다만, 《향전》에 기록된 한두 가지 특이한 사실이 있으니 적어 둔다.

원효 법사가 하루는 미친 사람처럼 거리에서 이렇게 노래를 불렀다.

"누가 나에게 자루 없는 도끼를 빌려 주겠는가? 내가 하늘을 받칠 기둥을 찍겠노라!"

사람들이 아무도 그 뜻을 알지 못했다. 이때 태종 무열왕이 이 말을 듣고 말했다.

"스님이 귀한 집 딸을 얻어 훌륭한 아들을 낳고 싶어 하시는구나. 나라에 큰 인물이 있으면 그보다 더 큰 복이 어디 있겠는가."

마침 요석궁에는 과부 공주가 있었다. 왕은 궁중 관리를 시켜 원효를 찾아 요석궁으로 맞아들이게 했다. 그 관리가 원효를 찾으러 가는데, 원효는 벌써 남산에서 내려와 문천교에 있었기에 서로 만나게 되었다. 원효는 일부러 물속에 떨어져 옷을 적셨다. 관리가 원효 법사를 요석궁으로 안내하자, 원효는 젖은 옷을 말린다는 구실로 요석궁에 묵게 되었다. 그 후 공주는 아이를 가져 설총을 낳았다.

설총은 나면서 명민하여 유교 경전과 역사를 두루 통달했다. 그는 신라를 대표하는 열 명의 현인 중 한 분으로 꼽힌다. 특히 그는 이두 문자를 만들어 각종 경전이나 문학 등의 뜻을 새김으로 풀어서 경학을 공부하는 학자들이 끊이지 않고 익히고 배워 전한다.

원효는 파계하고 설총을 낳은 이후로는 보통 사람들의 옷을 입고, 자칭 '소성 거사'라 일컬었다. 어느 날 그는 우연히 광대들이 춤추며 놀 때 쓰는 큰 박을 얻었는데, 그 모양이 이상했다. 그 모양대로 도구를 만든 다음 《화엄경》에 있는 "일체 무애인(거리낄 것이 없는 사람)은 한길로 나가 생사의 윤회에서 벗어난다."라는 구절을 따서 '무애'라고 이름 짓고, 이에 노래를 지어 세상에 퍼뜨렸다. 언제나 이 도구를 가지고 많은 촌락을 돌아다니며 노래하고 춤추며 교화하고 시를 읊조리며 돌아왔으므로, 가난하고 무지몽매한 무리들까지도 모두 부처님 이름을 알게 되었고 '나무아미타불'을 부르게 되었으니, 원효의 교화야말로 진실로 컸던 것이다.

그가 태어난 마을 이름을 '불지'라 하고, 절 이름을 '초개'라 하고, 스스로를 '원효'라 일컬은 것은 모두 부처님의 광명을 처음으로 빛나게 했다는 뜻에서였다. 원효란 말은 우리말인데, 그때 사람들은 모두 '첫새벽'이라 불렀다.

그는 일찍이 분황사에 살면서 《화엄경소》라는 해설서를 썼고, 바다 용의 권고로 임금의 조서를 받고 길 위에서 《삼매경소》라는 해설서를 썼다.

원효가 세상을 떠나자 설총은 그의 유해를 부수어 가루로 만들어 살아생전의 모습을 소상으로 조각하여 분황사에 모셔 공경하고 사모하며 가장 슬픈 뜻을 표했다. 그때 설총이 옆에서 예를 올리니, 소상이 갑자기 고개를 돌려 바라보았으므로 지금까지도 몸을 돌린 채로 있다.

② 말을 하지 않는 사복

신라 서울의 만선 북리에 한 과부가 있었다. 남편도 없이 아이를 낳았는데, 아이는 열두 살이 되어도 말을 하지 않고 일어나지도 못했다.

그래서 이름도 사동[또는 사복](뱀처럼 엎드려 있는 아이라는 뜻)이라고
했다.

어느 날 그의 어머니가 죽었다. 그때 원효는 고선사에 있었는데 사동
이 원효를 찾아왔다. 원효가 예를 갖추며 맞이했으나, 사복은 답례도
하지 않은 채 말했다.

"그대와 내가 옛날에 불경을 실었던 암소가 죽었으니, 함께 가서 장사
를 치르는 것이 어떨까?"

원효가 좋다고 승낙했다. 함께 집에 이르러 사복은 원효에게 포살수
계(선을 기르고 악을 없애는 의식)를 주게 했다. 원효가 시체 앞에 나와 빌
었다.

"태어나지 말라, 죽는 것이 고통이니라. 죽지 말라, 사는 것이 고통이
니라!"

사복이 말했다.

"말이 너무 복잡하구나!"

원효는 다시 고쳐서 말했다.

"죽는 것도, 사는 것도 고통이니라."

두 사람은 상여를 메고 활리산 동쪽 기슭으로 갔다. 원효가 말했다.

"지혜의 호랑이를 지혜의 숲 속에 묻는 것이 마땅하지 않겠소?"

이에 사복이 이렇게 게송(부처의 공덕을 찬양하는 노래)을 지어 불렀다.

그 옛날 석가모니 부처님은 사라 나무 사이에서 열반에 드셨도다.

이제 또 그와 같은 이가 있어 연화장 세계(극락)로 들어가려 하네.

말을 마치고 풀줄기를 뽑자 그 속에 밝고도 맑은 세계가 있어, 칠보로 장식한 난간에 누각이 장엄했다. 아마도 인간의 세상이 아닌 것만 같았다. 사복이 시체를 업고 속으로 들어가니 그 땅이 갑자기 합쳐졌다. 원효는 혼자 돌아왔다.

후세 사람들이 그를 위해 금강산 동남쪽에 절을 세우고 '도량사'라고 했는데, 매년 3월 14일에 법회를 행하도록 했다. 사복이 세상에 나타나 보여 준 것은 이것뿐인데, 세간에서는 황당한 이야기를 지어 보태니 우스운 일이다.

③ 혜공에게 지도받은 원효

혜공 스님은 천진공 댁에 품팔이 하는 노파의 아들로, 어릴 적 이름은 우조였다. 한번은 천진공이 종기를 앓아 거의 죽게 되자 문병하는 이들이 골목에 꽉 들어찼다. 일곱 살 어린아이였던 우조가 어머니에게 물었다.

"무슨 일이 있기에 집 안에 손님이 이렇게도 많은가요?"

"주인어른이 나쁜 병에 걸려 돌아가시려 하는데, 너는 그것도 모르느냐?"

"제가 낫게 해 드리겠습니다."

그 어머니가 아이의 말을 이상하게 여겨 천진공에게 말씀을 드렸더니, 공이 불러오라고 시켜 침상 아래 와서 앉았으나 아무 말이 없었는데 잠시 후 종기가 터졌다. 공은 이것을 우연으로 생각할 뿐 그리 이상하게 여기지 않았다.

우조가 커서는 공의 매를 길렀는데, 공의 마음에 들게 매우 잘했다. 어느 날 공의 아우가 벼슬을 얻어 지방에 가게 되었는데, 공에게 청해서 좋은 매를 얻어 부임지로 갔다. 하루 저녁은 공이 갑자기 그 매 생각이 나서 다음 날 아침 우조를 시켜 매를 찾아오려고 생각하고 있었는데, 우조가 이를 미리 알고는 순식간에 매를 찾아와 동틀 무렵에 가져다 바쳤다. 공이 크게 놀라 깨닫게 되었으며, 그제야 예전에 종기를 치료한 일도 보통 일이 아님이 떠올랐다.

"제가 대단한 성인이 우리 집에 의탁하신 것도 모르고 경망스런 말과 무례한 짓으로 욕되게 했으니, 이 죄를 어떻게 씻겠습니까? 지금부터 스승이 되셔서 저를 이끌어 주십시오."

천진공은 이렇게 말을 하며 내려와 절을 했다.

신령스러운 기적이 이미 나타났으므로 우조는 드디어 출가하여 중이 되어 '혜공'이라 이름을 고쳤다. 그는 어느 작은 절에 살면서 매번 술에 취해 미친 것처럼 길거리에서 삼태기를 둘러멘 채 춤추고 노래해서 호를 '부궤 화상'이라고 하고, 그가 살던 절을 '부개사'라고 했다. '부개'

는 삼태기를 뜻하는 순우리말이다.

또 혜공은 절의 우물 속에 들어가면 몇 달씩 나오지 않아서 우물 이름도 스님의 이름을 따서 지었다. 우물에서 나올 때면 푸른 옷을 입은 신동(재주가 있는 똑똑한 아이)이 먼저 솟아 나왔으므로 절의 중들은 이것을 보고 혜공이 나올 시각을 알았다. 혜공은 우물에서 나와도 옷이 젖어 있지 않았다.

만년에는 항사사[지금의 오어사(경북 포항에 있는 절). 항하(갠지스 강)의 모래(사)만큼이나 무수히 많은 사람들이 출세했기 때문에 '항사동'이라는 이름이 붙었다는 속설이 있다.]로 옮겨 살았는데, 이때 원효가 여러 불경들의 해설을 쓰면서 매번 혜공 스님을 찾아와 의심나는 것도 묻고 가끔 놀기도 했다.

하루는 두 분이 시냇가에서 고기를 잡아먹고 돌 위에 똥을 누었는데, 혜공이 이것을 가리켜서 장난말로 "네가 눈 똥은 내가 잡은 물고기로 구나!"라고 했으므로 절 이름을 '오어사(나의 물고기라는 뜻)'라고 했다. 어떤 사람은 이것을 원효 대사가 한 말이라고 하는데, 이는 잘못이다. 세간에서는 이 시내를 잘못 불러 '모의천'이라고 한다.

원효는 26대 진평왕 때 태어나(617년) 31대 신문왕 때 세상을 떴다(686년). 그러니 그의 생애 가운데 삼국 통일이 이루어진 셈이다. 그는 출가한 다음 당나라로 유학을 가려 했었다. 그런데 잘 알려진 대로 원효는 의상과 함께 길을 떠났다가 중간에 깨달음을 얻고 유학을 포기하는데, 여기서부터 그의 일심(一心, 한마음) 사상이 형성된다. 모든 일은 마음에 달려 있다는 것이다. 그가 유학을 포기한 사실은 여러 자료에 모두 나오지만, 이른바 무덤에서 자면서 물을 먹었다는 '해골바가지 사건'은 중국 자료에만 나온다.

여기서는 원효가 요석 공주와 결혼하는 이야기를 주로 다루고 있다. 앞에서 말한 '자루 없는 도끼'란 여성의 성기를 표현한 것이다. 하늘을 받칠 기둥처럼 큰 인재를 만들고 싶다는 원효의 말을 제대로 이해한 사람은 무열왕이었다.

결국 파계를 하고 설총을 낳은 이후의 원효는 이전과는 완전히 다른 포교 방식을 취한다. 민중 속에서 그들과 함께 깨달음을 얻으려는 대승의 길로 나간 것이다. 당시의 신라 불교가 왕실이나 귀족들의 종교로 자리 잡고 있었던 것에 비추어 보면, 아주 파격적인 길이었다. 그래서 그는 무엇에도 얽매이지 않는 '무애'의 길을 강조했을 것이다. 또 그는 민중 속에서 민중의 언어나 노래로 쉽게 부처의 깨달음을 전파하면서, 심지어 아미타불의 이름을 부르는 것만으로도 극락에 갈 수 있다면서 아미타 신앙(정토 신앙)을 강조했다.

또한 원효는 수많은 저술들을 통해 화쟁 사상을 강조했는데, 이 사상 또한 매우 독창적인 원융(둥근 원처럼 모든 것을 포괄하고 합치는 것) 사상이었다. 화쟁 사상은 여러 경전 연구에서 제기되는 상이한 교리 문

제와 여러 논쟁들 그리고 대승불교와 소승불교의 우열 등을 조화시
키려는 사상으로, 특히 그의 《십문화쟁론》에 잘 나타나 있다.

　원효가 함께 사상을 교류할 수 있었던 대표적인 사람은 사복(사동)
과 혜공이었다. 사복은 사생아이자 장애아로 등장하고 있으나, 원효
와 나누는 선문답(참선하는 사람들끼리 진리를 찾기 위해 주고받는 대화)을 보
면 원효는 사복의 맞수가 되지 못한다.

　또 원효는 혜공으로부터 크나큰 영향을 받았다. 사실 혜공은 어린
시절부터 특이한 이적을 행했으며, 승려가 되어서도 미친 중이라 불
릴 정도로 자유분방하고 무애를 실천한 스님이었다. 그리고 혜공은
원효가 찾아와 자문을 구할 정도로 탁월한 식견이 있었을 뿐 아니라,
원효보다도 앞서 민중 속에서 불교를 전파한 선구자였다. 이런 혜공
을 통해 원효의 사상은 더욱 발전했고, 그 결과 한국 불교의 교조로
우뚝 설 수 있었다고 하겠다.

5 신라 화엄종의 시조가 된 의상

의상은 원효와 함께 당나라 유학길에 올랐다. 이때 원효는 해골바가지 사건으로 깨달음을 얻고 유학을 포기하지만, 의상은 결국 유학을 마치고 돌아온다. 귀국 후 신라 화엄종의 시조가 된 의상 역시 원효와 더불어 고승 대덕의 명성을 얻는다. 다만 원효가 현실적이며 융통성이 있었다면, 의상은 원칙적이며 정통적이었다는 평가가 어울릴 것이다.

① 당에 유학하다

의상 법사는 그의 아버지가 한신이며 성은 김씨다. 나이 스물아홉에 서울 황복사에서 머리를 깎고 중이 되었다. 얼마 후 중국에 가서 공부하기 위해 원효와 함께 요동으로 갔다가, 국경을 지키는 병사들에게 첩자로 의심받아 잡힌 지 수십 일 만에 간신히 빠져나와 돌아왔다.

선덕여왕 때 마침 본국으로 돌아가는 당나라 사신이 있어서 그 배를 타고 중국으로 들어갔다. 처음에는 양주(중국 장쑤성)에 머무르다, 얼마 뒤 종남산(중국 산시성 시안에 있는 산)의 지상사로 찾아가 지엄(화엄종의 제2대 시조로 추앙받던 고승)을 뵈었다.

지엄은 전날 밤에 꿈을 꾸었는데, 큰 나무 한 그루가 신라에서 자라나서 가지와 잎이 넓게 우거져 중국까지 와서 덮었다. 나무 위에는 봉황의 둥지가 있어서 올라가 보니 마니 구슬(여의주를 말한다. 이 구슬은 용왕의 뇌에서 나온 것으로, 악을 제거하고 흐린 물을 맑게 하며 재앙을 없애는 힘이 있다고 함) 한 개가 있었는데, 그 빛이 멀리까지 비치는 것이었다. 꿈을 깬 후 놀랍기도 하고 이상해서 깨끗이 집을 청소하고 기다렸더니 의상이 왔다. 지엄은 특별한 예로 영접하고 조용히 말했다.

"내가 어젯밤 꿈을 꾼 것은 그대가 나에게 올 징조였구나!"

그리하여 제자가 됨을 허락했고, 의상은 《화엄경》의 미묘한 뜻을 깊이 연구했다. 지엄은 서로 토론할 수 있는 사람을 만난 것을 기뻐하면서 경전의 새로운 이치를 밝혀냈다. 그런데 때론 심오하고 세세한 부분까지 이치를 찾아냄은 제자가 스승보다 더 나았다.

얼마 뒤에 신라 재상 김흠순[또는 김인문(무열왕의 둘째 아들, 곧 문무왕의 동생)이라고도 함]과 김양도(김유신과 함께 통일 전쟁에서 큰 공을 세운 장군) 등이 당나라에 왔다가 감금되어 있었고, 당나라 고종은 군사를 일으켜 신라를 치려고 했다. 이에 김흠순 등이 몰래 의상에게 먼저 귀국하도록 권하므로, 의상은 곧 신라로 돌아갔다(670년).

신라 조정에 이 사실을 알리자, 조정에서는 신인종의 고승인 명랑 대사에게 명하여 비밀리에 제단을 세우고 비법으로 기도하니, 나라가 화를 면했다(사세한 내용은 1부 2장 '11. 삼국 통일을 완성한 문무왕' 참조).

경북 영주에 있는 부석사 전경. 의상이 세운 화엄종 사찰로, 이 건물은 고려 후기에 지어진 목조 건축물이다.

② 부석사를 창건하다

문무왕 16년(676년) 의상은 태백산으로 들어가 조정의 뜻을 받들어 부석사를 창건하고 가르침을 널리 펴니, 영험한 감응이 많이 나타났다.

이때 중국 종남산에서 지엄 스님에게서 같이 공부하던 현수(지엄을 이어 화엄종의 제3대 시조가 된 법장 스님)가 자신이 쓴 책의 사본을 의상에게 보내면서 편지를 보냈는데, 그 내용이 자못 공손했다.

"작별한 지 20여 년에 흠모하는 지극함이 어찌 마음에서 떠나겠습니까? 구름 자욱한 머나먼 만 리 길, 바다와 육지가 천 겹으로 막혀 다시는 만날 수 없음이 안타깝고 그리움을 어찌 다 말로 표현할 수 있겠습니까? 듣자오니 스님께서는 고향으로 가셔서 화엄을 가르치고 법계의 무애연기(일체의 사물이 장애 없이 서로 의존하고 있다는 진리)를 드날리시어 새로운 부처의 나라에 널리 이로움을 주신다니 그 기쁨이 한량없습니다. 이로써 석가여래가 입멸하신 후 부처의 광명을 밝게 빛내고 법륜(부처의 가르침을 전하는 바퀴)을 다시 돌려 불법이 오래 머물도록 할 이는 오직 스님뿐임을 알았습니다.

저 법장은 정진해 보았으나 지엄 스승의 가르침에 누가 될까 부끄럽기 짝이 없지만, 그래도 이 공부에 희망을 걸고 해설을 만들려고 힘써 보았습니다. 그런데 스님(의상)이 다신 주석이 너무 간략하고 심오한지라 제 나름대로 간신히 주석을 만들었습니다. 부디 스님께서는 이 책의 잘잘못을 검토하시어 저에게 가르침을 주시기를 간청하는 바입니다.”

의상은 이후 열 곳의 절에서 화엄의 가르침을 전하도록 했으니, 태백산의 부석사(경북 영주시에 있는 절), 원주의 비마라사, 가야산의 해인사, 비슬산의 옥천사, 금정산의 범어사, 지리산의 화엄사 등이 바로 그곳이다. 또 《법계도서인》을 저작하고 겸하여 간략한 해설을 쓰니, 불교 이치의 요긴한 알맹이를 전부 종합한 것은 천년의 본보기가 될 만하므로 저마다 소중하게 간직했다. 이외의 저술은 없으나, 솥 안의 고기 맛을 보는 데는 한 점 고기로도 충분할 것이다.

사람들은 의상을 금산보개(부처)가 환생한 분이라 했다. 의상의 제자에는 오진·지통·표훈·진정·진장·도융·양원·상원·능인·의적 등 열 명의 이름 높은 스님들이 계셨는데, 모두가 성인에 버금가는 분들이었고 각자의 전기가 있다.

'오진'은 하가산(경북 안동과 예천에 걸쳐 있는 산) 골암사에 살면서 매일 밤 팔을 뻗쳐서 부석사 방 안에 있는 등에 불을 켰다. '지통'은 《추동기》를 지었는데, 대개 친히 의상의 가르침을 받았으므로 오묘함에 이른 것이 많았다. '표훈'은 일찍이 불국사에 살면서 늘 하늘나라를 왕래했다.

의상이 황복사에 있을 때 제자들과 탑을 돌았는데 언제나 허공을 밟고 올라갔으며, 층계를 밟지 않았으므로 그 탑에는 사다리를 놓지 않았다. 그 무리들도 층계에서 석 자나 떠서 허공을 밟고 돌았다. 이때 의상이 제자들을 돌아보고 말했다.

"세상 사람들이 이것을 본다면 필연코 괴변으로 여길 터이니, 세상에 가르칠 것은 못 된다."

의상은 당에 유학하여 화엄종의 2대 조사인 지엄으로부터 화엄학을 배웠다. 그리고 귀국할 때는 당나라가 신라를 침공할 거라는 정보를 가지고 와서 문무왕에게 알렸다. 귀국 이후 의상은 부석사를 세워 이곳에서 화엄 사상을 전파했으며, 한편으로는 왕(문무왕)의 정치적 자문 역할도 했다.

그는 《화엄일승법계도》 등의 저술을 남겼는데, 그의 화엄 사상은

선묘 설화가 깃든 큰 돌. 부석사의 '부석'은 공중에 떠 있는 돌이라는 뜻이다.

"하나가 곧 전체이며, 많은 것이 곧 하나다."라는 말로 요약된다. 하나의 숲에 많은 나무들이 있고, 그 나무들이 곧 하나의 숲을 이루는 것처럼 모든 것이 상호 의존적이며 서로 연결되어 있다는 주장이다.

의상의 화엄종은 신라에서 하나의 교단으로 형성되어 전국적으로 확산되었고, 그 결과 각지에 열 개의 큰 사찰이 세워졌다. 또 그의 제자 중에 많은 이들이 고승으로 활약을 했다. 특히 부석사는 신라 화엄종의 근거지가 되었는데, 부석사의 창건과 관련하여 중국의 《송고승전》에는 이런 일화가 소개되어 있다.

당으로 유학을 간 의상이 등주(중국 산동반도 지역)에 머물 때, 선묘라는 아가씨가 의상을 유혹했다. 그러나 의상이 흔들리지 않자, 선묘는 크게 깨닫고 의상을 스승으로 삼아 불법에 귀의했다. 선묘는 의상이 당에 머무는 10년간 공양을 계속했으며, 의상이 귀국할 때에는 용이 되어 그의 뱃길을 보호했다.

의상은 귀국 후 여러 곳을 돌아다니며 불법을 전하기에 좋은 곳을 찾다가 지금의 부석사가 세워진 곳을 찾게 되었다. 그러나 이미 그곳에는 다른 부류의 종교 집단이 머물러 있었다. 이에 용이 된 선묘가 너비 1리(약 400미터)나 되는 큰 돌로 변하여 가람(절)을 덮고 떨어질 듯하자, 그 승려들이 놀라 도망갔다. 결국 의상이 이 절에 가서 겨울에는 양지바른 곳에서, 여름에는 그늘에서 《화엄경》을 강의하니 많은 이들이 모였다. 그 후 왕이 부석사에 토지와 노비를 내리자 의상은, "우리는 모두가 균등하고 귀천이 없습니다. 무엇 때문에 토지가 필요하고 또 어찌 노비를 거느리겠습니까?"라고 했다.

2장

영험한 절과 탑 그리고 불상들

여기서는 주요한 절을 비롯하여 탑이나 불상 등의 건립과 관련된 설화들을 주로 다룬다.
비록 불교와 관련된 설화지만, 이런 이야기들은 옛사람들의 소중한 정신적
발자취라 할 수 있다.

1 인도에서 가지고 온 파사석탑

경상남도 김해시의 수로왕비릉 옆에는 '파사석탑'이라는 돌로 된 유물이 있다. 많이 파손되었고 마모된 상태지만, 옆면에 연꽃무늬가 희미하게나마 확인되기도 한다. 이 파사석탑은 수로왕의 왕비 허황옥이 아유타국에서 올 때 가지고 온 것이라고 한다.

금관성(경남 김해) 호계사에 있는 파사석탑은, 옛날 이 고을이 금관국이었을 때 시조 수로왕의 왕비 허황옥이 인도 아유타국에서 올 때 배에 싣고 온 것이다(48년).

공주가 부모의 명을 받아 배를 타고 동으로 출발했을 때였다. 갑자기 거센 비바람과 파도가 들이닥쳐 도저히 앞으로 나갈 수가 없었다. 하는 수 없이 공주는 돌아와 부왕에게 아뢰었다. 이에 부왕은 석탑 하나를 주면서 배에 싣고 가라고 했다. 석탑을 싣고 항해하자 바다는 잔잔해져 마침내 순조롭게 금관국 남쪽 해안에 다다를 수 있었다. (중략)

수로왕이 그녀를 아내로 맞아서 다스린 지 150여 년이나 되었지만, 당시 가야에는 아직 절을 세우고 불법을 받드는 일이 없었다. 대체로 불교가 아직 전해지지 않아서 그 지방 사람들이 믿지 않았으며, 《가락국기》에도 절을 세웠다는 글이 없다.

수로왕비릉의 오른쪽에 있는 파사석탑.
허황후가 인도에서 올 때 배에 싣고 왔다
는 설화가 있다.

제8대 질지왕(일명 김질왕, 451~492) 2년(452년)에 이르러 처음으로 그곳
에 절을 세웠다. 또한 왕후사를 세웠는데[아도와 눌지왕 시대에 해당하
니, 법흥왕 이전이다.], 지금까지도 복을 빌고 있다. 또 남쪽의 왜를 진
압시켰는데, 그 사실이《가락국기》에 자세하게 나온다.

탑은 사면이 5층으로, 그 조각은 매우 기묘하다. 돌에는 약간 붉은빛
무늬가 있고, 그 질이 좋은 걸로 볼 때 가락국 것이 아니다. 《신농본
초》란 의학 책에서 말하는 바, 닭 벼슬의 피를 떨어뜨려 시험해 보면
이런 색이 나온다는 것이 이것이다.

파사석탑의 '파사'는 '진리가 모습을 드러낸다.'라는 뜻을 가진 범어다. 그런데 정말로 이 파사석탑을 허황옥이 아유타국에서 올 때 가지고 왔을까? 이 내용은 분명치 않다. 만일 수로왕의 왕비 허황옥이 인도의 아유타국에서 온 것이 사실이고, 또 그녀가 올 때 이 탑을 가지고 온 것이라면 우리나라에 불교가 처음 전래된 시기는 바뀌어야 한다. 즉 고구려의 소수림왕 때(372년)가 아니라 가야의 김수로왕 때(48년)로, 무려 300년이나 더 빨라져야 하는 것이다.

그렇지만 일연도 앞에서 지적했듯이 수로왕 당시 가야에는 아직 불교가 전래되지 않았고, 질지왕 시대인 5세기 후반에 가서야 절이 세워졌다고 서술하고 있다. 그렇다면 허황옥이 가지고 온 이 '파사석탑'은 불탑이 아니라 단순한 조형물에 불과했는데, 불교가 전래된 뒤에 불탑이 된 것으로 보아야 할 것이다.

결국 파사석탑도 수로왕릉의 쌍어문과 마찬가지로 허황후가 인도 출신인가, 또 수로왕은 인도 출신의 여성을 왕비로 맞이했는가에 대한 논란거리의 한가운데에 있는 유물이라 하겠다.

2 부처님의 땅에 세워진 황룡사

법흥왕 이후 신라는 명실공히 불교의 나라가 되었다. 법흥왕의 뒤를 이은 진흥왕은 황룡사를 세우고 또 거대한 장륙존상도 만들었다. 그리고 100여 년 뒤인 선덕여왕 때에는 황룡사 안에 거대한 9층탑이 세워졌다. 이로써 황룡사는 신라 불교의 상징이 되었다. 다음은 황룡사와 관련된 이야기들이다.

황룡사와 장륙존상 이야기

① 신라에서 이루어진 아소카왕의 소원

신라 제24대 진흥왕 14년(553년), 나라에서는 용궁 남쪽에 궁궐을 지으려 했다. 그런데 갑자기 그곳에서 황룡이 나타났으므로 궁궐 대신 절을 세우고 절 이름을 '황룡사'라 했다. 황룡사는 무려 17년의 공사 끝에 완성을 보게 되었다(569년).

그리고 얼마 되지 않았을 때였다. 바다 남쪽에 큰 배 한 척이 와서 하곡현의 사포(울산) 앞바다에 닿았다. 사람들이 배 안을 조사해 보았더니 사람은 없고 편지 한 통만 있었는데, 이런 내용이었다.

황룡사 터의 흔적들. 왼쪽은 장륙존상을 세운 초석이고, 오른쪽은 황룡사의 기둥을 받쳤던 주춧돌이다.

인도의 아육왕(아소카왕)이 황철 5만 7천 근과 황금 3만 푼을 모아 삼
존불상(가운데 부처가 있고 양옆에 보살이 각각 있는 불상)을 만들려 했지
만, 이루지 못했다. 그래서 배에 실어 바다로 띄워 보내니, 부디 인
연 있는 땅에 닿아 장륙존상(높이가 1장 6척, 즉 4~5미터가 되는 큰 불상)
이 이루어지기를 축원한다.

배 안에는 삼존불상의 견본 모형도 함께 놓여 있었다. 보고받은 하곡
현의 관원이 문서로 왕에게 아뢰자, 왕은 그 고을 동쪽에 있는 높고 메

마른 땅을 골라 동축사를 세워 우선 삼존불상 모형을 모시게 하고 배 안의 금과 철은 서울(경주)로 운반해서 장륙존상을 만들도록 지시했는데, 장륙존상은 단번에 만들어졌다(574년). 부처를 만드는 데 철 3만 5천 근과 황금 1만 198푼이 들어갔으며, 두 보살을 만드는 데 철이 1만 2천 근과 금 1만 136푼이 들어갔다.

장륙존상을 황룡사에 모셨더니, 이듬해에는 그 불상에서 눈물이 발꿈치까지 흘러내려 땅이 한 자나 젖었다. 그것은 진흥왕이 세상을 떠날 조짐이었다.

② 부처의 땅, 신라

《별본》(별도의 책 또는 위의 기록에 붙어 있는 부록)에는 이것을 이렇게 말한다.

아육왕은 석가모니가 세상을 뜬 지 100년 후에 인도의 대향화국에서 태어났다. 그는 석가모니께 직접 공양드리지 못한 것을 한으로 여겨 금과 철을 모아 불상을 만들려 했다. 그리하여 그는 불상 주조에 착수했으나, 세 번이나 시도했음에도 끝내 성공하지 못했다. 그때 그는 불상 만드는 일에 대해 홀로 거들떠보지도 않던 태자를 불러 크게 꾸짖었다. 그러자 태자는 부왕에게 아뢰었다.

"저는 안 될 걸 미리 알고 있었습니다."

"도대체 그게 무슨 말이냐? 뭐가 안 된다는 말이냐?"

"이 일은 혼자 힘으로 되지 않습니다. 부처님의 인연이 있는 곳이라야 가능합니다."

아육왕도 그렇다고 여겨 금과 철을 배에 실어 바다에 띄워 보냈다. 그 배는 열여섯 개의 대국과 많은 나라와 촌락을 두루 돌아다녔으나, 어디에서도 불상을 만들지 못했다. 그러다가 마지막으로 신라에 도착했는데, 진흥왕이 문잉림이라는 숲에서 불상을 주조하여 제 모습을 다 갖추게 만들었다. 그제야 아육왕의 근심은 사라지게 되었다.

그 뒤 자장 대사가 중국에 유학 가서 오대산에 이르렀을 때 문수보살이 나타나 비결을 주며 부탁했다.

"너희 나라의 황룡사는 석가모니 부처와 가섭 부처(석가모니 이전의 부처)가 설법을 폈던 땅으로, 그분들이 좌선하시던 받침돌이 아직도 그곳에 있다. 그러므로 인도의 무우왕(아육왕)이 황철을 모아 바다에 띄웠는데, 1천 300여 년이 지난 후에 그것이 너희 나라에 닿아 불상으로 만들어져 그 절에 모셔지게 되었으니, 이는 부처님의 위엄과 인연이 그렇게 시킨 것이다."

이제는 몽골의 침략으로 인해 삼존불상은 모두 녹아 없어지고, 작은 석가상만 아직 남아 있다.

황룡사 9층탑 이야기

① 문수보살의 계시를 받은 자장 법사

신라 제27대 선덕여왕 5년(636년) 자장 법사가 중국에 유학하여 오대산에 있을 때였다. 자장 법사는 거기에 나타난 문수보살로부터 영감을받았는데, 그때 그는 이런 말을 들었다.

"너희 국왕은 바로 인도의 크샤트리아(무사 계급) 출신의 왕이었는데, 이미 부처님의 은덕을 받았으므로 부처님과 남다른 인연이 있고 다른이민족들과는 다르다. 그러나 산천이 매우 험준한 까닭에 사람들의 성품이 거칠고 잘못된 말을 많이 믿어 때로는 하늘이 재앙을 내리기도했다. 허나 도가 높은 스님들이 나라 안에 있으니, 임금과 신하들이평안하고 모든 백성들이 화평한 것이다."

말을 마친 문수보살은 곧 사라지고 말았다. 자장은 감격하여 눈물을흘리며 물러나왔다.

어느 날 자장 법사가 중국의 태화지라는 연못 옆을 지날 때였다. 어디선가 신령한 사람이 와서 그에게 물었다.

"그대는 어떻게 이곳에 오게 되었소?"

"부처님의 가르침을 깨닫기 위해 왔습니다."

"그대 나라에는 어떤 어려움이 있소?"

"우리나라는 북으로 말갈, 남으로 왜국과 인접했으며 고구려, 백제 두 나라가 번갈아 국경을 침범하는 등 이웃의 적들이 설치고 있으니, 이로 인해 백성들이 고통을 받고 있습니다."

"그대 나라는 여자가 왕으로 있어서 덕은 있으나 위엄이 없소. 그래서 이웃 나라가 건드리는 것이오. 그대는 빨리 본국으로 돌아가야 하오."

"고국으로 돌아가서 어떤 일을 해야 나라에 도움이 됩니까?"

"황룡사의 호법룡(불교와 절을 지키는 용)은 바로 나의 맏아들이오. 석가모니의 명을 받고 그 절을 호위하고 있으니, 그대가 본국으로 돌아가 절 안에 9층탑을 세우면 이웃 나라가 항복해 오고, 주변 오랑캐들이 와서 조공을 바칠 것이며, 나라가 길이 평안할 것이오. 탑을 세운 후엔 팔관회를 베풀고, 죄인들을 석방하면 외적이 침범하지 못할 것이오. 그리고 서울 근방의 남쪽 해안에 조그만 절 한 채를 지어 나의 복을 빌어 주면 나도 또한 그 은덕을 갚겠소."

말을 마치자 신령한 사람은 구슬을 받들고 나와 바치고는 갑자기 몸을 숨기고 사라졌다.

② 황룡사 9층탑의 위용

그로부터 7년 후 자장 법사는 황제가 준 불경과 불상, 가사와 비단 등을 가지고 귀국했다(643년). 자장 법사는 곧 선덕여왕에게 탑을 세울 일을 아뢰었다. 왕이 대신들과 이 일을 의논했다. 대신들은 신라의 장인들만으로는 안 되니 백제의 장인을 초빙해 와야 한다고 건의했다.

그래서 선덕여왕은 보물과 비단을 보내 백제에 청했다. 아비지라는 장인이 명을 받고 와서 목재와 석재를 관리하고 용춘이 일을 주관하여 200여 명의 신라 장인들을 통솔했다.

그런데 처음 탑의 기둥을 세우는 날이었다. 그날 밤에 아비지는 꿈에 백제가 멸망하는 걸 보게 되었다. 꿈을 깬 아비지는 버럭 의심이 들어 일손을 멈추었다. 그런데 이게 웬일인가? 갑자기 땅이 진동하고 사방이 컴컴해지더니 늙은 스님 한 분과 장사 한 명이 법당에서 나와 그 기둥을 세우고 모두 사라져 버렸다. 결국 아비지는 마음을 고쳐먹고 9층탑을 완공했다.

기록에 따르면 쇠 받침대 위로 높이가 42척이고, 그 이하가 183척이라 하니 그 어마어마한 규모를 알 수 있다. 자장은 중국 오대산에서 얻은 사리 100알을 이 기둥 속과 통도사 불단과 대화사 탑에 나누어 모셨다.

탑을 세운 뒤로 천지가 태평해지고 삼국이 통일되었으니, 이것이 어찌 탑의 영험이 아니고 무엇이겠는가!

후에 고구려 왕은 신라를 치려다가 신하들에게 물어보았다.

"신라에는 세 가지 보물이 있어서 침범할 수 없다고 하는데, 이는 무엇을 말함인가?"

신하들이 대답했다.

"황룡사 장륙존상과 황룡사 9층탑 그리고 진평왕이 하늘로부터 받은 옥대가 바로 그것입니다."

이 말을 들은 왕은 침범할 계획을 중지했다고 한다. 나는 찬미한다.

　귀신이 부축한 듯 서울을 막아 지키니

　휘황한 금빛과 푸른색의 대마루는 날아갈 듯,

　올라 굽어보니 어찌 구한(신라 주변의 아홉 국가)의 항복만을 보겠는가.

　비로소 온 세상이 큰 평화를 깨닫겠네.

또 대학자 안홍이 지은 《동도성립기》라는 책에는 이런 기록이 있다.

"신라 제27대 왕은 여자였으니, 비록 덕은 있어도 위엄이 없으므로 오랑캐들이 침범했다. 궁궐 남쪽 황룡사에 9층탑을 세운다면 이웃 나라의 침범을 진압할 수 있을 것이라 하여 세웠다. 제1층은 일본, 제2층은 중국, 제3층은 오월, 제4층은 탁라(탐라 곧 제주도), 제5층은 응유(일본 근처의 섬나라), 제6층은 말갈, 제7층은 단국(거란), 제8층은 여적(여진), 제9층은 예맥을 진압시킨다."

[9층탑은 여러 번 벼락을 맞고 보수해 왔는데] 고려 고종 25년(1238년) 겨울에 몽골의 침략으로 인해 9층탑과 장륙존상 그리고 황룡사의 건물들이 모두 타버리고 말았다.

불교가 공인되고 발전해 갈 무렵, 황룡사는 신라 최대의 절이자 신라 불교의 상징이 되었다. 이 절은 진흥왕 때 궁궐을 세우려던 곳에 궁궐 대신 세워진 절인 만큼 왕실과도 깊은 인연이 있었다. 그래서 백좌 강회(국가적인 행사로 거행된 대규모의 불교 법회)는 모두 황룡사에서 거행되었다. 한마디로 황룡사는 국가의 태평성대를 기원하는 호국 불교의 요람이었다.

황룡사가 완공된 지 2~3년이 지나고 장륙존상이 만들어졌다. 장륙 존상이란 높이가 장륙, 즉 1장 6척이라는 데서 나온 말로 보통 사람 의 키보다 두 배가 훨씬 넘는 큰 불상을 말한다. 그런데 장륙존상 설 화에는 이런 메시지가 담겨 있다. 즉 인도의 아육왕(아소카왕, 기원전 3 세기)도 이루지 못한 일을 진흥왕이 해냈다는 것과, 또 신라였기에 그 일이 가능했다는 것이다.

아육왕은 불교의 전륜성왕(세계를 지배하는 이상적인 통치자)이라 불리 는 왕으로, 인도를 통일하고 불교를 진흥시킨 왕이었다. 따라서 여기 에는 아육왕도 하지 못한 일을 이룩한 진흥왕이야말로 진정한 전륜 성왕이며, 신라는 인도보다도 더 오래된 불국토(부처의 나라)라는 자부 심이 들어 있는 것이다.

사실 진흥왕 때 신라는 영토를 크게 넓혔고, 중앙 집권 체제를 확 립하는 등 전성기를 누렸다. 이러한 진흥왕의 업적을 한껏 높인 설화 가 바로 장륙존상 이야기라 할 수 있다.

황룡사 9층탑은 그 이후 선덕여왕 때 건립된다. 높이가 80미터나

황룡사 9층 목탑의 모습(상상도)

되는 거대한 황룡사 9층탑은, 첫째 자장 대사의 건의로, 둘째 백제 장인 아비지를 초청해서, 셋째 각간 용춘의 주도로 이루어졌다.

자장 대사는 앞에서도 소개되었듯이 중국에 유학한 진골 출신의 승려로, 높은 학식과 막강한 정치적 영향력을 겸비한 인물이었다. 그는 호국 정신을 일깨우기 위해 탑의 건립을 추진한다. 그리고 당시 최고의 장인으로 인정받고 있던 백제의 아비지를 초빙한다. 이 과정에서 적국을 위해 일하게 된 아비지의 착잡한 심정이 보이기도 하지만, 부처님의 은덕으로 탑은 완공된다고 일연은 주장한다. 끝으로 탑은 당시 정치적 실세였던 김용춘에 의해 주도되었다. 용춘은 뒷날 무열왕이 된 김춘추의 아버지로, 최고 권력자인 각간이었다.

이렇게 황룡사 9층탑은 당시 최고의 지성과 기술력, 그리고 권력이 모두 합심해서 만든 신라의 상징이었다. 그래서일까? 일연은 신라의 삼국 통일은 바로 황룡사 9층탑의 영험함에 의해 이루어졌다고까지 말한다. 스님인 그에게는 황룡사와 황룡사의 장륙존상 또 황룡사 9층탑을 통해 불심을 높인 신라인들이 삼국을 통일하는 일이 당연했을 것이다.

3 낙산사의 두 보살 그리고 조신의 꿈

    강원도 양양의 동해안에 자리 잡은 낙산사는, 의상이 이곳에서 관음보살(중생의 구제를 돕는 자비의 부처)을 직접 뵙고 세웠다고 하는 매우 유명한 절이다. 여기서는 낙산사에 두 보살, 즉 관음보살과 정취보살(깨달음의 길에 빨리 쉽게 들어서도록 도와주는 보살)이 모셔지게 된 사연을 소개하면서 낙산사와 연관된 '조신의 꿈' 이야기도 덧붙인다. 특히 조신의 이야기는 마치 한 편의 감동적인 단편 소설 같은 느낌을 준다.

① 의상 법사, 관음보살을 만나 뵙다

의상 법사가 당나라에서 막 귀국했을 때였다. 그는 동해 바닷가의 해변 굴 안에 관음보살의 진신(참모습)이 계신다는 말을 듣고는 그곳 이름을 '낙산'이라 했다. 낙산이란 이름은 인도의 보타락가산(관음보살이 머물고 있는 인도의 산)에서 따온 것이다.

의상은 7일간 재계(의례를 지내기 전 마음을 가다듬고 음식과 행동을 삼가며 부정을 피하는 것)하고, 새벽에 앉았던 자리를 바다 위에 띄웠더니 용궁의 팔부중(불법을 수호하는 여덟 명의 신들)이 그를 굴속으로 인도했다. 의상이 공중을 향해 예를 올리자 하늘에서 수정 염주 한 벌이 떨어졌다. 의상 법사는 그것을 받아 가지고 물러나왔다. 동해 용이 또 여의주 하

낙산사의 홍련암. 의상 대사가 관음보살을 친견한 것을 기리기 위해 세워진 절벽 위의 암자다.

나를 바치자, 의상 법사가 받고 나왔다.

다시 7일을 재계하니 관음보살의 참모습을 보게 되었다. 관음보살이 말했다.

"앉은 자리의 산꼭대기에 한 쌍의 대나무가 솟아날 터이니, 그곳에 법당을 짓도록 하라."

의상이 그 말을 듣고 굴에서 나와 올라가 보니 과연 대나무 한 쌍이 땅에서 솟아 있었다. 곧 그곳에 법당을 짓고 관음 부처의 소상을 만들어 모시니, 그 원만한 얼굴과 고운 자태가 마치 하늘이 낸 듯했다. 그리고 대나무는 다시 사라졌다. 이에 의상은 이곳이 관음보살이 머무는 곳임을 깨닫고, 절 이름을 '낙산사'라고 했다. 의상 법사는 받은 염주와 여의주를 법당에 모셔 두고 떠났다.

② 관음보살을 만나고도 알지 못한 원효 법사

후에 원효 법사가 의상의 뒤를 이어 예불하기 위해 이곳을 찾아왔다. 가다 보니 흰옷 입은 한 여인이 논에서 벼를 베고 있었다. 원효 법사가 농담 삼아 그 벼를 달라고 청하자, 여인도 장난으로 벼가 잘 영글지 않았다고 대답했다.

또 가다 보니 다리 밑에서 한 여인이 월경개짐(여자들이 생리 때 속에 차는 헝겊)을 빨고 있었다. 원효 법사가 그 여인에게 먹을 물을 달라 했더니, 여인은 빨래하던 그 더러운 물을 떠서 줬다. 법사는 그걸 쏟아 버리고 다시 냇물을 떠서 마셨다. 이때 들에 있는 소나무 위에서 파랑새 한 마리가 말했다.

"스님은 단념하시지요."

새는 갑자기 사라지고 말았다. 그 소나무 밑에는 신 한 짝이 있었다. 원효 법사가 절에 이르렀더니 관음보살상의 자리 밑에 또 아까 보았던 신 한 짝이 놓여 있었다. 그제야 앞에서 만났던 두 여자가 바로 관음의 참모습임을 알았다. 그래서 사람들이 그 소나무를 '관음송'이라 했다. 법사가 그 신성한 굴에 들어가 다시 관음의 참모습을 보려 했지만, 풍랑이 크게 일어 보지 못하고 떠났다.

③ 정취보살을 만난 범일

그 후에 굴산 조사 범일이 당나라에 들어갔다. 범일은 개국사라는 절에서 열린 법회에 갔는데, 왼쪽 귀가 떨어진 한 중이 스님들 끝자리에 앉아 있다가 범일에게 말했다.

"나도 신라 사람입니다. 집이 익령현(강원도 양양) 덕기방에 있습니다. 뒷날 스님이 본국으로 돌아가시거든 꼭 제 거처를 마련해 주십시오."

범일은 여러 곳을 다니며 항주 염관현에 있는 제안 선사에게서 불법을 공부하고 고국으로 돌아왔다(847년 무렵). 그는 먼저 굴산사를 세우고 불교를 전했다. 어느 날 꿈에 당나라에서 만났던 중이 창문 앞에 와서 말하는 것이었다.

"전에 중국의 개국사에서 스님과 약속하여 이미 승낙을 얻었는데, 어찌 실천이 늦습니까?"

범일은 놀라 꿈을 깨어, 수십 명을 데리고 익령현에 가서 그가 사는 곳을 찾았다. 낙산 아래 마을에 사는 한 여인에게 마을 이름을 물으니 '덕기'라고 했다. 그 여인에게는 여덟 살 난 아들이 있었다. 그 아이는 늘 마을 남쪽 돌다리 밑에 나가 놀았는데, 자기 어머니에게 말했다.

"나하고 노는 아이들 중에는 금빛 나는 아이가 있어요."

그 어머니가 이 말을 범일에게 아뢰니, 범일은 놀랍고도 기뻐서 그 아이를 데리고 아이들이 놀던 다리 밑에 가서 찾으니, 물속에 석불 하나가 있었다. 꺼내 보니 왼쪽 귀가 떨어져 있고 전에 본 중과 같았다. 이는 정취보살의 불상이었다. 절터를 점쳐 보니 낙산 위가 아주 좋았다. 이리하여 법당 세 칸을 지어 그 불상을 모셨다.

④ 낙산사의 보물 구슬

그 뒤 100여 년 후에 들불이 이 산까지 번져 왔으나, 오직 이 관음보살과 정취보살 두 성인을 모신 건물만은 그 화재를 면했고, 나머지는 모두 타버렸다.

몽골군이 침략하자 두 성인의 그림과 두 개의 보물 구슬을 양주성(강원도 양양)으로 옮겼는데, 곧 성이 함락될 위기에 빠졌다. 이때 절의 주지였던 아행 선사가 구슬 두 개를 몰래 갖고 도망치려 하자, 절의 노비 걸승이 아행에게서 구슬을 빼앗아 땅 속에 깊이 묻고는 하늘을 우러러 맹세했다.

"내가 만일 죽는다면 두 보물 구슬은 끝내 세상에 나타나지 못하겠지만, 내가 만일 죽지 않고 살아온다면 두 보물을 꼭 국가에 바칠 것입니다."

결국 성은 함락되고 말았다. 아행은 죽음을 면치 못했으나, 걸승은 죽음을 면했다. 적병들이 물러간 뒤 걸승은 두 구슬을 파내어 명주(강원도 강릉)의 관원에게 바쳤다.

몇 년 후 왕(고려 고종)은 두 보물을 왕궁 보물 창고에 보관하는 것이 좋겠다는 기림사 주지 대선사 각유의 건의를 받아들여 허락했다. 그래서 야별초 군인 열 명을 보내 걸승을 데리고 명주성에서 두 보물을 가져오게 하여 궁중에 모셨다.

⑤ 조신의 허무한 사랑

신라 때 세달사(강원도 영월에 있던 절)라는 절이 있었는데, 그 절은 명주 내리군에 농장을 갖고 있었다. 절에서는 '조신'이라는 중을 보내 농장을 관리하게 했다. 조신은 농장에 와서 태수 김흔의 딸을 좋아하여 그녀에게 깊이 빠졌다. 그래서 자주 낙산사의 관음보살 앞에 가서 남몰래 그 여자와 인연이 맺어지기를 빌었다.

몇 년 안 가서 그 여자에게는 벌써 짝이 생겼다. 그러자 그는 다시 불당에 가서 관음보살이 자기 소원을 이루어 주지 않았다고 원망하면서 날이 저물도록 슬피 울다가 그리운 정에 지쳐서 그 자리에서 그만 잠이 들었다. 꿈에 김씨 딸이 기쁜 표정으로 문을 열고 들어와 하얀 이를 드러내며 말했다.

"제가 일찍부터 스님을 잠깐 뵙고, 마음으로 사랑하여 잠시도 잊은 적이 없었습니다. 그런데 부모의 명에 못 이겨 억지로 다른 사람에게 시집갔습니다. 그러나 이제는 죽어도 같은 무덤에 묻힐 부부가 되고 싶어 이렇게 왔습니다."

조신이 매우 기뻐서 함께 고향으로 돌아가서 40여 년 동안 같이 살며 자식도 다섯을 두었다. 허나 집은 텅텅 빈 네 벽뿐이요, 변변찮은 끼닛거리도 제대로 대지 못했다. 마침내 지독히도 불쌍한 처지가 되어 서로의 몸을 이끌고 사방으로 구걸하며 입에 풀칠하기조차 바빴다.

이렇게 10여 년을 이곳저곳 가리지 않고 돌아다니다 보니 옷은 해져

몸도 가릴 수가 없었다. 마침 명주 해현령을 지나는데 열다섯 살 난 큰아이가 갑자기 굶어 죽었다. 부부는 통곡하면서 길가에 묻었다. 남은 네 자식을 데리고 우곡현(강원도 강릉시 옥계면)의 길가에 움집을 엮고 살았다. 그들 부부는 늙고 병이 들었으며, 게다가 굶주려 일어나지도 못했다. 열 살 난 딸아이가 밥 얻으러 마을을 돌아다니다가 사나운 개에 물려 아프다고 울부짖으며 앞에 와 쓰러지자, 부모도 흐느끼며 목이 메어 눈물이 끊이질 않았다. 마침내 부인이 눈물을 훔치면서 단호히 말했다.

"내가 처음 당신을 만났을 때는 얼굴도 곱고 나이도 젊었으며 입은 옷도 예뻤습니다. 한 가지 음식이라도 함께 나눠 먹었고, 얼마 안 되더라도 따뜻한 옷이면 당신과 함께 입었지요. 이렇게 살아온 지 50년에 정 들고 사랑도 그지없어 정녕 두터운 인연으로 맺어졌습니다.

하지만 요 몇 년 사이 쇠약해져 생긴 병이 해마다 더욱 심해지고 굶주림과 추위가 날로 닥쳐오니, 하찮은 음식조차도 남에게 빌어먹을 수 없게 되었습니다. 집집을 돌며 걸식하는 부끄러움은 산더미를 진 것보다도 무겁습니다. 아이들이 추위에 떨고 굶주리는데도 미처 돌보지 못하니, 어느 틈에 부부의 사랑을 즐길 수 있겠습니까?

고운 얼굴과 어여쁜 웃음은 어느덧 풀 위의 이슬이요, 지란(芝蘭) 같은 백년가약도 바람에 날리는 버들개지 꼴입니다. 당신은 내가 있어 걸림돌이 되고 나는 당신 때문에 근심만 쌓일 뿐, 지난날의 기쁨을 곰곰이 생각해 보니 그것이 바로 우환의 터전이더군요. 당신이나 나나 어째서 이 지경에 이르렀을까요? 뭇새가 함께 모여 굶주리는 것보다는 차라리 짝 잃은 난새가 거울을 보고 짝을 부르는 게 좋지 않겠습니까? 어려움에 처하면 버리고 잘되면 둘러붙는 일은 인정상 못 할 짓이지요. 하지만 가거나 멈추거나 하는 것은 사람의 뜻대로 안 되는 일이요, 헤어짐과 만남 또한 운수가 있는 것이니, 청컨대 이쯤에서 우리 헤어졌으면 합니다."

조신은 이 말을 듣고 크게 기뻐했다. 그러고는 저마다 아이 둘씩 맡아 띠니려 힐 때 이내가 말했다.

"나는 고향으로 가겠습니다. 당신은 남쪽으로 가십시오."

막 작별을 한 뒤 길을 떠나려 할 때 조신은 꿈을 깨었다. 잠을 깨니 등잔불은 깜박이고 밤은 더욱 깊어 갔다. 아침이 되어 보니 수염과 머리털은 모두 희어지고, 정신이 멍하여 세상일에 뜻이 없어졌고 사는 것도 벌써 싫어졌다. 마치 한평생 괴로움을 다 겪고 난 것 같아 탐욕의 마음도 깨끗이 얼음 녹듯 없어져 버렸다. 이에 관음보살의 거룩한 모습을 대하기가 부끄러워 잘못을 뉘우치고 또 뉘우쳤다.

그는 해현으로 가서 꿈에 굶어 죽은 아이를 묻은 곳을 파 보니, 그것은 바로 돌미륵이었다. 그것을 물로 잘 씻어서 근처의 절에 모셨다. 그리고 농장 관리 일을 그만두고 사재를 들여 정토사를 세우고 선행을 착실하게 닦았다. 그 후 그는 어디서 세상을 마쳤는지 알 수 없다.

나는 이렇게 평한다.

"이 글을 읽고 나서 책을 덮고 지나간 일을 생각해 보니, 어찌 조신의 꿈만 그럴까? 지금 모든 사람들이 속세의 즐거움만 알고서 기뻐 날뛰고 애쓰고 있으나, 이것은 다만 깨닫지 못했기 때문이다."

이에 나는 글을 지어 경계하고자 한다.

> 좋은 시간도 금세이니 마음은 어느새 시들고
> 근심은 슬며시 늙은 얼굴에 가득
> 이제 다시 메조밥(좁쌀밥) 짓다 깨닫던 이야기 들추지 않아도
> 수고로운 인생, 일순간 꿈인 걸 알겠네.

스님들이 부처를 직접 뵙는 일은 엄청난 행운이고, 가장 큰 선물이라 할 수 있다. 그런데 의상 스님은 낙산에서 관음보살을 직접 뵙고 그로부터 염주를 받았으니, 진실로 엄청난 행운을 얻은 것이다. 그 후 그곳에 절을 세워 '낙산사'라 하고 관음보살을 모신다. 관음보살은 어려움과 괴로움에 처한 중생들을 보살피는 분이다. 그래서 중생들은 관음보살을 부르고 공경하면 불행을 면하고 해탈을 얻게 되는데, 이를 관음 신앙이라고 한다. 낙산사는 의상 대사에 의해 관음 신앙의 성전이 되었다.

의상이 관음보살을 직접 보았다는 말을 듣고 원효도 낙산으로 향

낙산사의 해수관음상. 관음 신앙의 성
지임을 보여 주는 대표적인 불상이다.

했다. 그러나 원효는 가던 도중에 다른 모습으로 나타난 관음보살을
보고도 깨닫지 못했다. 나중에야 그들이 관음보살이었음을 알게 되
지만, 이미 뒤늦은 일이었다. 원효가 미처 관음보살을 보지 못했다는
이야기는 아마도 의상의 제자나 문인들이 의상을 더 높이기 위해 만
들어 낸 이야기일 수도 있다.

그리고 200여 년 뒤 범일 스님 또한 양양에서 정취보살 석상을 얻
어 낙산사에 모시게 된다. 범일은 신라 하대 선종 9산(경전을 중시하는
교종과 달리, 참선 수행으로 깨달음을 얻으려 했던 불교를 선종이라 한다. 신라에서

는 선종 세력이 모두 아홉 개의 파로 나뉘어 발전했는데, 이를 '선종 9산'이라 함)의 하나인 사굴산문의 시조였다.

의상도 그렇고 범일 역시 중국서 오랫동안 공부했으나, 정작 그곳에서는 보살을 만나지 못하고 신라에 와서야 이룬다. 이를 보면 신라인들의 불교 신앙에 대한 자긍심과 주체 의식이 얼마나 컸었는지 짐작할 만하다.

여기서 진정한 감동을 주는 건 조신의 꿈 이야기다. 일연은 조신의 이야기를, '좁쌀밥 짓다 깨달은, 인생은 일순간의 꿈' 같은 이야기라고 말한다. 이를 한자 숙어로는 한단지몽(한단에서의 꿈)이라고 하는데, 그 내용은 이렇다.

중국 당나라 때 노생이란 젊은이가 한단의 한 주막에서 잠깐 잠이 들었는데, 부귀영화를 누리며 여든 살까지 잘 사는 꿈을 꾸었다. 그러다 꿈을 깨어본즉 아까 주인이 짓던 좁쌀밥이 채 익지 않았더라는 이야기다. 일연이 하고자 한 말도 바로 이것이었을 것이다.

"부귀공명도, 사랑도 모두가 일장춘몽이고 허무한 것이니 중생이여, 부디 깨달음을 얻고 해탈하시게!"

4 문수보살이 머무르는 도량, 오대산

문수보살은 지혜를 상징하는 보살로, 관음보살과 쌍벽을 이루는 부처다. 문수보살의 가르침을 따라 수행하여 깨달음을 얻으려 하는 것을 문수 신앙이라 하는데, 우리나라에는 자장에 의해 도입되었다고 전해진다. 특히 강원도 평창의 오대산은 예부터 문수보살의 진신이 항상 거주하고 있다고 믿어지는 문수 신앙의 중심지였다. 다음은 그 오대산의 이야기다.

① 자장 법사, 오대산에서 문수보살을 뵙다

오대산이 진정한 성인 문수보살께서 머무르는 곳이라 불리게 된 것은 자장 법사로부터 시작되었다고 한다. 자장은 중국의 오대산에 있는 문수보살의 진신을 보기 위해 선덕여왕 때(636년) 당나라에 갔다. 처음엔 태화지라는 연못가에 있는 문수보살 석상을 찾아가 7일 동안 경건하게 기도했는데, 꿈에 문수보살이 나타나 그에게 네 구절의 게송(불교의 깨달음을 짧게 압축해서 쓴 노래)을 주었다. 잠에서 깨었을 때 그 말은 기억했으나, 모두가 범어였으므로 전혀 그 뜻을 알 수 없었다.

이튿날 아침, 스님 한 분이 붉은 비단에 금박 박힌 가사 한 벌과 바리때 하나, 그리고 부처의 머리뼈 한 쪽을 들고는 자장 법사의 곁에 오더니 물었다.

"스님은 무엇 때문에 그렇게 근심하고 있습니까?"

자장이 대답했다.

"꿈에 부처님한테서 네 구절의 게송을 받았는데, 모두 범어여서 도저히 그 뜻을 알 수가 없습니다."

자장이 기억하고 있는 범어를 말하자, 그 스님은 이렇게 번역해 주었다.

"첫째 구절은 '일체의 법을 깨달았다.', 둘째 구절은 '자기의 본성은 무소유다.', 셋째 구절은 '불교의 이치를 이렇게 해석하면', 넷째 구절은 '곧 부처의 전신인 노사나불을 보게 되리라.'라는 말입니다."

그러고는 가져온 가사며 도구들을 건네주며 아울러 부탁의 말을 했다.

"이것은 석가세존의 물건들이니, 당신이 잘 보호해 간직하십시오. 그리고 그대 나라의 동북방 명주(강원도 강릉) 땅 오대산에는 1만이나 되는 문수보살이 항상 머물러 계시니 당신이 가서 뵈십시오."

말을 마치자, 스님은 곧 사라져 버렸다.

자장은 중국의 곳곳에 있는 문수보살의 여러 유적들을 두루 찾아보고 곧 본국으로 돌아갈 채비를 하고 있었다. 그때 태화지의 용이 나타나서 재를 올려 달라고 청했다. 7일간 공양을 올리자, 용이 일러 주었다.

"전에 게송을 풀이해 준 노스님이 바로 문수보살의 참모습입니다."

그리고 자장 법사에게 절을 짓고 황룡사 9층탑을 세울 것을 간곡히 부

오대산 월정사. 자장이 문수보살을 직접 보기 위해 머물렀던 터에 지어졌다.

탁했는데, 이 내용은 다른 기록에 자세히 실려 있다.

귀국한 다음 자장 법사는 오대산에 도착하여 문수보살의 진신을 보고자 했으나, 사흘 동안 날이 어둡고 흐려 보지 못하고 돌아왔다. 그 후다시 원령사에 가서야 비로소 문수보살을 보았다. 보살은 칡덩굴이 있는 곳으로 가라고 했는데, 그곳은 바로 지금의 정암사(강원도 태백에 있는 절)가 있는 곳이다.

그 후 범일의 제자 두타승(머리를 깎지 않은 중) 신의가 자장 법사가 쉬던곳을 찾아와 암자를 세우고 살았다. 신의가 죽자 이 암자는 오랫동안폐허가 되었다가 수다사의 노승 유연이 다시 절을 짓고 살았으니, 지금의 월정사(강원도 평창군 진부에 있는 절)가 바로 이 절이다.

② 보천과 효명 형제, 오대산에서 문수보살을 뵙다

정신대왕[신문왕의 와전인 듯함]의 태자인 보천과 효명 두 형제가 하루
는 각각 1천여 명의 무리를 거느리고 하서부(강원도 강릉)에 왔다가 세
헌 각간의 집에서 하룻밤을 묵었다. 이튿날 큰 고개를 넘어 성오평에
이르러 며칠 동안 유람했다.

어느 날 저녁 두 형제는 속세를 벗어나기로 몰래 약속하고는 아무도
모르게 도망해 오대산에 들어가 숨었다. 따라왔던 무리들은 그들이 간
곳을 몰라서 하는 수 없이 그냥 돌아가고 말았다.

두 왕자가 산 속에 들어가자 땅 위에 문득 푸른 연꽃이 피었다. 보천은
이곳에 암자를 짓고 살았다. 효명은 동북쪽으로 6백 걸음쯤 가니 또한
푸른 연꽃이 핀 곳이 있어 그곳에 암자를 짓고 머물러 저마다 부지런
히 도를 닦았다.

하루는 형제가 함께 다섯 봉우리에 올라가 예불을 올리려 했는데 동
쪽의 만월산에는 1만 관음보살의 진신이, 남쪽 기린산에는 8대 보살
을 비롯한 1만의 지장보살(지옥의 고통을 받으며 괴로워하는 중생을 구제하
는 보살)이, 서쪽 장령산에는 무량수여래(아미타 부처의 다른 이름)를 비롯
한 1만의 대세지보살(아미타 부처의 오른쪽에 있는 보살)이, 북쪽 상왕산에
는 석가여래 등 5백의 아라한(불도를 닦는 제자들 중 최고 경지에 이른 사람.
나한이라고도 함)이, 가운데 풍로산(지로산)에는 비로자나불 등 1만의 문
수보살이 나타나 있었다. 그들은 이 5만 부처의 진신에 일일이 예불을

올렸다.

매일 새벽 무렵이면 문수보살이 진여원(지금의 오대산 상원사 자리)에 와서 서른여섯 가지 형상으로 변해 나타났으니, 어떤 때는 부처의 얼굴로 나타나고, 어떤 때는 보배로운 구슬로, 부처의 눈 모양, 부처의 손 모양, 절의 탑 모양, 부처의 머리 모양, 부처에 공양드리려고 불을 켜는 등 모양, 금빛 다리 모양, 금빛의 북 모양, 금빛의 종 모양, 신통한 모양, 금빛 나는 누각 모양, 금빛 바퀴 모양, 금강저(스님들이 의식을 거행할 때 쓰는 몽둥이) 모양, 금빛 옹기 모양, 금비녀 모양, 오색 광명 모양, 오색 원광(둥근 모양의 빛) 모양, 길상초(백합과에 속하는 식물) 모양, 푸른 연꽃 모양, 금빛의 밭 모양, 은빛의 밭 모양, 부처의 발 모양, 번개 치는 모양, 여래(석가모니)가 솟아오르는 모양, 토지신이 솟아오르는 모양, 금빛 봉황 모양, 금빛 까마귀 모양, 말이 낳은 사자 모양, 닭이 낳은 봉황 모양, 푸른 용 모양, 흰 코끼리 모양, 까치 모양, 소가 낳은 사자 모양, 놀고 있는 돼지 모양, 푸른 뱀 모양으로 나타났다.

두 형제는 늘 골짜기 물을 길어다 차를 달여 공양하고, 밤이 되면 각자 암자에서 도를 닦았다.

이때에 정신왕의 아우가 왕을 상대로 왕위를 다투니, 나라 사람들이 아우인 왕을 쫓아내고 네 명의 장군을 보내 산으로 들어간 두 태자를 맞아오게 했다. 장군들은 먼저 효명의 암자 앞에 와서 만세를 부르니 오색구름이 7일간 하늘을 덮었다. 신라 백성들이 그 구름을 보고 몰려와 두 태자를 모셔 가려고 했다. 그러나 보천은 울면서 사양했으므로, 효명을 모시고 돌아와 왕위에 올렸다[《삼국사기》에 보면 정신대왕이나 효명, 보천 삼부자가 있었다는 기록이 없다. 신문왕의 이름이 정명이니, 정신은 정명 신문왕의 와전인 듯하며, 효명은 성덕왕의 형 효조(효소왕)를 말하는 듯하다. 또한 신문왕의 아우가 왕위를 다투었다는 기록은 없으니, 자세히 알 수 없다.]. (중략)

보천은 항상 신령한 골짜기 물을 길어다 마셨으므로 노년에는 몸이 공중을 날아 유사강(경북 영해 근처의 강) 밖 울진국(경북 울진)의 장천굴(경북 울진의 성류굴로 추정)에 머무르며 밤낮으로 〈수구다라니경〉을 외우는 것을 밤낮의 일과로 삼았다. 그 굴의 귀신이 나타나 말했다.

"내가 이 굴에 머문 지 2천 년이나 되었으나, 오늘 처음으로 〈수구다라니경〉의 진리를 들었습니다. 보살계를 받고 싶습니다."

그에게 보살계를 준 다음 날 그 굴은 형체가 없어졌다. 보천은 놀랍고 이상하게 생각했다. 보천은 장천굴에 머문 지 20일 만에 오대산 신성굴로 돌아왔다.

또 50년간 수행하니 도리천(33천으로 된 하늘 세계)의 신이 하루에 세 번 와서 그의 설법을 듣고, 정거천(천신들이 사는 하늘 세계)의 무리들이 차를 달여 공양하고, 마흔 명의 성인이 하늘 위를 10척이나 날아올라 항상 호위를 하고, 지니고 다니던 지팡이는 날마다 하루 세 번씩 소리를 내면서 방 주위를 세 바퀴씩 돌아다녔으므로, 이를 사용하여 종과 경쇠(부처님께 절할 때 흔드는 작은 종)로 삼아 시간에 맞춰 수행했다.

때로는 문수보살이 보천의 이마에 물을 붓고 미래에 성불한다는 약속을 했다. 보천은 세상을 떠날 때, 장차 나라를 위해 산속 절에서 해야 할 행사들을 기록해 남겼다.

중국의 오대산(청량산)에서 문수보살을 직접 본 자장이 귀국 후에 우리나라의 오대산에서 문수보살 진신을 본 이야기는 이미 앞에서 접했었다.

이 이야기를 요약하면, 자장 이후 50년쯤 지난 후에 보천과 효명 형제가 오대산에서 도를 닦다가 문수보살 등 5만의 부처를 보았다는 내용이다. 그런데 보천과 효명 형제는 신문왕의 두 아들이라 소개되어 있다. 그리고 효명은 뒤에 아버지를 이어 왕으로 즉위했고(효소왕 또는 성덕왕), 보천은 계속 오대산에 남아 수행하다가 그곳에서 입적(승려들의 죽음을 일컬음)했다고 말한다.

하지만 보천과 효명 형제의 이야기는 일연도 의문을 나타내고 있듯이 역사적 사실이 아닐 것으로 보인다. 신문왕에게는 아들 둘이 있었으나 궁에서 떠난 적이 없었다. 첫째 아들은 여섯 살 때 효소왕으로 즉위했고, 둘째 아들은 형이 아들 없이 죽자 그 뒤를 이어 성덕왕으로 즉위했다. 게다가 신문왕은 자신의 동생과 왕위 다툼을 벌인 일도 없었다.

그런데도 왜 일연은 굳이 보천과 효명 형제 이야기를 기록하고 신문왕의 두 아들일 것이라고 추정했을까? 아마도 일연은 불교의 성지라 할 수 있는 오대산을 더욱 신비화하고 싶었던 것이 아니었을까 싶다.

5 두 세상 부모를 위한 불국사와 석굴암

불국사는 우리나라에서 가장 아름다운 절이며, 석굴암(당시에는 '석불사'라 함) 역시 신라 예술의 진수를 보여 주며 균형과 조화의 미를 갖춘 세계적 걸작이다. 다음은 불국사와 석굴암이 만들어지게 된 사연을 전하는 설화다.

신문왕 때였다. 모량리에 사는 가난한 여인 경조에게 아이가 있었는데, 머리는 크고 이마가 넓어 생긴 모습이 성처럼 생겼다 해서 이름을 '대성'이라 했다. 대성은 집이 너무 가난해서 생활이 어려웠으므로 복안이라는 부잣집에 품팔이를 했다. 다행히 그 집에서 밭 몇 고랑을 주어서, 이를 가지고 근근이 먹고살았다.

하루는 덕망이 높은 점개 스님이 흥륜사(신라 최초의 사찰)에서 육륜회(법회의 하나)를 열기 위해 복안의 집에 와서 시주를 권했더니, 복안이 베 50필을 시주했다. 이에 점개 스님은 이렇게 복안을 축원했다.

"보시를 잘해 주시니 천신이 늘 보호하고 지켜 주실 겁니다. 하나를 시주하면 만 배를 얻게 되니, 편안히 즐겁고 오래 사실 겁니다."

대성이 이 말을 듣고 얼른 뛰어 들어가서 말했다.

"어머니, 제가 주인집 문간에서 스님이 축원하는 걸 들으니 하나를 시주하면 만 배를 얻는다 합니다. 우리 집이 가난한 것은 전생에 적선한 것이 없기 때문입니다. 지금 보시하지 않으면 내세에는 더욱 곤란할 겁니다. 제가 품팔이로 얻은 밭을 법회에 보시해서 다음 세상의 응보(선악을 행한 결과로 받는 행복과 불행)를 기대하는 게 어떻겠습니까?"

어머니는 좋다고 했다. 이에 점개 스님에게 밭을 보시했다. 얼마 후 대성이 죽었는데, 이날 밤 재상 김문량의 집에 하늘에서 외치는 소리가 들렸다.

"모량리에 사는 대성이라는 아이가 이제 너의 집에 태어날 것이다!"

집안사람들이 놀라서 사람을 시켜 모량리의 대성을 찾아보게 하니, 과연 그날 죽었다. 하늘에서 외치는 소리가 있던 한날한시에 그 집에서는 임신하여 아기를 낳았다. 아기는 왼쪽 손을 꼭 쥐고 펴지 않다가 7일 만에 폈다. 손 안에는 '대성'이란 두 글자가 새겨진 대나무 쪽을 쥐고 있으므로, 아기의 이름을 '대성'이라 했다. 그리고 모량리에 살고 있는 대성의 어머니를 집에 모셔 와서 함께 봉양했다.

아이는 자라서 사냥을 좋아했다. 하루는 토함산에 올라가 곰 한 마리를 잡고 산 아래 마을에서 묵었다. 그날 밤 꿈에 그 곰이 귀신으로 변해 시비를 걸었다.

"너는 어째서 나를 죽였느냐? 내가 도리어 너를 잡아먹겠다."

대성이 두려움에 떨면서 용서를 빌었다. 귀신이 말했다.

"그러면 너는 나를 위해 절을 세워 주겠느냐?"

석굴암 내부의 가장 중요한 불상인 본존불상(석가여래 불상). 특히 온화한 미소는 신비롭고 이상적인 아름다움의 진수다.

대성이 그러겠다고 맹세했다. 꿈을 깨자 땀이 흥건히 흘러 이부자리를 적셨다. 그 후로는 사냥을 그만두고, 곰을 위해 곰을 잡았던 자리에 '장수사'를 세웠다.

이로 인해 마음이 감동되고 자비로운 소망이 더욱 두터워졌다. 그리하여 지금의 부모를 위해 불국사를 세우고, 전세(이 세상에 태어나기 이전의 세상)의 부모를 위해서는 석불사(석굴암)를 세워, 신림과 표훈 두 스님을 청해 모셨다. 불상을 세워 길러 준 은혜를 갚았다고 할 수 있는데,

한 몸으로 전생과 현세(지금 살아 있는 이 세상)의 부모에게 효도한 것은 옛적에도 드문 일이었다. 어찌 착한 시주의 영험을 믿지 않겠는가!

대성이 석불을 조각하기 위해 큰 돌 한 개를 다듬어 석불을 모셔 둘 감실(불상을 모신 공간)의 뚜껑을 만드는데, 갑자기 돌이 세 조각으로 갈라졌다. 대성이 화를 내다가 옷을 입은 채 잠이 들었는데, 천신이 밤중에 내려와서 다 만들어 놓고 돌아갔다. 대성이 잠자리에서 일어나자마자 남쪽 고개로 달려가 향나무를 태워 천신을 공양했다. 이 때문에 그곳을 '향고개'라 했다. 불국사의 구름다리와 석탑은 그 나무와 돌에 조각한 기교가 우리나라의 여러 절들 중 이보다 훌륭한 것이 없다.

이상은 옛 《향전》에 있는 내용이다. 그러나 절(불국사)에 있는 기록은 다르다.

"경덕왕 때의 재상 대성이 불국사를 세우기 시작했는데(751년), 혜공왕 때 대성이 죽어서(774년) 국가에서 이를 완성했다. 그리고 처음에 유가종의 항마 스님을 이 절에 모셨으며, 그 뒤를 이어 오늘에 이르고 있다."

과연 어느 기록이 옳은지는 자세히 알지 못하겠다.

불국사는 '부처님 나라의 절'이라는 뜻이다. 그 이름에마저 이 땅을 부처의 나라로 세우고 싶어 했던 신라인의 간절한 염원이 담겨 있다. 또 석굴암 안의 본존불상(절에서 가장 중요한 부처의 불상)은 석가모니(또는

불국사의 돌계단. 지상에서 불국토로 인도해 주는 다리를 상징한다. 앞쪽은 연화교와 칠보교이고, 뒤쪽은 청운교와 백운교다.

아미타 부처)가 깨달음을 얻은 순간을 너무나도 완벽하게 묘사한 불상으로, 햇살이 비치면 미소를 짓는다.

　일연은 옛《향전》에 있는 설화를 먼저 소개한다. 이 설화에 따르면, 김대성은 현세의 부모를 위해 불국사를, 그리고 전세의 부모를 위해 석불사를 지었다. 그리고 이어서 불국사에 남아 있는 '절의 기록'을 소개한다. 이 둘을 비교해 보면 옛《향전》의 내용이 설화적인 데 비해 '절의 기록'은 사실적이다. 보통 '절의 기록'에 근거하여 불국사는 경덕왕 때 짓기 시작해서 20년이 훨씬 지난 혜공왕 때 완성된 것으로 간주되고 있다. 그때는 신라가 통일을 이룬 지 100여 년이 될 무렵이었다. 즉 신라의 국력이 가장 완숙한 경지에 이르렀을 때 불국사와 석굴암이 만들어진 것이다.

불국사의 역사를 기록한 문헌 중 현재 남아 있는 것으로 《불국사고금창기》(다른 이름은 《불국사고금역대기》)가 있다. 조선 후기 영조 시대의 기록으로, 여기에는 불국사 3층 석탑(석가탑) 설화가 이렇게 적혀 있다.

불국사를 지을 때 당나라에서 온 장인이 있었다. 그에게는 '아사녀'라는 누이동생이 있었는데, 그녀는 그 장인을 찾아왔다. 그러나 공사가 아직 완료되지 않아 만나지 못하고, 이튿날 아침 서방 10리쯤에 가면 못이 있는데 그 못에 가면 탑 그림자가 비칠 거라는 말만 듣고 돌아왔다. 그녀가 이 말을 따라 거기에 가 보니 탑의 그림자가 없는 것이었다. 그래서 탑의 이름을 '그림자가 없는 탑', 즉 '무영탑'이라 부르게 되었다.

3장
평범한 사람들의 감동적인 삶

여기서는 주로 《삼국유사》의 끝부분에 있는 〈감통편〉, 〈피은편〉, 〈효선편〉에
등장하는 보통 사람들의 설화들이 소개된다.
이 이야기들을 통해 우리는 당시 민중의 삶과 애환을 엿볼 수 있을 것이다.

1 진정 법사의 효도와 선행

진정 법사는 의상 법사의 10대 제자 중 한 명이었다. 하급 군인이
었던 진정은 가난해서 결혼도 못 하고 있다가, 마침내 출가해 의상의
제자가 되었다. 출가 전에 홀어머니에게 효도를 다한 진정 법사의 삶
은 어린 나이에 어머니를 떠나 출가했던 일연에게도 큰 감명을 주었
을 것으로 보인다.

진정 법사가 스님이 되기 전의 일이다. 그는 군대에 예속되어 있었는
데, 집안이 너무 가난해서 장가도 못 들었다. 그는 복역하는 틈틈이
품을 팔아 홀어머니를 봉양했다. 집안에 살림살이라고는 오직 다리 부
러진 솥 한 개가 있을 뿐이었다.

어느 날 어떤 중이 집에 찾아와서는 '절을 짓는 데 필요한 쇠붙이를 보
시하시라' 하니, 그 어머니가 중에게 솥을 내어 주고 말았다. 저녁이
되어 진정이 밖에서 돌아오자 어머니는 솥을 시주한 일을 말하면서 아
들이 어떻게 생각할까 근심하며 눈치를 살폈다. 어머니의 말을 들은
진정은 기쁜 표정을 지으며 말했다.

"부처님을 위한 행사에 시주하셨다니, 너무나도 좋습니다. 솥이 없다
한들 무슨 큰 걱정이 있겠습니까?"

그러고는 솥 대신 질그릇으로 밥을 지어 어머니를 봉양했다.

일찍이 군대에 있을 때 그는 의상 법사가 태백산에서 부처의 가르침으로 사람들을 감화시키고 있다는 이야기를 듣고 흠모하는 마음이 생겨, 자신도 의상 법사를 찾아가 그의 가르침을 받고 싶은 생각이 간절했다. 진정은 어머니께 이렇게 말씀드렸다.

"어머님, 저는 어머님께 효도한 뒤에는 꼭 의상 법사를 찾아가 머리 깎고 도를 배우겠습니다."

그러자 어머니가 이렇게 말했다.

"부처님의 법은 만나기 어렵고 인생은 너무도 빠른 것인데, 효도를 마친 뒤라면 이미 늦지 않겠느냐? 어찌 내 생전에 네가 불도를 깨우쳤다는 소식을 듣는 것만이야 하겠느냐? 머뭇거리지 말고 빨리 떠나도록 하여라."

"늙으신 어머님 곁에는 저만 있는데, 어찌 어머님을 버리고 집을 떠나 출가할 수 있겠습니까?"

"아! 나 때문에 출가를 못 한다면, 그건 곧 나를 지옥에 떨어지게 하는 것이다. 비록 생전에 진수성찬으로 나를 대접한들 그게 어찌 효도가 되겠느냐? 나는 남의 집 문간에서 옷과 밥을 얻어먹으며 살더라도 타고난 수명은 누릴 수 있을 것이니, 정말로 내게 효도를 하려거든 더 이상 고집부리지 말아라."

진정은 오랫동안 깊이 생각했다. 어머니가 곧 일어나 쌀자루를 모두

털어 보니 쌀 일곱 되가 있기에, 그것으로 그날 밥을 다 짓고 말했다.

"도중에 밥을 지어 먹으면서 가자면 더딜까 염려된다. 지금 여기서 그 한 되 몫은 먹고, 나머지 여섯 되 몫은 싸 가지고 빨리 떠나거라."

진정이 크게 흐느껴 울면서 굳이 사양했다.

"어머님을 버리고 출가하는 것도 자식 된 도리로 차마 못 할 짓인데, 하물며 며칠 동안 먹을 양식마저 모조리 싸 가지고 떠난다면 하늘과 땅이 저를 뭐라고 하겠습니까?"

이리하여 세 번 사양했으나, 어머니 또한 세 번을 권했다. 진정이 끝내 어머니의 뜻을 어기기 어려워 길을 나서 밤낮으로 갔다. 사흘 만에 태백산에 이르러 의상 법사에게 귀의하여 머리를 깎고 제자가 되었으며, 이름을 '진정'이라고 했다.

그곳에서 수행한 지 3년 만에 어머니가 돌아가셨다는 소식이 전해졌다. 진정은 가부좌를 틀고 선정(깊은 명상)에 들어가 7일 만에야 일어났다.

어떤 이는 이를 두고, "추모하는 슬픔이 지극하여 거의 견딜 수 없었으므로 맑고 고요한 마음으로 슬픔을 씻은 것이다."라고 했고, 또 어떤 이는 "참선으로 그 어머니의 환생하는 곳을 관찰했다."라고 했으며, 또는 "이와 같이 함은 어머니의 명복을 빈 것이다."라고 했다.

참선을 마치자 진정은 이 사실을 의상에게 고했다. 의상은 진정의 어머니를 위해 제자들을 데리고 소백산의 추동에 가서 초가를 짓고 제자

3천 명을 모아 90일 동안 《화엄대전》 경전을 강의했다. 의상의 제자 지통은 스승의 강의 내용을 요약하여 책 두 권을 만들었는데, 책의 제목을 《추동기》라고 하여 세상에 펴냈다.

강의를 마치자, 그 어머니가 꿈에 나타나 말했다.

"아들아, 나는 벌써 하늘에 다시 태어났노라!"

하급 군인이었던 진정이 너무나 가난해서 결혼도 못 했다는 내용을 보면, 통일 신라에서 하급 군인들의 생활이 몹시 어려웠음을, 또 그때나 지금이나 결혼을 하려면 경제력이 좋아야 한다는 사실을 짐작할 수 있다. 그렇게 어렵고 힘든 형편 속에서도 진정의 어머니가 하나밖에 없는 솥을 시주했다는 것은 내세의 복을 믿는 불교 사상(윤회설)이 그 당시 널리 퍼져 있었음을 보여 준다.

진정 스님의 삶을 보면, 그것은 일연 자신의 삶과 매우 흡사했을 것이다. 일찍이 아버지를 여의고 홀어머니 밑에서 자란 일연도 어린 시절 넉넉지 못한 집안 형편으로 인해 아홉 살 때 먼 곳에 가서 공부했고, 마침내는 승려의 길을 걸었다. 일연은 거의 여든 살이 되어서야 홀로 사는 어머니를 찾아갔다. 그 뒤로 늙은 어머니를 모시게 되었는데, 그 기간은 그리 길지 않았다. 얼마 못 가서 어머니가 돌아가셨기 때문이다. 일연은 진정 법사의 이야기를 소개하면서 어머니에 대한 그리움과 효성을 말한 것이리라.

2 백월산의 두 성인, 노힐부득과 달달박박

일연은 '노힐부득'과 '달달박박'의 감동적인 수행 이야기를 전하면서 우리에게 바람직한 삶의 자세는 어떤 것인지 생각해 보게 한다. 그는 이 이야기를 통해 형식이나 계율에 충실한 삶보다는 본질과 내면을 더 중시한 삶을 살라고 말한다.

① 백월산의 전설

〈백월산 두 성인의 성도기〉에 말하길, "백월산은 신라 구사군(경남 창원)의 북쪽에 있는데 산봉우리가 기이하고 빼어나며, 길게 뻗은 넓이가 수백 리에 이르는 매우 큰 진산이라 할 만하다."라고 했다.

옛 노인들이 전하는 말로는 이러하다.

"옛날 당나라 황제가 연못을 하나 팠다. 그런데 매월 보름 전날 달빛이 밝아지면 연못 속에 산 그림자 하나가 비치는데, 거기에는 사자 모양의 바위가 꽃 사이로 은은히 보이는 것이었다. 황제가 화공(화가)에게 명해 그 모습을 그리게 하고는 신하들에게 천하를 돌며 이 그림처럼 생긴 산과 바위를 찾도록 했다.

중국 사신이 우리나라에 왔다가 백월산을 보니, 큰 사자 바위가 있고 산의 서남쪽에 세 개의 봉우리가 있는 게 영락없이 화공의 그림과 같은 모습이었다. 그러나 사신은 혹시나 아닐 수도 있겠다 싶어서 그 산의 사자 바위 위에 신 한 짝을 걸어 놓고 돌아와 황제께 아뢰었다.

그런데 사자 바위 꼭대기에 걸어 놓은 신의 그림자도 연못에 나타나는 것이었다. 황제가 이를 신기하게 여겨 그 산 이름을 '백월산'이라 했는데, 그런 다음에 연못에는 그림자가 나타나지 않았다.

② 노힐부득과 달달박박의 결심

그 백월산의 동남쪽 3천 걸음 정도 되는 곳에 '선천촌'이 있었는데, 이 마을에 두 사람이 살고 있었다. 한 사람은 '노힐부득'이니, 아버지는 '월장'이고 어머니는 '미승'이었다. 또 한 사람은 '달달박박'이니, 아버지는 '수범'이고 어머니는 '범마'였다. 두 사람 모두 풍채와 체격이 좋았고, 속세를 초월한 포부를 지니고 있었다. 서로 정답게 지내던 그들은 나이 스물이 되자 마을 동북쪽 고개 너머 '법적방'이라는 절에 가서 머리를 깎고 중이 되었다.

얼마 후 서남쪽의 승도촌에 있는 옛 절이 수행하기에 좋다는 말을 듣고, 그쪽으로 거처를 옮겨서 각각 대불전과 소불전 두 마을에서 살았다. 노힐부득은 회진암에 머물렀고, 달달박박은 유리광사에 거처했다. 모두 처자를 데리고 와서 살면서 농사짓고 서로 왕래했는데, 정신을 수련하면서 마음을 편안하게 하고서도 장차 속세를 떠날 생각을 한시도 버린 적이 없었다. 그들은 인생살이가 무상하다 하면서 이런 말을 주고받았다.

"기름진 땅에 풍년이 들면 참으로 좋지만, 옷과 밥이 마음먹은 대로 생겨나고 저절로 배부르고 따뜻한 것만은 못하지 않는가? 아내와 함께 가정을 이루고 사는 것도 좋기야 하지만, 부처님 세상에서 여러 부처님들과 함께 지내는 것과 같으랴. 하물며 불도를 배우면 마땅히 부처가 되어 진리를 얻어야 하는 것이 아닌가? 우리는 이미 머리를 깎고 중이 되었으니, 세상에 묶인 끈을 벗어 버리고 높은 도를 이루어야 할 것이네. 어찌 세상일에 빠져서 속세의 속물 같은 사람들과 똑같이 지내서야 되겠는가?"

마침내 그들은 가정을 버리고 깊은 산중에 들어가 수행에 전념하기로 했다. 그날 밤이었다. 꿈에 서쪽에서부터 백호(부처의 눈썹 사이에 난 가는 털을 말하는데, 여기서 끊임없는 빛을 내뿜는다고 함)의 빛이 비쳐오더니, 그 빛 속에서 부처님의 금빛 찬란한 팔이 내려와 두 사람의 정수리를 어루만져 주는 것이었다. 잠에서 깨어 서로 꿈 이야기를 했더니, 두 사람의 꿈이 똑같았으므로 둘은 한동안 감탄했다.

드디어 둘은 백월산 무등곡에 들어갔다. 달달박박은 산 북쪽 고개의 사자 바위에 자리를 잡았고, 노힐부득은 동쪽 고갯마루로 가서 물이 흐르는 바위틈에 거처했다. 둘은 각자의 암자에 틀어박혀 노힐부득은 열심히 미륵보살을, 달달박박은 정성스레 아미타불을 부르며 염불했다.

③ 하룻밤 재워 달라고 청하는 여인

이렇게 수행하기를 3년이 채 되지 않았는데, 성덕왕 8년(709년) 4월 초파일이 되었다. 해질 무렵, 갓 스물쯤 되어 보이는 어여쁜 낭자가 달달박박이 있는 북쪽 암자에 찾아왔다. 매혹적인 향기를 풍기면서 그녀는 하룻밤 재워 달라고 청하는 것이었다. 그리고 그녀는 이런 노래를 지어 바쳤다.

> 해 저문 산속에서 갈 길은 아득하고
> 길 없고 인가는 멀리 있으니 어찌하리오.
> 오늘 밤은 이곳에서 자려 하오니
> 자비로운 스님은 노하지 마오.

그러자 달달박박은 말했다.

"절은 깨끗해야 하는 법이거늘 여자가 가까이 오는 곳이 아니오. 지체하지 말고 빨리 떠나시오."

달달박박은 여인의 부탁을 냉정히 거절하며, 문을 닫고 들어가 버렸다. 그러자 여인이 이번에는 노힐부득이 있는 남쪽 암자로 찾아가 재워 달라고 부탁했다. 이에 노힐부득이 말했다.

"그대는 이 밤에 어디서 왔소?"

"그지없이 고요한 허공과 한 몸이 되었는데, 어찌 오고 가는 것이 있겠습니까? 다만, 스님의 염원이 깊고 덕행이 높으시다는 말을 듣고 깨달음을 얻도록 도와 드리고자 합니다."

그러면서 그녀는 이렇게 게송을 지어 바쳤다.

첩첩 산중에 날은 저문데
가도 가도 인가는 보이지 않네.
대나무, 소나무 그늘은 그윽하고
개울물 소리는 한결 더욱 새롭구나.
재워 달라 청함은
길 잃은 때문이 아니라
구원의 길 가르쳐 드리려는 거라오.
부디 나의 청을 들어만 주시고
길손이 누구냐고 묻지는 말아 주오.

노힐부득이 노래를 듣자 깜짝 놀라며 말했다.

"이곳은 부녀자가 와서 함께할 곳이 아니오. 허나 중생의 뜻을 따름도 보살행의 하나일 터이고, 더구나 깊은 산속에서 날이 저물었으니 어찌 가라 할 수 있겠소."

그리고는 암자 안으로 여인을 맞아들였다. 밤이 되었다. 여인은 누워 있고 희미한 등불만이 방을 비추는데, 노힐부득은 벽을 바라보며 더욱 정신을 가다듬어 아미타불을 염불했다. 그런 가운데 밤은 더욱 깊어 가고 있었다. 그때였다. 갑자기 여인이 노힐부득을 부르며 말했다.

"스님, 제가 불행히도 공교롭게 아이를 낳게 되었습니다. 짚자리를 좀 깔아 주십시오."

노힐부득은 불쌍한 생각이 들어 촛불을 들어 보니, 여인은 이미 아이를 낳고 이번에는 다시 목욕을 시켜 달라고 했다. 노힐부득은 부끄럽고 또 두려운 마음이 들었으나, 한편 불쌍한 마음이 더 크게 들었다. 곧 그는 목욕통을 준비해 여인을 그 안에 앉히고 물을 끓여 씻겨 주었다. 그러자 욕조 안의 물이 강한 향기를 내면서 금세 금빛으로 변했다. 노힐부득이 크게 놀라자, 여인이 말했다.

"우리 스님도 여기서 목욕하십시오."

노힐부득이 어쩔 수 없이 여인의 권유에 따라 목욕을 하는데, 정신이 상쾌하고 맑아지면서 피부도 금빛으로 바뀌었다. 옆으로 돌아보니 어느새 연화대(연꽃 모양으로 만든 부처님이 앉는 자리)가 놓여 있었다. 여인은 노힐부득에게 거기에 앉으라고 하면서 말했다.

"나는 관음보살이오. 스님이 성불할 수 있도록 도와주러 왔소."

말을 마치자, 여인은 보이지 않았다.

④ 부처가 된 노힐부득과 달달박박

한편, 달달박박은 어젯밤 노힐부득이 틀림없이 그 여인으로 인해 파계했을 거라 생각하고, 노힐부득을 놀리려 그의 암자를 찾아갔다. 그런데 가서 보고는 아연 크게 놀라지 않을 수 없었다. 노힐부득이 금빛 찬란한 미륵 부처가 되어 연화대에 앉아 있었고, 그의 몸에서는 찬란한 광채가 빛나고 있었다. 달달박박은 자신도 모르게 곧 머리를 숙이며 말했다.

"어떻게 된 일이오?"

노힐부득은 어젯밤의 일을 자세히 말해 주었다. 그제야 달달박박은 탄식하며 말했다.

"아! 나는 스스로 내 마음을 묶어 관음 부처님을 뵙는 행운을 얻고도 이를 놓쳤소이다. 스님은 현명하셔서 먼저 부처가 되셨으니, 부디 옛 정을 생각하시어 나에게도 기회를 주기 바라오."

노힐부득이 말했다.

"통에 아직 금빛 물이 남아 있어 목욕할 수 있소이다."

달달박박도 목욕을 하니 또한 무량수불(아미타 부처의 높임말)이 되었다. 산 아래 마을 사람들이 이 놀라운 소식을 듣고는 다투어 와서 우러러 보고 감탄했다. 두 부처는 마을 사람들에게 설법하고 구름을 타고 가 버렸다.

755년에 경덕왕이 즉위하여 이 이야기를 듣고 관리를 보내 큰 절을 세우게 하고, 백월산 남사라 했다. 764년에 절이 완성되자, 미륵불상을 만들어 금당에 모시고 '현신성도 미륵지전(세상에 모습을 드러내 불도를 이루도록 한 미륵전'이라 현판을 새겼다. 그리고 아미타불상을 만들어 강당에 모셨는데, 남았던 금빛 물이 모자라서 몸에 두루 바르지 못해 아미타불상에는 얼룩진 흔적이 있었으며 '현신성도 무량수전'이라 현판을 썼다.

이 글은 백월산의 전설로부터 시작해서 노힐부득과 달달박박이 성불하는 이야기로 끝이 난다. 노힐부득과 달달박박, 순우리말 이름이 참 재밌다. 이를 보면 그 당시 평민들에게는 성씨가 없었음을 알 수 있다.

이야기의 핵심은 노힐부득과 달달박박의 수행하는 태도였다. 늦은 밤 깊은 산속, 홀로 머무는 암자에 아리따운 젊은 여인이 나타나 하룻밤 재워 달라고 한다면, 과연 수행자는 어찌 해야 할까? 여자를 멀리해야 하는 계율이 우선일까, 아니면 갈 곳 없는 사람을 먼저 생각해야 할까?

박박은 여인을 거절했으나, 부득은 여인을 받아들여서 여인의 출산과 목욕까지 도와주었다. 그런데 알고 보니 그 여인은 관음보살이었고, 부득이 미륵불이 되도록 도와주었다.

반면, 박박은 여인을 물리친 자신이 옳았다고 생각하여 오히려 부득을 놀리러 들었다. 하지만 부득이 성불한 모습에 스스로 반성하면서 부끄러워한다. 그 결과 그도 아미타불로 성불하게 된다.

3 극락왕생을 소원하며 살았던 광덕과 엄장

불교도들의 염원은 죽은 뒤 극락세계에 가는 것이다. 극락은 아미타 부처가 계신 곳으로, 항상 즐겁고 행복한 천국을 말한다. 아래의 이야기는 가난했지만 신앙심이 깊었던 광덕과 엄장이라는 두 평민 승려가 어떻게 해서 극락세계로 가게 되었는지를 다룬다.

문무왕 때 '광덕'과 '엄장'이라고 하는 사문(불도를 닦는 사람)이 있었다. 둘은 매우 친한 사이여서 서로 굳게 약속했다.

"누구든지 먼저 서방정토(극락세계)로 가는 사람은 꼭 알려 주기로 하세!"

광덕은 분황사 서쪽 마을에 은거하면서 신 삼는 일을 생업으로 하여 처자를 데리고 살았으며, 엄장은 남쪽 언덕 암자에서 농사를 지으며 혼자 근근이 살았다. 하루는 해 그림자가 붉은빛을 띠고 소나무 그늘에 고요히 저물어 갈 무렵 창밖에서 소리가 들렸다.

"나는 벌써 서방정토로 간다네. 그대도 잘 지내다가 속히 나를 따라오게나."

엄장이 문을 열고 나가 보니, 구름 위에서 음악 소리가 들리고 밝은 빛이 땅에 드리워 있었다.

이튿날 엄장이 광덕의 집을 찾아갔더니 광덕은 과연 죽어 있었다. 이에 광덕의 아내와 함께 장사를 치렀다. 일을 끝내고 엄장은 광덕의 아내에게 말했다.

"남편이 죽었으니 이제 나하고 같이 살지 않겠소?"

이에 부인은 좋다고 대답했다.

엄장은 광덕의 부인과 함께 그 집에 머물렀다. 밤이 되어 엄장이 부인과 관계를 가지려 하자, 부인이 이런 그를 부끄럽게 여기면서 말했다.

"스님께서 서방정토를 찾으심은 마치 나무에 올라가서 물고기를 구하는 것과 같습니다."

엄장이 놀라고 의아해서 말했다.

"광덕도 이미 관계를 가졌는데, 내가 못 할 까닭이 무엇이오?"

부인이 말했다.

"남편이 나와 10년이나 함께 살았지만 하룻밤도 잠자리를 같이해 본 적이 없었는데, 어떻게 서로 관계를 가졌겠습니까? 다만 매일 밤 몸을 단정히 하고 앉아 열심히 아미타불만 외우면서 어떤 때에는 16관(수행법의 하나)을 실천하는데, 수행이 절정에 이르면 밝은 달빛이 문 안으로 들어와 때론 그 빛을 타고 올라 그 위에 가부좌로 앉았습니다. 정성이 이와 같았으니, 비록 서방정토에 가지 않으려 해도 그곳을 가지 않고 이디로 가겠습니까? 무릇 천 리 길을 가는 사람은 그 첫걸음만 봐도 알 수 있거니와, 지금 스님이 하시는 방법은 동쪽으로나 갈 만하지, 서방정토로 가시지는 않겠습니다."

엄장은 부끄러워 얼굴을 붉히며 물러 나왔다. 그 길로 곧 원효 법사를 찾아가 수행법의 요점을 간절히 청했다. 원효가 정관법(생각의 더러움을 없애고 깨끗한 몸으로 번뇌의 유혹을 끊는 경지에 이르는 수행법)을 만들어 그를 지도했다. 엄장이 이에 몸을 깨끗이 하고 잘못을 뉘우쳐 스스로를 꾸짖고 한마음으로 수행했으므로, 그 역시 서방정토로 가게 되었다. 그 부인은 바로 분황사의 계집종이니, 대개 관음보살 19응신(관음보살이 중생을 교화하기 위해 보여 주는 여러 모습 중의 하나)의 한 분이다. 일찍이 광덕의 노래가 있었는데, 이렇다.

달님이시여, 이제 서방으로 가셔서

무량수불(아미타불) 앞에 말씀을 일러 주시지요.

다짐 깊으신 부처님께 두 손 모아 비나이다.

원왕생(극락에 가기를 원합니다.), 원왕생

그렇게 빌고 있는 사람 있다고 말해 주세요.

아아, 아미타불이시여, 이 몸을 버려두고

마흔여덟 큰 소원을 이루시겠습니까?

(※마흔여덟 큰 소원 : 아미타 부처는 부처가 되기 전 법장이라는 승려였는데, 그는 중생들의 성불을 위해 마흔여덟 가지의 소원을 빌었다. 이 소원들이 다 이루어

진 뒤에야 자신도 성불하겠다는 것이었다. 법장은 결국 그 소원을 모두 이루어 아미타 부처가 되었다고 한다.)

광덕은 결혼해서 짚신을 삼으며 살았고, 엄장은 홀몸으로 암자에서 힘겹게 농사를 지으며 살았다. 둘 다 평민이었지만 승려의 길을 걸었다. 그런데 광덕이 결혼했어도 승려로 행세했다면, 당시에는 정식 출가 승려는 아니어도 대처승을 인정했던 것으로 보인다.

어쨌든 광덕이 먼저 죽어 극락에 가자, 엄장은 과부가 된 광덕의 아내와 부부가 되었다. 밤에 엄장이 부인과 정을 통하려 하자, 부인은 옛 남편 광덕은 어떠했나를 말해 주면서 엄장을 깨닫게 한다. 광덕은 자기와 결혼 후 10년 동안 매일 밤 염불(소리 내어 아미타불을 부르는 수행법)과 관(진리를 관찰하려는 수행법)을 하며 수행했다는 것이다.

이에 엄장은 자신의 부족함을 깨닫고 원효를 찾아가 정관법을 배워 수행해서 역시 정토로 갈 수 있었다. 그런데 엄장을 깨우쳐 준 부인은 비록 분황사의 여종 모습이나, 사실은 관음보살의 다른 모습이라는 것이다. 이처럼 원효가 신분이 보잘것없는 엄장에게 가르침을 준 것이나 관음보살이 여종의 모습으로 등장하는 점 등으로 볼 때, 당시 신라 불교는 왕실과 귀족 그리고 승려들만의 신앙이 아니라 민중의 신앙으로도 자리 잡았음을 알 수 있다.

4 주인보다 먼저 서방정토로 간 노비, 욱면

노비 욱면은 주인의 박해를 받으면서도 지극 정성으로 염불을 외워 서방정토로 간다. 이 이야기의 핵심은, 비천한 종의 신분이었던 욱면이 오히려 자기 주인보다 먼저 극락세계로 갔다는 것이다. 신분의 귀함과 천함, 높음과 낮음을 떠나 성불하는 길은 누구에게나 똑같이 열려 있음을 말해 준다.

① 성불한 노비 욱면

경덕왕 때였다. 강주(경남 진주 또는 경북 영주)에서는 신도 수십 명이 서방정토(극락)에 가려는 간절한 뜻을 갖고 미타사라는 절을 세우고 1만일 기도 모임을 만들었다. 그 모임에는 아간(여섯째 등급) 벼슬을 가진 귀진이 있었는데, 그의 집에는 '욱면'이라는 여자 노비가 있었다. 그녀는 주인을 모시고 절에 함께 가서는 마당에서 중을 따라 염불했다. 주인은 그녀가 제 직분을 모르는 것을 미워하여 매일 곡식 두 섬씩을 주고 하루 저녁에 다 찧으라고 시켰다. 욱면은 초저녁에 이것을 다 찧어 놓고 절에 가서 염불을 했는데, 하루라도 게을리하지 않았다.

절의 마당 양쪽에 장대가 있었다. 욱면은 두 손바닥에 구멍을 뚫어 노끈으로 꿰어 장대 위에 연결하고 합장하며 좌우로 흔들면서 있는 힘을 다했다. 그때 하늘에서 천사가 외쳤다.

"욱면 낭자는 법당에 들어가서 염불하라."

절에 있던 사람들이 이 말을 듣고 노비 욱면을 법당에 들어가 기도에 정진하게 했다. 얼마 되지 않아서 하늘의 음악 소리가 서쪽에서 들리더니 욱면은 몸을 솟구쳐 법당 대들보를 뚫고 나가는 것이었다. 서쪽 교외로 가더니 본래의 몸을 버리고 부처님 몸으로 변해 연화대에 앉은 채 밝은 빛을 뿜었다. 천천히 떠나가니 음악 소리가 하늘에서 그치지 않았다. 그 법당에는 지금도 뚫어진 구멍 자리가 있다고 한다[이상은 《향전》에 있는 내용이다.].

② 욱면의 또 다른 이야기

《승전》을 보면 이런 기록이 있다.

동량 팔진(경덕왕 때의 승려 발징으로, 만일염불회를 조직한 염불종의 시조)은 관음보살의 현신(인간의 몸으로 나타난다는 뜻으로 '응신'이라고도 함)이었다. 무리들을 모으니 1천 명이나 되었는데, 이들을 두 패로 나누었다. 한쪽은 힘써 일하고, 또 다른 한쪽은 정성껏 수행했다.

힘써 일하는 무리에서 일을 맡아 보던 자가 계를 얻지 못해 축생도(생전의 죄 때문에 죽은 뒤 짐승이 되어 괴로움을 받는 길)에 떨어져서 부석사의 소로 태어났다. 그 소가 일찍이 불경을 싣고 가다 불경의 신령한 힘을 받아 다시 사람으로 환생하여 귀진의 집 여자 노비로 태어났는데, 이름을 욱면이라고 했다.

욱면은 볼일이 있어 하가산(경북 안동과 예천에 걸쳐 있는 산)까지 갔다가 꿈에 감응되어 드디어 신앙심이 생겼다. 귀진의 집은 옛날 혜숙 법사가 세운 미타사와 멀지 않아서 귀진이 언제나 그 절에 가서 염불을 했는데, 노비 욱면도 따라가서 절 마당에서 염불을 했다.

욱면은 9년 동안 이 같은 수행을 계속했다. 을미년(755년) 정월 21일 욱면은 예불을 하다가 지붕을 뚫고 사라졌다. 소백산에서 신 한 짝을 떨어뜨렸으므로 그 자리에 보리사를 지었고, 산 밑에 이르러 그의 육신을 버렸으므로 그 자리에 또 하나의 보리사를 지었으며, 그 건물에 '욱면이 하늘로 올라간 건물'이라고 써 붙였다. 지붕의 용마루에 뚫린 구멍이 손가락 열 뼘쯤 되는데, 폭우와 함박눈이 내려도 법당 안이 젖지 않았다.

뒤에 어느 호사가가 있어 금탑 한 개를 알맞게 만들어 그 구멍에 맞추어 소란반자[우물 정(井) 자 모양이 여러 개 모인 것처럼 소란을 맞추어 짜고, 그 구멍마다 네모진 널빤지를 얹어 만든 반자] 위에 모시고 그 기적을 기록했는데, 지금도 그 액자와 탑이 남아 있다.

욱면이 떠난 후 귀진 또한 그의 집이 신통하고 비범한 사람이 의탁해 살았던 곳이라 하여 집을 내놓아 절을 세우고, 절 이름을 법왕사라 했다. 그리고 토지와 그에 딸린 농민들을 절에 바쳤다.

세월이 흘러 법왕사는 폐허가 되었는데, 후에 회경 대사가 절을 중건하게 되었다. 회경 대사는 몸소 목재를 나르며 거들었는데, 그때 꿈에 한 노인이 나타나 삼으로 엮은 신과 칡으로 엮은 신을 각각 한 켤레씩 주었다고 한다. 이렇게 해서 5년 만에 공사를 끝내고 법왕사를 다시 일으키니, 사람들은 회경 대사를 귀진의 환생이라 일컬었다.

인용된 두 자료의 내용이 조금 다르지만, 결론은 노비 욱면이 수행에 정진해서 지붕을 뚫고 서방정토로 올라갔다는 이야기다. 서방정토는 아미타 부처의 세계로, 극락정토라고도 한다. 죽어서 극락에 가려면 아미타 부처에게 기도해야 하는데, 이것이 아미타 신앙이다. 아미타 신앙은 현세에서 누리던 복을 죽은 후에도 극락 세계로 가지고 가고 싶은 귀족들에게 특히 큰 환영을 받았으며, 신라 중대에 크게 유행했다.

그런데 욱면은 여자 노비였으며, 더욱이 죽은 후가 아니라 살아 있는 현재의 몸으로 서방정토로 올라간다. 지체 높은 귀족들이 거창한 모임을 만들어 절도 짓고 근엄하게 예불을 했음에도 부처는 그들을 찾아가지 않고, 오로지 용맹 정진해 염불하던 여자 노비 욱면을 극락정토로 부른 것이다. 이 이야기는 비천한 노비들에게도 극락세계의 문이 활짝 열려 있다는 생각을 드러낸 것으로, 신라 불교의 대중화가 상당히 이루어졌음을 보여 준다.

5 얼어 죽게 된 여인을 구한 정수 스님

선행은 남몰래 조용히 할 때 더 값지고 아름답다. 황룡사의 한 평범한 스님 정수는 아무도 몰래 입고 있던 모든 옷까지 다 벗어 주면서 얼어 죽을 뻔한 여인과 그 아이를 살려 냈다. 사회를 바르게 지탱하는 힘은 이처럼 작은 선행에서 나온다는 것을 강조하는 글이다.

제40대 애장왕 때 정수 스님은 황룡사에 머물고 있었다. 겨울이었는데, 눈이 푹 쌓였고 날은 이미 저물었다. 그때 그는 삼랑사라는 절에 갔다가 돌아오는 중이었는데, 천엄사 대문을 지나가다가 한 여자 거지가 아이를 낳고는 얼어붙은 채 누워서 거의 죽어 가는 모습을 보았다. 정수 스님은 불쌍히 여겨 달려가서 안아 주니 한참 후에 다시 살아났다. 이에 스님은 자기 옷을 다 벗어 거지에게 덮어 주고 벌거벗은 채 절로 달려와서 거적때기로 몸을 덮고 밤을 지냈다. 그날 밤 하늘에서 외치는 소리가 대궐 뜰에 들렸다.

"황룡사의 승려 정수를 왕의 스승으로 모셔라!"

급히 사람을 보내 조사해 보고 자세하게 왕에게 아뢰니, 왕이 정수 스님을 정중하게 맞아들여 국사로 임명했다.

《삼국유사》에는 '하늘에서 외치는 소리(천창)'를 통해 신의 뜻을 인간에게 전달하는 내용들이 많이 나온다. 예컨대 가락국 김수로왕의 탄생이나, 전세와 현세의 두 부모를 모신 김대성의 출생, 그리고 여자 노비 욱면의 승천 등을 보면 모두가 '천창'을 통해 하늘의 뜻이 인간에게 전달된다. 이 이야기에서도 그런 현상이 똑같이 일어나 흥미롭다.

자기 옷을 벗어 추위에 떨고 있는 거지 여인에게 덮어 주고, 자신은 발가벗은 채 거적을 덮고 밤을 새웠던 정수 스님의 선행에 하늘도 그냥 지나치지 않았다. 그래서 천창으로 하늘의 뜻이 온 대궐에 울리도록 했다. 하찮고 보잘것없는 거지 여인에게 남몰래 베풀었던 정수 스님의 선행이야말로 진정으로 값진 것이며, 널리 칭송받아 마땅한 일이 아니겠는가.

《삼국유사》, 고대 설화의 세계를 열다

1. 일연의 시대와 삶

일연(一然)은 고려 후기에 살았던 스님이었다. 또한 그는 100여 권의 많은 책을 저술한 학자이자 시인이기도 했으며, 만년에는 '국사(학식과 덕망이 높은 스님에게 주는 국가 최고의 명예직)'로 임명될 정도로 고승의 반열에 오른 인물이었다. 안타깝게도 그의 대다수 글은 현재 남아 있지 않고 그처럼 덕망과 학식이 높았던 스님이었는데도 그의 생애를 소개한 글, 즉 전기나 행장 등도 거의 찾아볼 수 없다.

일연이 남긴 저술 가운데 현재 전해지는 것은 《삼국유사》와 《중편조동오위》(일연이 선종의 일파인 '조동종'의 오위설에 대해 주를 달아 엮은 책)라는 불교 서적밖에 없다. 또 그의 생애를 다룬 글은 그가 죽고 나서 5년 후에 만들어진 비문, 즉 '인각사 보각 국사 비문'이 남아 있을 뿐이다. 그런데 그가 쓴 많은 불교 관련 서적들보다도 그를 더욱 빛나게 만든 것은 오히려 《삼국유사》였으니, 이 또한 그의 특별한 운명이 있었는지도 모른다.

(1) 청소년 시절

일연은 1206년 장산군(경북 경산시 압량면)에서 태어났다. 이곳은 공교롭게도 일연보다 600여 년 전에 신라의 원효 대사가 탄생한 곳이기도 했다.

일연이 태어날 당시의 왕은 희종(고려의 제21대 왕, 1204~1211년)이었지만, 정권은 무신 최충헌이 잡고 있었다. 이미 고려에서는 의종(고려의 제18대 왕, 1146~1170년) 때인 1170년, 문신들에게 천대받던 무신들이 반란을 일으켜 정권을 장악하고 있었다. 무신 정권은 이후 100여 년에 걸쳐 지속되었는데, 이 100년의 무신 정권 중 60여 년은 최충헌부터 시작된 '최씨 정권'이었다.

이와 더불어 당시에는 몽골의 위세가 전 세계를 휘몰아치고 있었다. 고려 또한 이 바람을 피할 수 없게 되었는데, 1231년에 처음으로 몽골의 침략을 받게 된다. 그 뒤로 30여 년에 걸쳐 여섯 차례의 침략을 더 받는다.

이처럼 일연이 태어나서 자란 시기는 매우 혼란스러웠다. 안으로는 최씨 무신 정권이 권력을 잡고 있었고, 밖으로는 몽골의 침략에 시달리던 시절이었다. 이러한 내우외환(나라 안팎의 여러 가지 어려움)의 시대적 상황이 그로 하여금 민족에 대한 자각을 더 키워가게 했을 것으로 보인다.

일연의 어린 시절 이름은 김견명(金見明)이었다. 아버지 김언필이 일찍 돌아가셨기 때문에 그는 홀어머니 밑에서 자랐다. 총명하고 단정했던 그는 아홉 살 어린 나이에 멀리 떨어진 해양(지금의 광주광역시)의 무량사라는 절에 가서 공부했다.

그때부터 어머니의 품속을 떠난 일연은 열네 살 때 진전사(신라 말 선종 9산 선문의 하나인 가지산파에 속해 있던 절로, 지금의 강원도 양양에 있음)에서 구족계(스님이 지켜야 할 계율. 모든 계율이 완전히 구비되었다 하여 '구족계'라 함)를 받고 스님이 되었다(1219년). 학업이 우수했던 그는 스물두 살에 승과(승려들이 보는 과거 시험)에 장원으로 합격했다.

그가 스님이 되던 해에 최충헌이 죽고, 그의 아들 최우가 정권을 이어받았다. 그로부터 몇 년 뒤인 1225년, 고려에 왔던 몽골 사신이 돌아가던 중 피살되자 두 나라 사이에는 전운이 크게 감돌았다.

(2) 포산(비슬산) 시절

승과에 합격한 후 일연은 포산(지금의 비슬산)의 보당암에서 거처하며 수행에 전념했다(1227년). 포산은 그의 고향 경산과 가까운 곳에 있었다.

그가 포산에서 수행 생활을 하던 시기에 고려는 몽골의 침략을 받는다. 권력자 최우는 몽골의 1차 침입 후 왕을 위협하여 수도를 강화도로 옮겼는데, 이는 몽골을 더 자극하는 계기가 되었다. 연이어 자행된 몽골의 2차 침입 때는 대구 부인사에 보관했던 대장경(초조대장경)이, 또 3차 침입 때는 경주의 황룡사 9층탑까지 불타 버리고 말았다.

이렇게 몽골의 침략으로 세상이 어수선한 중에서도 일연은 수행에 정진하고 있었다. 그 결과 그는 선승(참선을 중시하는 선종 계열의 승려)들을 지도하는 삼중대사(고려 시대의 법계 가운데 하나)에 이어 선승의 지도자인 선사로 임명받았다(1246년). 이렇게 포산에서 거의 20년간 수행에만 전념했던 그가 세상 밖으로 나온 것은 정안이라는 사람으로부터 남해(지금의 경남 남해)의 정림사 주지로 초빙받으면서였다(1249년). 그때 그의 나이 마흔 넷이었다.

(3) 남해 시절

일연을 초빙한 정안은, 그의 누이가 무신 집권자인 최우의 아내였다. 그러나 정안은 권력에 큰 욕심이 없었다. 그는 정치판에서 발을 떼고 고향 남해에서 조용히 살면서 정림사를 후원하고 있었다.

이때 정부는 몽골에 의해 부인사의 초조대장경판이 불타 없어지자, 대장경판을 다시 만들기 위해 대장도감(대장경 간행 사업을 총괄한 중앙 본부)을 설치했다(1236년). 그리고 지방에도 분소를 두었는데, 정림사가 그 일을 맡았다. 이렇게 해서 완성된 것이 바로 팔만대장경인데, 일연이 정림사에 온 지 2년 후에 완성되었다(1251년). 대장도감이 설치되고 나서 15년의 대역사가 끝난 것이다. 일연은 그 마지막 2년의 일을 총괄했던 셈이다.

그런데 일연이 남해에 있을 때 강화도에서는 최우가 죽고, 그 아들 최항이 권력을 이어받는다(1249년). 최항은 그의 아버지와 가까웠던 자들을 무자비하게 제거했는데, 정안도 이때 희생되었다. 이에 일연은 정림사에서 조금 떨어진 길상암으로 처소를 옮겨 살았다.

일연의 비문에는 그의 저서에 대해 이렇게 소개하고 있다.

"그의 저서에는 《어록》 2권과 《게송잡저》 3권이 있으며, 엮은 책으로는 《중편조동오위》 2권, 《조파도》 2권, 《대장수지록》 3권 그리고 《제승법수》 7권, 《조정사원》 30권, 《선문염송사원》 30권 등 100여 권이 세상에 나와 있다."

그런데 비문에 소개된 서적들 중 지금 남아 있는 것은 불교 서적인 《중편조동오위》 2권밖에 없다. 제목으로 볼 때 《어록》은 그의 설법을 모은 강연집이고, 《게송잡저》는 불교 게송들을 모은 시집인 듯하다.

그러니 그가 저술하거나 엮은 책은 모두 불교 서적들이었다. 일연이 《중편조동오위》를 쓴 때는 그가 정림사에서 길상암으로 거처를 옮기고 난 후였다(1256년). 나이 쉰한 살이 되어 모처럼 여유 있는 시간을 가질 수 있었기에 가능한 일이었다. 그리고 3년 후 그는 대선사로 임명받는다. 대선사는 선종 계열에서 승려가 오를 수 있는 가장 높은 지위였다.

한편, 이때 중앙 정치의 상황은 급변하고 있었다. 1257년 최항이 죽고 그의 아들 최의가 집권했는데, 어린 나이에 집권한 최의는 1년도 채 안 되어 반대파에게 제거되었다. 이로써 60여 년의 최씨 무신 정권은 막을 내렸다.

그 뒤 왕(고종)은 몽골과 적극적인 화해를 추진하면서 태자를 몽골에 파견했다. 그러나 최씨 정권이 무너졌는데도 여전히 무신 세력은 강했다. 이런 상황에서 고종이 죽은 후 몽골에 있던 태자가 귀국하여 원종(고려 제24대 왕, 1259~1274년)으로 즉위했는데, 이제 고려 조정은 왕실 중심의 '친몽파'와 무신 중심의 '반몽파'로 대립하게 되었다.

(4) 2차 포산 시절

이 무렵, 즉 원종 2년에 일연은 왕의 부름을 받고 서울(강화도)로 올라간다(1261년). 그때가 쉰여섯 살이었다. 왕이 일연을 왜 불렀는지, 그리고 일연이 강화도에서 구체적으로 어떤 일을 했는지는 알 수 없다. 그로서는 처음으로 왕실과 대면한 일이었지만, 불과 3년 만에 그곳을 떠나 오어사(경북 포항시에 있는 절)로 다시 내려간다(1264년). 불교계의 최고 지도자 대열에 있던 그가 왜 이렇게 곧바로 지방으로 내려갔을까? 아마도 일연은 정치권의 암투에 질리고 번잡한 강화 생활에 염증을 느꼈던 것이 아니었을까?

오어사에 잠시 머물던 일연은 그 해에 다시 포산으로 간다. 그곳 인홍사의 주지가 일연에게 주지 자리를 양보했기 때문이다. 일연이 인홍사의 새로운 주지로 오자, 배우려는 자들이 구름처럼 몰려들었다고 비문에는 기록되어 있다.

이 무렵 개경에서 대장낙성회향법회를 열었는데(1268년), 일연이 행사를 주도했다. 대장낙성회향법회란, 팔만대장경의 완성을 축하하는 국가적인 행사를 말한다. 그 모습이 비문에는 이렇게 묘사되어 있다.

대장낙성회가 열렸는데, 일연 스님이 주도했다. 낮으로 불경을 읽고 밤으로는 교리의 핵심을 담론했는데, 스님은 여러 전문가의 의심나는 바를 모두 해석하는데 마치 물 흐르듯 하고, 깊이 파헤친 뜻이 신들린 경지여서 모두 경탄하여 복종하지 않는 이가 없었다.

이처럼 당시 예순세 살의 노스님 일연은 불교계의 중심에 우뚝 서 있었다. 그리고 그는 포산의 인홍사에 10여 년을 더 머물렀는데, 이

때 임금으로부터 '사액'을 받는다(1274년). 사액이란, 왕이 절에 액자(간판)를 내려 주는 걸 말하는데, 사액을 받으면 그 절에 대한 재정적 지원도 함께 따라왔다. 당시의 왕은 새로 즉위한 충렬왕(고려 제25대 왕, 1274~1308년)이었다.

현편, 원종에서 충렬왕까지의 상황은 이렇다. 원종이 즉위하던 해 몽골에서는 대칸(황제)이 된 쿠빌라이가 국호를 원으로 고쳤다(1259년). 태자 시절 몽골에 머무르면서 쿠빌라이와 사이가 좋았던 원종은 개경 환도를 요구하는 몽골의 요구를 수용하려고 했다. 그러나 무신 세력은 여전히 개경 환도를 반대했다. 그들의 권력을 잃을까 걱정했던 것이다.

그래서 왕과 무신 정권 사이에는 갈등이 있었고, 몇 년간의 우여곡절 끝에 원종은 무신 세력을 제거하고 개경으로 환도했다(1270년). 이로써 100여 년간 지속된 무신 정권은 완전히 종식되었고, 40여 년의 강화도 시대도 끝이 났다.

이제 고려 정부는 개경 환도로 몽골(원)과의 전쟁을 피할 수는 있었으나, 원의 압박과 간섭을 벗어날 수는 없었다. 그런 상황에서 원종이 죽자, 원에 머물다 원 황제의 부마(사위)가 된 태자가 충렬왕으로 즉위했다(1274년).

(5) 충렬왕과 일연

충렬왕이 일연의 절에 사액했다는 것은 그만큼 일연의 학식과 명성이 높았기 때문이었다. 그 후 3년이 지나자 일연은 왕명으로 운문사(경북 청도에 있는 절)의 주지가 된다(1277년). 나이 일흔두 살이었다. 그는 이곳서 4년을 지내면서 《삼국유사》의 집필을 시작했던 것으로 추정된다. 그러나 이 무렵 그는 경주에 내려온 충렬왕의 부름을 받고 운문사를 떠나 경주로 가야 했다.

충렬왕부터 고려왕의 시호는 '충○왕'의 호칭을 쓰게 된다. 원에 충성을 다한다는 뜻이다. 원 세조(쿠빌라이칸)의 부마인 충렬왕이 즉위하면서 고려는 급속도로 원의 속국이 되어 갔다. 더구나 고려 정부는 친원 정책을 펴서 거의 모든 제도를 원나라 방식으로 바꾸고, 몽골의 습속까지도 따랐다. 이런 실정이었으니 원의 여러 가지 간섭에 시달려야 했고, 또 사회 전반에 변발과 호복 차림 등의 몽골풍이 만연하면서 고려 사회는 점차 자주성을 잃게 되었다.

또한 충렬왕은 즉위하면서 원의 요구에 따라 일본 정벌을 단행한다(1274년). 병사들과 선박과 물자 등 엄청난 비용과 희생은 모두 고려가 감당해야 했다. 그러나 일본 원정은 태풍으로 말미암아 실패하고 만다. 원정을 포기하지 않았던 원나라는 동쪽 곧 일본을 정벌한다는 의미의 '정동행성'을 설치하고 만반의 준비를 마친 다음 다시 2차 원정을 단행한다(1281년). 충렬왕이 경주에 온 것도 그가 직접 정동행

성을 지휘하며 일본 원정군을 독려하기 위해서였다.

운문사에서 지내던 일연이 왕의 부름을 받아 경주에 간 것도 이때였다. 비록 운문사가 경주와 그다지 멀지 않은 곳에 있다고는 하지만, 충렬왕이 이미 일흔도 넘은 노스님을 굳이 자기 곁으로 오도록 한 까닭은 무엇이었을까? 그만큼 일연을 존경했기 때문으로 보인다. 또 경주는 《삼국유사》의 중요한 무대이기도 했으니, 일연은 꼭 왕의 부름이 아니었더라도 사실 경주를 찾고 싶었을지도 모른다.

신라의 출발지인 계림, 옛 궁터인 월성, 불국사와 석굴암, 그리고 남산의 여러 절과 불상 및 탑들 모두가 《삼국유사》의 중요한 현장들이었다. 특히 그는 몽골군의 만행으로 잿더미로 변해 버린 황룡사를 찾았을 것이다. 황룡사와 황룡사 9층탑은 부처님 나라의 상징이자, 호국 불교의 성지였다. 불타고 폐허가 된 이 성스러운 불교 유산들 앞에서 착잡한 심경을 억누를 길이 없지 않았을까?

이듬해 충렬왕은 개경으로 올라가면서 일연도 함께 데리고 갔다 (1282년). 개경에서 왕은 일연을 '국사(이 당시엔 원의 압력으로 인해 '국존'이라 격하된 호칭을 사용)'로 추대하고, '원경충조'라는 호칭을 내렸다(1283년). 나이 일흔여덟 살이었다. '국사'는 말 그대로 나라의 스승으로 최고의 정신적 지도자였는데, 고려에서 생전에 국사가 된 이가 16명밖에 없을 정도로 고귀한 자리였다.

왜 충렬왕은 이렇듯 일연을 각별히 대접했을까? 왕도 처음에는 의

욕을 갖고 개혁 정치를 시도했지만 힘이 없었다. 원의 위협과 원에 빌붙은 친원 세력들에 치여 무엇 하나 제대로 할 수 없는 무력한 처지였다. 그래서 왕은 불교계의 거물 일연에게 의지하면서 그로부터 자문과 조언을 얻고자 했을 것으로 보인다.

그러나 일연은 정치나 사회 개혁은 물론이고, 심지어 타락한 불교의 개혁에도 적극적이지 않았다. 그만큼 정치권력과 엮이는 것을 싫어했던 성격 탓이었을까? 그래서 그는 국사가 된 바로 그 해에 늙은 어머니를 모시기 위해 고향에 내려갈 수 있도록 왕에게 간곡히 청한다. 영예로운 국사의 자리를 버리고 시골로 내려가는 것은 쉬운 결단이 아니었다. 하지만 일연은 결국 왕의 허락을 받아 고향으로 내려갔다. 팔십의 노스님도 국사이기 전에 아들로서 노모에게 효도하고 싶었던 것이다. 그가 고향에 내려온 그 해에 아흔여섯 살의 어머니는 돌아가셨다(1284년).

(6) 《삼국유사》의 완성

이후 일연은 인각사(경북 군위에 있는 절)에서 거처했는데, 여기에서 그는 삶을 마칠 때까지 5년여를 살았다. 그러니 그가 마지막으로 머문 인각사는 다름 아닌 《삼국유사》의 탄생지가 되는 셈이다. 이곳에서 일연은 젊은 시절부터 모아 둔 많은 자료들을 정리하여 마침내 《삼국유사》를 대체로 완성했다.

경북 군위의 인각사에 있는 보각 국사 일연
의 부도(승려의 사리를 모신 탑, 승탑이라고도 함)

《삼국유사》는 모두 5권으로 되어 있다. 그런데 1권에서부터 4권까
지는 저자의 이름이 보이지 않다가, 마지막 권인 5권에만 '국존(국사)
인각주지 일연 찬(편찬)'이라고 적혀 있다. 즉 인각사의 주지 스님 일
연에 의해 편찬되었다는 뜻이다.

《삼국유사》 안에는 다른 사람이 쓴 글이 몇 군데서 발견된다. 사
실 일연의 비문에도 《삼국유사》는 소개되지 않았을 정도로 당시 제자
나 동문들의 입장에서 볼 때 《삼국유사》는 그다지 중요한 책이 아니
었다. 더구나 일연이 말년에 저술하다 보니 미처 완성하지 못한 부분

도 있었던 것으로 보인다. 그렇기 때문에 제자들이 저술을 완성하는데 힘을 보탰을 것으로 추정된다. 한마디로 말하자면, 《삼국유사》는 일연 혼자서 저술한 책이 아니라는 이야기다. 하지만 《삼국유사》의 중심 저자가 일연이라는 사실은 분명하다.

이렇게 《삼국유사》를 완성한 후 그는 제자들과 함께 선문답(참선하는 스님들끼리 나누는 높은 수준의 관념적 대화)을 나누면서 입적했다(1289년). 여든네 살이었다. 충렬왕은 그에게 '보각'이란 시호를 내렸다. 그리하여 이후 일연에 대한 존칭은 '보각 국사'가 된다.

2. 《삼국유사》는 어떤 책인가?

(1) 《삼국사기》와 《삼국유사》

《삼국유사》는 《삼국사기》와 함께 한국 고대 역사서의 '쌍벽'이라 불린다. 한국의 고대사를 연구하는 데 없어서는 안 될 매우 귀중한 사료이기 때문이다. 두 책은 모두 고려 때 편찬되었다.

먼저 《삼국사기》는 높은 벼슬을 하다 은퇴한 김부식이 왕명에 의해 여러 학자들과 함께 정부의 지원을 받아 1145년에 편찬한 역사서였다. 이처럼 정부(관청) 주도로 간행된 서적을 '관찬서'라 부른다. 이에 비해 《삼국유사》는 그보다 140여 년 뒤에 일연이 중심이 되어 개인이 저술한 역사책, 즉 '사찬서'였다.

또 《삼국사기》는 '기전체(왕의 연대기인 본기와 역사적 인물의 전기가 결합된 역사 서술 방식)' 형식으로 저술된 정통의 역사서 즉 정사(正史)인데 반해, 《삼국유사》는 형식이나 틀에 얽매이지 않고 자유롭게 저술된 역사서 즉 야사(野史)이자 불교문화서, 불교 설화집이라고도 할 수 있다.

《삼국사기》의 '사기'는 중국의 사마천이 쓴 《사기》에서 따온 말이다. '사기'는 역사 기록을 말한다. 따라서 《삼국사기》는 '삼국의 역사 기록'이라는 뜻이다. 이에 비해 《삼국유사》의 '유사(遺事)'라는 말은 '남겨진 일' 또는 '아직도 남은 이야기'라는 뜻이다. 즉 《삼국유사》는 '《삼국사기》가 다 수록하지 못한 이야기들, 즉 《삼국사기》에 빠져 있는 사실들을 기록한 책'이라는 뜻이다.

그렇다면 일연은 《삼국사기》에 없는 어떤 내용들을 더 보완해서 쓰고 싶었던 것일까? 《삼국사기》의 저자는 정부 관료들이고 유학자들이었다. 저술의 총책임을 맡았던 김부식은 정계에서 막 은퇴한, 그 시대 최고의 유학자였다. 유학자들이 추구하는 바는 현실 정치(사회)를 올바르게 하는 것이다. 이를 위해 유교에서는 충·효·예 등을 강조한다. 또 유학자들은 올바른 세상을 이루기 위해서는 '화(중화)'와 '이(오랑캐)'를 엄격히 구분해야 한다고 주장한다. 이를 '화이론'이라 한다. 즉 '화'는 본받고 섬겨야 할 모범이지만, '이'는 철저히 배격해야 할 대상이었다.

《삼국사기》는 이런 유교 사상을 바탕으로 삼국 시대의 정치, 외교, 군사(전쟁), 경제, 학문(유학) 등 국가 통치에 관련된 내용들을 《사기》와 같은 체계, 다시 말하자면 기전체라는 역사 서술 체계에 따라 기록한 역사서였다. 그리고 유교적 합리주의에 입각해서 '괴력난신(이성적으로 설명하기 어려운 불가사의한 존재나 현상을 이르는 말)'과 같은 허황되거나 신화적인 내용은 고의로 배제했다. 또 통치의 중심은 국왕이었으므로 《삼국사기》는 국왕의 통치를 가장 중요하게 서술했으며, 이와 함께 국왕에게 충성을 다한 인물들을 매우 비중 있게 다루었다.

그러나 《삼국유사》는 《삼국사기》의 이러한 '유교적 합리주의'나 '술이부작(객관적 사실을 기술하되 자의로 창작하지는 않는다는 뜻)'과는 다른 입장에 있었다. 일연은 유학자가 아니라 스님이었다. 그가 유학에 조예가 없는 것은 아니었지만, 그보다는 불교 신앙심으로 살면서 부처의 가르침이 온 누리에 펼쳐지기를 염원한 승려였다.

따라서 그에게는 현실 세계만이 아니라 비현실적 또는 초현실적 세계도 중요한 관심의 대상이었다. 아울러 그는 부처님의 이적(기적)처럼 세상에는 논리만으로는 설명할 수 없는 신비한 일들이 일어날 수 있다고 생각했다. 이러한 관점으로 세상과 역사를 바라보는 것을 일컬어 '신이 사관(역사는 신비롭고 경이로운 일들로 이루어진다고 보는 관점)'이라고도 부른다. 그러니까 《삼국유사》는 불교적 신이 사관에 입각해 저술되었다고 할 수 있다.

이런 관점이었으므로 일연은 그때까지 전승되던 많은 설화들을 결코 소홀히 여길 수 없었다. 여기엔 우리나라의 건국 신화는 물론이고 민간에서 널리 전해지던 설화들, 특히 불교 신앙과 관련된 고승 이야기, 사찰·불상·석탑 등에 대한 신비롭고 신령한 이야기가 많이 있었다. 《삼국사기》는 이런 이야기들을 황당하다고 여겨 취급하지 않거나 축소했지만, 일연은 이런 신통한 이야기들이 바로 우리 민족의 정신과 혼이 깃들어 있는 귀중한 자료라고 보았던 것이다.

이런 관점의 차이는 두 사람이 살았던 시대의 차이에서 비롯된 것이었다. 김부식이 활동하던 고려 중기는 유학이 활짝 피어난 시기였다. 유학자들은 세련된 유교 정치 이념을 확립했으며 그 모델은 중국, 즉 당시의 당과 송이었다. 중국은 정치·군사적인 측면뿐 아니라 학문적이고 정신적인 측면에서도 동아시아 세계를 지배하고 있었다. 김부식 등 유학자들의 사고는 이런 중국 중심의 세계 질서에 순응하는 것이었고, 그것은 다름 아닌 중국을 섬기는 사대(큰 나라를 섬김)와 존화(중화를 높이는 것)의 정신이었다. 이런 시대 분위기에서 만들어졌기에 《삼국사기》는 사대주의 사관에서 벗어날 수 없는 한계를 지니고 있었다.

그런데 일연이 살던 고려 후기에 접어들면 세계 질서는 달라진다. 유학자들이 그동안 섬기던 중국(송)은 문화적 후진국, 즉 오랑캐로 멸시받던 북방의 거란에 시달리다가 아예 안중에도 없었던 몽골에게 멸망되고 말았다. 중국 중심의 세계 질서가 무너진 것이다. 고려도 이런 정세에서 몽골과의 전쟁으로 큰 시련을 겪어야 했었고, 결국 몽골(원)의 간섭과 압력에 굴복하면서 자주성을 잃었다. 이렇게 외세의 침략과 억압이 있게 되자 지식인들은 민족의식을 각성하게 된다. 민족자존을 지키고 민족의 긍지를 드높이는 일, 그것이 당시의 시대정신이 되었던 것이다. 《삼국유사》는 그러한 시대의 산물이었다.

(2) 《삼국유사》의 내용과 체제

《삼국유사》 안에는 모두 140여 개의 소제목을 단 항목들이 있다. 이 항목들은 전체적으로 일관성이 있는 것은 아니나, 비슷한 성격의 내용들끼리 9개의 편(주제)으로 묶여져 있다. 또 9개의 편은 5개의 권 안에 있다. 즉 《삼국유사》는 5권 9편의 체제로 구성된 책이다. 각 권과 편을 구분하면 다음과 같다.

- 제1권 : 제1편 왕력, 제1편 기이(상)
- 제2권 : 제2편 기이(하)
- 제3권 : 제3편 흥법, 제4편 탑상
- 제4권 : 제5편 의해
- 제5권 : 제6편 신주, 제7편 감통, 제8편 피은, 제9편 효선

이중 제1권과 제2권은 역사 관련 내용이고, 제3권부터 제5권까지는 불교 관련 내용이다. 전체 내용은 설화적인 이야기 중심의 서술 방식으로 이루어져 있다. 각 편의 내용을 요약하면 이렇다.

① 제1권 제1편 왕력

'왕력'이란 왕들의 연대기를 말한다. 신라의 건국(기원전 57년)에서 고려의 후삼국 통일(936년)까지 신라·고구려·백제와 가야의 왕들 그리고 후백제와 후고구려 왕들을 순서대로 나열하고 그 왕들의 통치 기간, 가족 관계 등을 도표 형식으로 작성했다. 또 왼쪽에는 중국의 역대 황제 연호를 제시하여 연도의 기준으로 삼았다.

여기서 일연은, 김부식이 신라사를 ① 상대(上代, 1대 혁거세~28대 진덕여왕), ② 중대(中代, 29대 무열왕~36대 혜공왕), ③ 하대(下代, 37대 선덕왕~56대 경순왕)의 세 시기로 구분한 것과는 달리 ① 상고(上古, 1대 혁거세~22대 지증왕), ② 중고(中古, 23대 법흥왕~28대 진덕여왕), ③ 하고(下古, 29대 무열왕~56대 경순왕)의 세 시기로 나누었다. 이를 비교해 보면 무열왕이 신라사에서 차지하는 중요성에 대해서는 서로의 견해가 같았지만, 일연은 김부식과는 달리 불교를 공인한 법흥왕을 신라 역사의 중요한 분기점으로 보았다.

② 제2권 제2편 기이

'기이'란 신이(신비롭고 특이함)함에 대한 기록이라는 뜻이다. 일연은 중국의 건국 시조들에서 볼 수 있는 신이함이 우리나라의 건국 시조와 여러 영웅들에게도 있었고, 이를 기록하는 일이 조금도 이상한 일이 아니라고 주장한다. 민족의 자존과 긍지를 높이고자 한 것이다.

〈기이〉 편은 삼국 통일을 기준으로 두 부분으로 나누어진다. 1권의 〈기이(상)〉에는 단군 신화와 고조선의 멸망, 그리고 부여·고구려의 건국 신화 등이 있으며, 또 신라 건국부터 무열왕까지의 여러 신라 왕들과 그 주변 인물들의 신이함이 소개되어 있다.

2권의 〈기이(하)〉에는 삼국 통일을 이룩한 문무왕부터 신라의 마지막 왕인 경순왕까지 여러 왕과 신하들의 설화를 다루고 있다. 또 여기서 백제사를 아주 간략히 정리했고, 후백제의 견훤도 소개하고 있다. 가장 큰 특징은 여기에 《삼국사기》에는 없는 가야의 건국 신화를 수록한 것이다.

③ 제3권 제3편 흥법

'흥법'이란 법(부처의 가르침, 즉 불교)이 흥성하게 됨을 뜻하는 말이다. 여기서부터는 불교 관련 내용이 주를 이루는데, 우리나라에 처음 불교가 전래된 일과 특히 신라에서 불교가 인정받기까지의 과정 등이 자세히 기록되어 있다. 또 일연은 고구려의 멸망이 도교에 빠져 불교를 억압했기 때문이라고 해석하고 있다.

④ 제3권 제4편 탑상

'탑상'이란 탑(불탑)과 불상을 말한다. 불교 신앙은 사찰(절)이라는 공간에서 실행되는데, 사찰에서 가장 중요한 조형물은 탑과 불상이다. 여기서 일연은 탑과 불상의 내력이나 거기서 나타난 많은 이적 등을 소개하고 있다.

그는 특히 신라가 아주 오래전에 부처가 살았던 곳이라는 부처와의 인연설(연기설)과 함께 신라의 발전과 삼국 통일은 불교 신앙심에서 비롯된 것이며, 불교를 통해 나라를 지키고 발전시킬 수 있었다는 호국 불교론을 펴고 있다.

⑤ 제4권 제5편 의해

'의해'란 글자 자체의 의미는 '뜻풀이'이나, 이 말은 고승들의 삶(생애)을 말할 때 주로 사용되었다. 중국에서 '고승들의 전기'를 의해라고 했는데, 일연도 이 말을 그대로 사용한 것이다. 따라서 〈의해〉 편은 여러 고승들을 소개하는 일종의 고승전과도 같다. 여기에는 십수 명의 유명한 스님들이 소개되어 있는데, 특히 원광·자장·원효·의상 등이 대표적인 분들이라 할 수 있다.

⑥ 제5권 제6편 신주

'신주'란 신통한 주문을 말한다. 불교의 유파들 중에는 신통한 주술로 귀신을 물리치는 밀교(비밀스러운 의식과 주문을 중시하는 불교)가 있었는데, 일연도 여기에 관심이 있었던 것 같다. 여기서는 모두 세 명의 밀교 승려가 소개되는데, 그들의 신통력으로 귀신을 쫓고 병을 고친 이야기 또 국난이 닥쳤을 때 나라를 보호하는 신령스런 힘을 발휘한 이야기들을 소개하고 있다.

⑦ 제5권 제7편 감통

'감통'이란 하늘과 감응(어떤 느낌을 받아 마음이 함께 움직임)하여 통한다는 뜻인데, 불교 신앙의 힘으로 나타나는 여러 기적들을 말한다. 특히 이런 하늘과의 감응을 이룬 사람들은 일반 신도들이 주를 이룬다. 이들의 신비로운 체험과 정성, 그리고 불교 신앙의 실천에 하늘이 감응했다는 내용이다.

⑧ 제5권 제8편 피은

'피은'이란 세속을 피해 은둔 생활을 하는 것을 말한다. 즉 세속을 떠나 숨어 지낸 이들이 추구하는 높은 정신세계와 이들에 의해 나타나는 신비롭고 특이한 일들, 그리고 나름의 방식으로 최선을 다해 극락세계에 귀의하려는 신앙 활동 등이 소개되고 있다.

⑨ 제5권 제9편 효선

'효선'이란 효도와 선행을 말한다. 효도와 선행은 불교에서도 소중한 덕목으로 강조하고 있다. 그 가운데 효도는 특히 유교에서 강조되는 윤리인데, 일연은 이러한 유교 윤리에 불교 교리인 윤회·인과응보를 서로 밀접히 연결해 자연스럽게 접목시키고 있다.

우리가 유의해야 할 점은 《삼국유사》라는 제목만 봤을 때는 고구려·백제·신라의 '삼국'을 모두 다룬 듯하지만, 실제로는 신라에 치중하고 있다는 것이다. 140여 개의 항목 중 대다수는 신라와 관련된 내용이고, 또 신라의 수도인 경주가 중심 무대다. 이는 아마도 일연이 경주와 가까운 경산 지방 출신인데다 오랫동안 그 인근 지역에서 승려 생활을 했기 때문에 그리된 것으로 보인다. 그는 경주와 주변 지역의 많은 사찰들을 직접 가서 보았고, 또 그곳에서 많은 자료들뿐 아니라 구전되는 이야기도 얻을 수 있었을 것이다.

또한 일연은 《삼국유사》를 쓰면서 많은 국내외 서적들을 인용하고 있는데, 대략 130종이 넘는다. 그 가운데에는 《고기》나 《향전》처럼 지금은 전해지지 않는 서적들도 상당수 있다. 특히 국내 서적은 그런 경우가 많다. 아무튼 이런 방대한 책들을 참고하고, 나아가 일연 자신이 직접 보고 들은 이야기들을 바탕으로 《삼국유사》는 만들어질 수 있었다.

아울러 《삼국유사》에는 일연 자신이 쓴 47편의 시가 있다는 점도 주목할 만하다. 일연은 어떤 의미 있는 역사적 사실이나 감동적인 설화를 소개하고 나서 끝에 "찬양(찬미)한다."라는 말과 함께 자신의 느낌을 시로 표현했다. 《삼국유사》에 14수의 향가를 실은 것도 어쩌면 그의 이러한 문학적 소양이 있었기에 가능하지 않았을까?

(3) 《삼국유사》가 걸어온 길

《삼국유사》가 언제 완성되었고, 또 언제 간행되었는지는 확실치 않다. 많은 학자들은 일연이 인각사에서 저술을 완성했고(1280년대 초반), 후에 그의 제자 무극이 보충해서 5권으로 간행한 것(1310년대)이라고 본다.

그 뒤 《삼국유사》는 조선 초기에(1390년대) 목판 인쇄되어 전해져 오다가(이를 고판본이라 한다. 현재 몇 부가 있지만 매우 불완전한 형태로 남아 있다.), 조선 중종 때인 1512년(임신년)에 경주 부윤(지금의 시장) 이계복에 의해 다시 간행되었다. 이때 간행된 책을 '임신본'이라고 하는데, 이것이 오늘날까지 전해지는 《삼국유사》 원본 중 가장 완벽한 인쇄본이다. 만일 임신본이 없었다면 오늘날 완전한 《삼국유사》는 볼 수 없었을지도 모른다.

그런데 《삼국유사》는 조선으로 넘어오면서 역사서로서 그다지 주목받지 못했고, 큰 인기를 얻지도 못했다. 조선 시대의 학자(성리학자)

들은 《삼국유사》를 '허황된 책'이라 하여 신랄하게 비판했다. 유학자들의 눈으로 볼 때 《삼국유사》 속의 많은 설화와 불교 이야기들은 황당무계하고 비현실적이었기 때문이다.

물론 《세종실록지리지》나 《동국여지승람》 등과 같은 인문 지리서는 《삼국유사》의 내용을 많이 활용했다. 예컨대 지역의 지명이나 유적, 전설 등을 수록하는 데에서는 《삼국유사》의 가치가 높았기 때문이다. 정약용도 우리나라 고대의 지리에 관해서는 《삼국유사》를 보아야 한다고 말할 정도였다. 그렇지만 그러한 정약용조차도 《삼국유사》의 전반적 내용에 대해서는 "황당하고 경전에 맞지 않아 믿을 바가 못 된다."라고 혹평할 정도였고, 대다수 실학자들도 그런 의견이었다. 그 결과 《삼국유사》와 같은 중요 사료를 참조하지 않고 우리나라 고대사를 기술하는 우를 범했다고 하겠다.

그런데 임진왜란 중에 일본은 조선에서 많은 문화재들을 약탈해 갔는데, 그중에 《삼국유사》 임신본이 있었다. 도쿠가와 막부는 이를 간직하고 있다가, 1904년 도쿄 제국 대학(지금의 도쿄 대학)에서 이 책을 근대적 인쇄술로 발간했다. 그 해에 일본에 유학 갔던 최남선이 이를 처음 접하게 되었고, 귀국 후 그는 1927년에 《계명》이라는 잡지에 번역해서 실었다.

이렇게 해서 《삼국유사》는 임신본이 간행된 지 400년도 넘은 20세기 초에 들어 다시 세상에 그 모습을 드러낼 수 있었다. 하지만 이번에는 조선 왕조에서처럼 외면당하지 않았다. 오히려 각별한 관심과 사랑을 받았다. 몽골의 침략과 간섭을 받았던 13세기와 일본의 식민 지배를 겪게 된 20세기 초는 외세의 침입에 저항하면서 민족의식이 높아져 갔다는 점에서 시대적 분위기가 서로 비슷했기 때문이다. 고조된 민족의식을 바탕으로 국학을 연구한 민족주의자들의 정서는 고려 후기 《삼국유사》를 저술하던 일연의 생각과 어쩌면 일맥상통할 수 있었을 것이다.

이렇게 되어 《삼국유사》는 《삼국사기》와 더불어 우리 민족의 고대사를 밝히는 중요한 역사서로 등장했다. 더욱이 단군을 국조(민족의 시조)에 올려놓은 《삼국유사》는, 단군 신화를 싣지 않은 《삼국사기》보다 더 융숭한 대접을 받기도 했다.

이제 《삼국유사》는 오늘날 역사학, 불교학, 국문학, 신화학, 고고학, 민속학, 서지학 등 여러 학문 분야에서 국학을 연구할 때 반드시 활용되는 기본적인 자료가 되었다.

(4) 오늘날 《삼국유사》는 우리에게 어떤 의미를 주는가?

《삼국유사》는 우리나라 고대 사회, 특히 신라 사회의 역사·지리·종교(불교)·문학·미술·풍속·언어(어휘) 등 매우 다양한 측면을 보여 주는 ① 역사서, ② 불교서, ③ 설화집, ④ 문학서의 성격을 종합적으로 지닌 책이다. 그래서 무엇보다도 매우 중요한 사료로 활용되고 있다.

물론 《삼국유사》는 고려 후기(13세기)에 살았던 일연이 고조선부터 통일 신라가 멸망할 때까지의 일들을 기록한 책이므로, 일연이 직접 경험하고 목격한 것을 담아낸 것은 아니다. 그렇지만 일연은 대부분 기사를 여러 자료나 서적들 그리고 채록한 구전 등을 인용해서 소개하고 있다. 즉 《삼국유사》의 내용들은 일연이 창작한 것이 아니라 그가 확보한 여러 자료들을 충분히 검증하여 엮어 낸 것이다. 따라서 그 자료들은 일연보다 훨씬 이전의 것들이며, 충분히 원사료로서의 가치와 의미가 있다고 볼 수 있다.

　물론 《삼국유사》의 내용은 대부분 비현실적 또는 초현실적인 설화가 중심을 이루므로, 이를 역사적 사실로서 그대로 받아들일 수는 없다. 그러나 신화나 전설이 그 시대의 사회 모습을 반영하고 있음을 간과해서는 안 될 것이다. 즉 《삼국유사》의 설화 속에는 추론을 통해 밝힐 수 있는 역사적 사실들이 많이 들어 있다는 뜻이다. 이제 그 수수께끼와 같은 미지의 세계를 찾는 것은 전적으로 《삼국유사》를 읽고 해석하는 사람들의 몫이라 하겠다.

　또한 설화는 문학이나 종교, 민속학 등에서 보면 그 자체로서도 소중한 가치를 지닌다. 그 안에 고대인들의 삶이나 정신세계가 고스란히 담겨 있기 때문이다. 이런 측면에서 보아도 《삼국유사》는 우리 고대사의 보물 창고와 같은 책이라 하겠다.

　이처럼 《삼국유사》에서 찾을 수 있는 의미 있는 자료들은 매우 많다. 그중에서도 손을 꼽으라면 다음의 세 자료는 아주 특별하며, 《삼국유사》의 가치를 가장 돋보이게 하는 것들이다.

첫째, 단군 신화다. 《삼국유사》는 현재 남아 있는 역사서들 중 단군 신화가 수록된 최초의 책이다. 다른 책에 등장하는 단군 신화는 《삼국유사》의 내용을 인용했거나 변형한 것이다. 그런 점에서 《삼국유사》의 단군 신화야말로 가장 원형의 모습을 보여 준다고 할 수 있다. 일연은 이 단군 신화를 책의 첫머리에 놓아 우리 역사의 유구함과 민족의 자긍심을 내세운다. 그러니 단군 신화야말로 《삼국유사》의 가장 큰 자랑이라고 할 수 있다.

둘째, 14수의 향가다. 신라인들은 한자를 이용하여 '이두' 또는 '향찰'이라는 독자적인 기록 방식을 만들었다. 향가는 향찰로 쓴 신라인들의 노래다. 우리는 향가를 통해 신라인들의 정신세계를 엿볼 수 있을 뿐 아니라 신라인들의 언어 체계, 즉 우리말의 원형을 더 깊이 연구할 수 있다. 그런데 현재까지 기록으로 남겨진 향가는 거의 없다시피 하고, 그 가운데 《삼국유사》에 실린 것들이 대다수라 해도 과언이 아닐 정도다. 이런 점에서 일연은 영원히 잃어버릴 뻔했던, 마치 '큰 바다에 빠진 구슬'과도 같은 향가들을 건져 낸 공로자라 할 수 있다.

셋째, 《가락국기》의 내용이다. 《가락국기》는 고려 중기에 편찬된 가야국의 역사서인데, 이 역시 지금은 남아 있지 않은 역사서다. 더구나 《삼국사기》에서는 가야에 대한 기록이 겨우 한두 줄, 그것도 다른 기록에 살짝 끼워져 있는 정도라서 가야와 관련된 역사 기록은 전무한 편이다. 다행히 일연은 《가락국기》라는 책을 요약해서 실었고, 이와 함께 몇 개의 가야 관련 기록들을 함께 소개하고 있다. 이 또한 《삼국유사》의 엄청난 공로인 셈이다.

이제 매듭지어 말하자면, 《삼국유사》는 한반도에 살았던 고대인들의 사고·문화·생활 방식 등을 한층 더 잘 이해할 수 있게 해 주는 한국 고대 문화유산의 보물이며, 우리 민족과 더불어 영원히 함께 살아갈 고전이다. 아울러 《삼국유사》 속의 많은 내용들을 더 합리적이고 과학적으로 해석해서 고대 사회의 모습을 더욱 뚜렷하게 밝히는 과제는 여러분의 몫으로 남게 될 것이다.

일연의 생애 연보

1206년(희종 2) 1세   경주 장산군(지금의 경북 경산)에서 태어났다. 당
                      시 고려는 최충헌이 권력을 잡고 있었으며,
                      나라 밖에서는 칭기즈칸이 몽골 제국을 세우
                      고 위세를 떨쳤다.

1214년(고종 1) 9세   아버지가 일찍 세상을 떴기 때문에 그는 홀
                      어머니 밑에서 자라다가 집을 떠나 해양(지금
                      의 광주광역시)에 있는 무량사에서 공부를 시작
                      했다.

1219년(고종 6) 14세   설악산의 진전사(선종 9산의 하나인 가지산문)에서
                      구족계를 받고 출가하여 스님이 되었다. 이때
                      최충헌이 죽고 그의 아들 최우가 정권을 이어
                      받았다.

1227년(고종 14) 22세   개경에 올라가 승과 시험을 보고 수석으로 합
                      격했다. 합격 후 그는 고향에서 가까운 포산

(비슬산)의 보당암에서 승려 생활을 시작했다.

1231년(고종 18)　26세　몽골이 고려를 침략했다. 이듬해 최우는 왕을 위협하여 수도를 강화도로 옮겼다. 포산에서 수행 중이던 일연은 이때 깨달음을 얻어 "오늘 비로소 모든 세상이 꿈과 같았음을 알게 되었고, 대지에 조금의 장애도 없음을 보았다."라고 선언했다.

1237년(고종 24)　32세　삼중 대사로 임명받았다.

1246년(고종 33)　41세　선사로 임명받았다.

1249년(고종 36)　44세　정안(최우의 처남)의 초빙을 받아 남해의 정림사 주지가 되었다. 최우가 죽고 그의 아들 최항이 정권을 물려받은 후 정안이 제거되자, 일연은 정림사에서 길상암으로 거처를 옮겼다.

1256년(고종 43)　51세　남해 길상암에서 《중편조동오위》를 편찬했다. 최항이 죽고 어린 최의가 정권을 물려받았다. 이듬해 최의가 살해되면서 최씨 무신 정권이 끝났다.

1259년(고종 46)　54세　선종 계열 승려가 오를 수 있는 최고의 지위인 대선사로 임명받았다.

1261년(원종 2)　56세　왕의 부름을 받고 수도인 강화도로 가서 선월

사 주지가 되었다. 왕실과의 최초의 대면이
었다. 왕실에서 일연에 대한 배려가 컸음을
보여 준다.

1264년(원종 5)　59세　3년 만에 강화도를 떠나 오어사(경북 포항)와 이
　　　　　　　　　　후 포산의 인홍사 주지가 되었다.

1268년(원종 9)　63세　개경에서 거행된 대장낙성회(팔만대장경의 완성
　　　　　　　　　　을 축하하는 행사)를 주관했다.

1270년(원종 11)　65세　무신 정권이 몰락했다. 이에 고려 정부는 원
　　　　　　　　　　의 요구를 수용하여 개경으로 환도했다.

1274년(충렬왕 1)　69세　왕의 사액을 받아 인홍사를 인홍사로 바꾸
　　　　　　　　　　었다. 이후 이곳에서 《역대연표》를 간행한 것
　　　　　　　　　　으로 추정된다. 《역대연표》는 《삼국유사》 저
　　　　　　　　　　술의 기초가 되었을 것이다.

1277년(충렬왕 3)　72세　왕의 명으로 운문사(경북 청도에 있는 절) 주지로
　　　　　　　　　　임명되었다.

1281년(충렬왕 7)　76세　경주에 내려와 있던 왕의 부름을 받고 경주에
　　　　　　　　　　가서 머물렀다. 고려는 원의 압박을 받아 여·
　　　　　　　　　　원 연합군을 편성하여 두 번째 일본 원정을
　　　　　　　　　　감행했다.

1282년(충렬왕 8)　77세　왕과 함께 개경으로 올라가 광명사 주지가 되

었다.

1283년(충렬왕 9) 78세 왕으로부터 국존에 임명되었다(당시는 원의 압력
으로 고려의 여러 호칭이 격하되면서 국사도 국존으로
낮춰 불렀다).

1284년(충렬왕 10) 79세 늙은 어머님을 모시고 싶다는 이유를 들어 왕
에게 여러 차례 요청한 끝에 허락을 받고 고
향에 내려갔다. 그 해에 어머니는 96세의 나
이로 돌아가셨다. 이후 인각사 주지로 임명되
었다. 이곳에서 두 번의 구산문도회(전국 불교
신도 대회)를 개최했다. 이곳에서 《삼국유사》를
완성했다.

1289년(충렬왕 15) 84세 인각사에서 입적했다. 왕으로부터 '보각'이라
는 시호를 받았다.

1295년(충렬왕 21) 인각사에 일연의 비를 세웠다. 탑호는 '정조'
였다.

일연의 생애 지도

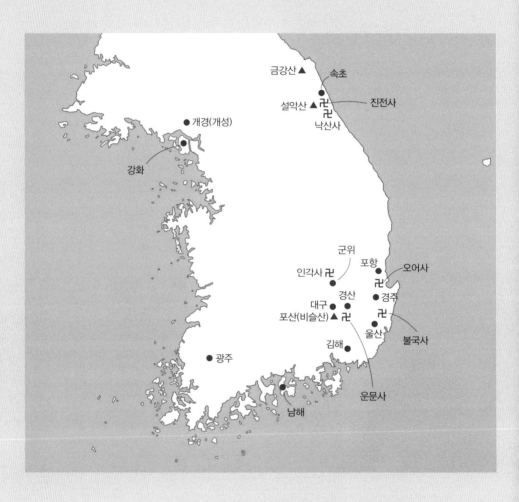

금강산 ▲   속초
설악산 ▲ 卍   진전사
卍
낙산사

● 개경(개성)

강화

군위   포항
인각사 卍   ●   오어사
卍
경산   ● 경주
대구 ●
포산(비슬산) ▲ 卍   卍
● 울산   불국사

● 광주   김해
●

● 남해   운문사

참고도서

• 최광식·박대재 역주, 《삼국유사 1~3》, 고려대학교 출판부, 2014

• 고운기 지음, 《우리가 정말 알아야 할 삼국유사》, 현암사, 2002

• 고운기 지음, 《일연을 묻는다》, 현암사, 2006

• 고운기 지음, 《도쿠가와가 사랑한 책》, 현암사, 2009

• 임명현 편역, 《청소년을 위한 삼국유사》, 돋을새김, 2014

• 김영수 지음, 《삼국유사와 문화코드》, 일지사, 2009

• 박성규 역編김종성 해설, 《해설 삼국유사》, 서정시학, 2010

• 이강래 옮김, 《삼국사기 I·II》, 한길사, 1998

• 박진태 외 지음, 《삼국유사의 종합적 연구》, 박이정, 2002

• 한상수 지음, 《한국인의 신화》, 문음사, 1987